KB215019

한국어교육능력
검정시험

2차 면접시험

시대에듀

2025 시대에듀 한국어교육능력검정시험 2차 면접시험

Always **with you**

사람의 인연은 길에서 우연하게 만나거나 함께 살아가는 것만을 의미하지는 않습니다.
책을 펴내는 출판사와 그 책을 읽는 독자의 만남도 소중한 인연입니다.
시대에듀는 항상 독자의 마음을 헤아리기 위해 노력하고 있습니다. 늘 독자와 함께하겠습니다.

머리말

이 세상에는 무수히 많은 언어가 있지만 한국어만큼 주체성을 가진 언어는 많지 않다. 한국어가 세계화되기에 충분하다고 보는 이유는 한글이 독창적이며, 과학적인 문자로 인정받고 있기 때문이다. 그렇다면 더 나아가 우리는 한국어의 세계화·국제화를 이루기 위해 어떤 노력을 해야 할까? 좁게는 개인의 관심, 넓게는 국가적 차원의 적극적인 지원이 필요하고, 무엇보다 가장 중요한 것은 한국어에 대한 우리 국민의 의식 변화와 전문적인 능력을 갖춘 교사의 양성이라 할 수 있다.

그 첫 번째 관문이 바로 '한국어교육능력검정시험'이 아닐까 한다. 이 시험은 1차 필기시험과 2차 면접시험으로 이루어진다. 한국어 지식 및 한국어 교사로서의 자질과 능력을 평가하는 2차 면접시험은 1차 필기시험 합격자들을 대상으로 진행되며, 이 시험의 최종 합격 여부도 바로 이 면접시험에서 결정된다.

한국어 교사라는 직업 특성상 면접시험의 비중이 큰 편이며, 그 준비 과정 또한 쉽지 않다. 물론 국어나 한국어 교육을 전공한 자라면 이론적 지식이 바탕이 되어 비전공자보다는 수월하다고 느낄 수 있으나, 면접시험은 단순히 지식을 평가하는 시험이 아니라 교사로서의 사명감과 인격 및 소양, 교육 현장에서의 교수 능력과 발화를 통한 지식 전달 능력 등을 측정하는 시험이다. 이처럼 면접시험은 한국어교육능력검정시험의 당락을 좌우하는 중요한 시험임에도 불구하고 지금까지 마땅한 대비서가 없는 실정이었다. 이에 시대에듀와 함께 면접시험에 대비할 수 있도록 본서를 출간하였다. 본서의 특징은 다음과 같다.

첫째 합격자들의 생생한 면접 후기를 읽고 면접 상황을 머릿속으로 그리며 연습해 볼 수 있도록 하였다.

둘째 지피지기(知彼知己)면 백전불태(百戰不殆)! 실제 면접에서 물어보는 질문과 유사한 문제를 수록하여 시험 준비에 만전을 기할 수 있도록 하였다.

셋째 문제 아래에 예시답변을 수록하여 면접에 대한 두려움을 해소할 수 있도록 하였다.

넷째 'PLUS ONE'과 'KEY POINT' 등을 통해 더욱 깊이 있는 한국어 정보를 쌓을 수 있도록 하였다.

다섯째 1~19회까지 완벽하게 복원한 기출문제를 영역별로 모아 한눈에 볼 수 있도록 구성하였다.

아무쪼록 본서가 한국어 교사를 꿈꾸는 모든 이들에게 도움이 되었으면 하는 마음이 간절하다. 수험생 여러분의 건투와 합격을 기원한다.

편저자 씀

❖ 개요

한국어교육능력검정시험(TOTKA)은 「국어기본법」 제19조에 근거하여 재외동포나 외국인을 대상으로 한국어를 가르치고자 하는 자에게 자격을 부여하기 위하여 문화체육관광부장관이 실시한다.

❖ 취득 방법

재외동포나 외국인을 대상으로 한국어를 가르치고자 하는 자가 한국어교원 양성 과정을 먼저 이수하고, 동 시험에 합격하면 소정의 심사를 거쳐 한국어교원 자격 3급을 부여한다.

❖ 활용 정보

한국어교원 자격증 취득자는 국내외 대학 및 부설 기관, 외국어로서의 한국어 수업이 개설된 국내외 초 · 중 · 고등학교, 외국어로서의 한국어를 가르치는 국내외 정부 기관, 다문화가족지원센터, 외국인근로자지원센터, 사회통합 프로그램 운영 기관 등에 취업할 수 있다. 또한 해외 진출 기업체, 국내외 일반 사설 학원 등에도 진출할 수 있다. 최근에는 국립국어원이 한국어 교사들을 외국으로 파견하여 한국어 전문가 교육을 진행하고 있으며 일본, 중국 등지에서 외국어로서의 한국어 교육이 활발히 진행되고 있어 해외취업의 기회도 점차 확대되고 있다.

❖ 응시 자격

응시 자격에는 제한이 없다. 연령, 학력, 경력, 성별, 지역 등에 제한을 두지 않는다. 단, 한국어교원 자격 3급을 취득하고자 하는 경우에는 한국어교원 양성 과정을 이수하고 동 시험에 합격해야 한다.

❖ 외국 국적자의 자격 취득

- 외국 국적자도 학위 과정이나 양성 과정 등을 통해 내국인과 동일한 방법으로 한국어교원 자격증을 취득할 수 있다.
- 단, 학위 과정(전공/복수전공 또는 부전공)으로 2급 또는 3급 자격을 취득하기 위해서는 한국어능력시험(TOPIK) 6급 성적증명서*가 필요하다.
  * 한국어능력시험(TOPIK) 6급 유효기간: 2년 이내

❖ 관련 부처 및 시행 기관

- 문화체육관광부(국어정책과)
- 한국산업인력공단 ···› 한국어교육능력검정시험 시행
- 국립국어원(한국어진흥과) ···› 교원 자격 심사 및 자격증 발급

❖ 영역별 필수 이수 학점 및 이수 시간

영역	과목		학사 학위 취득자		석·박사 학위 취득자 2급	양성 과정 이수자
			전공 (복수전공) 2급	부전공 3급		
한국어학	국어학개론 한국어문법론 한국어의미론 한국어사	한국어음운론 한국어어휘론 한국어화용론 한국어어문규범 등	6학점	3학점	3~4학점	30시간
일반언어학 및 응용언어학	응용언어학 대조언어학 외국어습득론	언어학개론 사회언어학 심리언어학 등	6학점	3학점		12시간
외국어로서의 한국어교육론	한국어교육개론 한국어평가론 한국어표현교육법 (말하기, 쓰기) 한국어발음교육론 한국어어휘교육론 한국문화교육론 한국어교육정책론	한국어교육과정론 언어교수이론 한국어이해교육법 (듣기, 읽기) 한국어문법교육론 한국어교재론 한국어한자교육론 한국어번역론 등	24학점	9학점	9~10학점	46시간
한국 문화	한국민속학 한국의 전통문화 전통문화현장실습 현대한국사회	한국의 현대문화 한국문학개론 한국현대문화비평 한국문학의 이해 등	6학점	3학점	2~3학점	12시간
한국어교육실습	강의 참관 강의 실습 등	모의 수업	3학점	3학점	2~3학점	20시간
합계			45학점	21학점	18학점	120시간

❖ 합격률 및 합격자 통계

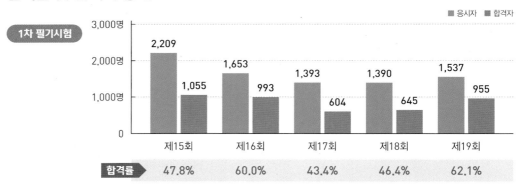

1차 필기시험	제15회	제16회	제17회	제18회	제19회
응시자	2,209	1,653	1,393	1,390	1,537
합격자	1,055	993	604	645	955
합격률	47.8%	60.0%	43.4%	46.4%	62.1%

2차 면접시험	제15회	제16회	제17회	제18회	제19회
응시자	1,160	1,085	708	680	990
합격자	922	879	568	563	829
합격률	79.5%	81.0%	80.2%	82.8%	83.7%

❖ 시험 구성

❶ 1차 필기시험

교시	영역	입실 완료 시간	시험 시간	배점 및 문항 수	유형
1교시	한국어학	09:00	09:30~11:10 (100분)	90점, 60문항	4지 선다형
	일반언어학 및 응용언어학			30점, 20문항	
휴식 시간 11:10~12:00(50분)					
2교시	한국 문화	12:00	12:30~15:00 (150분)	30점, 20문항	4지 선다형
	외국어로서의 한국어교육론			150점, 93문항	4지 선다형, 주관식(1문항)

❷ 2차 면접시험

시간	1인당 10분 내외
평가 항목	1. 전문 지식의 응용 능력 2. 한국어 능력 3. 교사의 적성 및 교직관 4. 인격 및 소양

❖ 합격 기준

종류	합격자
1차 필기시험	각 영역의 40퍼센트 이상, 전 영역 총점(300점)의 60퍼센트(180점) 이상 득점한 자를 합격자로 결정한다.
2차 면접시험	면접관별 점수의 합계를 100점 만점으로 환산하여 60점 이상 득점한 자를 합격자로 결정한다.

※ 면제 대상자: 필기시험에 합격한 자는 합격한 해의 다음 회 시험에 한하여 필기시험을 면제합니다.
※ 시험 관련 정보는 변경될 수 있으므로 Q-net 한국어교육능력검정시험 홈페이지(q-net.or.kr/site/koreanedu)를 참고하시기 바랍니다.

❖ 한국어교원 자격 심사 신청 절차 흐름도

자격 심사 종류	학위 취득자	양성 과정 이수자	경력 요건자
	'외국어로서의 한국어 교육' 전공(복수전공), 부전공 등으로 졸업	120시간 양성 과정 이수 후 한국어교육능력검정시험 합격	승급 대상자 및 시행령 시행 이전 한국어 교육 경력 800시간 이상 대상자 (경력 관련 요건 참조)

⬇

국립국어원 한국어교원 홈페이지에서 한국어교원 자격 심사 신청(온라인 접수)

⬇

| 제출 서류 발송 | ❶ 심사신청서(직접 출력) ❷ 성적증명서 ❸ 졸업(학위)증명서 ❹ 한국어능력시험(TOPIK) 6급 성적증명서*(2년 이내) * 외국 국적자에 한함 | ❶ 심사신청서(직접 출력) ❷ 이수증명서 ❸ 한국어교육능력검정시험 합격확인서(필기, 면접) | ❶ 심사신청서(직접 출력) ❷ 경력증명서 |

⬇

한국어교원 자격 심사

⬇

합격자 발표

⬇

한국어교원 자격증 발송

※ 교원 자격과 관련된 정보는 변경될 수 있으므로 국립국어원 한국어교원 홈페이지(kteacher.korean.go.kr)를 참고하시기 바랍니다.

❖ 한국어교원 자격 등급 과정

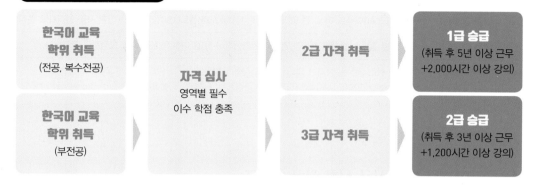

학위 과정(대학·대학원)

| 한국어 교육 학위 취득 (전공, 복수전공) | ▶ | 자격 심사 영역별 필수 이수 학점 충족 | ▶ | 2급 자격 취득 | ▶ | 1급 승급 (취득 후 5년 이상 근무 +2,000시간 이상 강의) |
| 한국어 교육 학위 취득 (부전공) | | | | 3급 자격 취득 | ▶ | 2급 승급 (취득 후 3년 이상 근무 +1,200시간 이상 강의) |

비학위 과정(양성 과정)

| 120시간 양성 과정 이수 | ▶ | '한국어교육능력 검정시험' 합격 | ▶ | 자격 심사 영역별 필수 이수 학점 충족 | ▶ | 3급 자격 취득 | ▶ | 2급 승급 (취득 후 5년 이상 근무 +2,000시간 이상 강의) |

※ 강의 기간 1년은 한 해 100시간 이상 또는 15주 이상 강의를 기준으로 합니다.

❖ 한국어교원 자격 제도와 관련된 기관

국립국어원 한국어교원 홈페이지 kteacher.korean.go.kr
- 한국어교원 자격 제도에 대한 설명 및 심사 신청에 관한 안내를 볼 수 있다.
- 기관 심사를 받은 교육 기관 목록을 확인할 수 있다.
- 한국어교원 자격 제도와 관련하여 궁금한 사항을 질의할 수 있다.

세종학당재단 홈페이지 sejonghakdang.org
- 세종학당 한국어교원 양성, 교육 및 파견 지원에 관한 내용을 볼 수 있다.
- 한국어 학습과 관련된 자료를 볼 수 있다.

Q-net 한국어교육능력검정시험 홈페이지 q-net.or.kr/site/koreanedu
- 한국어교육능력검정시험에 관한 안내 및 시험 일정을 확인할 수 있다.
- 한국어교육능력검정시험 기출문제를 확인할 수 있다.

한국어 교육 기관 대표자 협의회 홈페이지 klic.or.kr
- 한국어 교육 기관의 교육 시스템을 공유하고, 교육 정책 및 현안을 논의할 수 있다.

시대에듀 합격프로젝트 이모저모 Q&A

❖ 다음은 한국어교육능력검정시험에 대해 자주 하는 질문들입니다.

Q 한국어교육능력검정시험에 합격한 이후에 양성 과정을 이수해도 되나요?

A 안 됩니다. 「국어기본법 시행령」 제13조에 따라 한국어교육능력검정시험 1차 필기시험일 이전에 한국어교원 양성 과정을 이수해야 합니다. 한국어교육능력검정시험 합격 이후에 한국어교원 양성 과정을 이수한다고 하더라도 심사 시엔 불합격됨을 유의하시기 바랍니다.

Q 양성 과정 이수 후 한국어교육능력검정시험에 합격하면 한국어교원 자격증이 자동으로 발급되나요?

A 아닙니다. 시험에 합격하신 후 국립국어원에 한국어교원 자격 심사 신청을 해야 합니다. 자격 심사에서는 신청자들이 양성 과정을 통해 '한국어교원 자격 취득에 필요한 영역별 필수 이수 시간'을 이수했는지 여부를 판단하게 됩니다. 이러한 과정을 거친 후 심사에 합격한 분들에게 자격증을 발급해 드립니다.

Q 양성 과정 이수 후 한국어교육능력검정시험에 합격하여 자격증을 취득했는데도 자격증에 '무시험 검정'이라고 기재되어 있습니다. 무슨 의미입니까?

A 한국어교원 자격 심사는 신청자들이 제출한 서류를 토대로 심사가 이루어지므로 심사 단계에서는 시험이 없습니다. 따라서 한국어교원 자격증에 '무시험 검정'이라고 기재됩니다.

Q 양성 과정 수료 후 2년 안에 한국어교육능력검정시험에 합격해야 하나요?

A 아닙니다. 양성 과정 수료 후 한국어교육능력검정시험에 합격 기간은 따로 제한을 두고 있지 않으므로 양성 과정 수료 후 언제든지 시험에 합격하면 됩니다. 단, 오랜 시일이 지난 후 한국어교육능력검정시험에 합격하신 경우, 양성 과정을 수료한 기관에서 '[별지 제2호 서식] 한국어교원 양성 과정 이수증명서'를 발급받지 못하신다면 자격증을 취득하실 수 없으므로, 이수증명서 발급 가능 여부를 확인하신 후 시험에 응시해 주시기 바랍니다.

Q 심사 신청 후 합격자 발표까지는 얼마나 걸리나요?

A 심사 접수 기간은 보통 열흘이며, 접수 후 약 4~5주 후에 한국어교원 자격심사위원회가 열립니다. 그리고 심사위원회가 열린 후 약 1~2주 후에 합격자 발표를 합니다. 따라서 심사 신청 마감일로부터 합격자 발표까지 약 한 달 반에서 두 달의 기간이 소요됩니다.

Q 초·중등 정교사 자격증 소지자도 별도의 한국어교원 자격 심사를 거쳐야 하나요?

A 네, 그렇습니다. 초등학교 정교사, 중등학교 정교사 자격증 소지자라고 하더라도 국어기본법령에서 정하고 있는 과정(학위 및 비학위 과정)을 거쳐서 한국어교원 자격증을 취득해야 합니다.

1 면접 준비하기

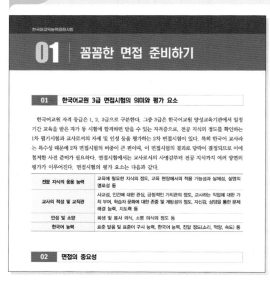

면접시험에 관한 기본 지식과 면접 진행 절차를 수록하였습니다. 또한 면접시험을 어떻게 준비했는지, 실제 시험에 어떤 질문을 받았는지 합격자들의 생생한 후기도 확인할 수 있습니다.

2 한국어 교사론

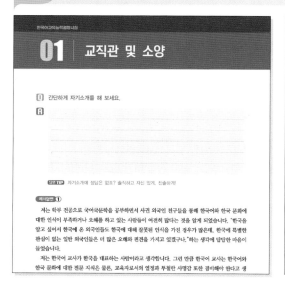

한국어 교사라는 직업의 특성 및 한국어 교사로서 갖춰야 할 소양과 태도, 가치관 등에 관한 다양한 질문을 수록하였습니다. 예시답변을 참고하여 나만의 답변을 만들어 보고, '실제 기출 미리 보기'로 면접 적응력까지 기를 수 있습니다.

한국어학 및 한국어 교육학

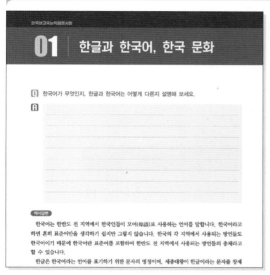

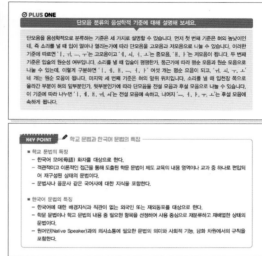

한국어의 특징, 교수법, 평가 방법 등 한국어학 및 한국어 교육학에 관한 다양한 질문을 수록하였습니다. 예시답변을 참고하여 나만의 답변을 만들어 보고, 'PLUS ONE'과 'KEY POINT'로 더 깊이 있는 정보까지 공부할 수 있습니다.

부록

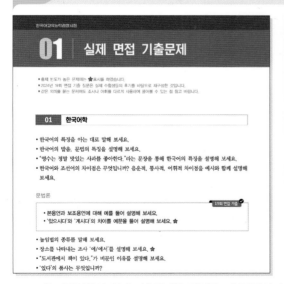

1~19회 면접시험의 실제 기출문제를 영역별로 분류하여 수록하였습니다. 실제로 내가 질문을 받는다면 어떻게 답변할지 나만의 답변을 만들어 면접시험에 대비할 수 있습니다.

이 책의 차례 CONTENTS

첫째 마당

면접 준비하기

아이들이 답이 있는 질문을 하기 시작하면
그들이 성장하고 있음을 알 수 있다.

- 존 J. 플롬프 -

01 | 꼼꼼한 면접 준비하기

01 한국어교원 3급 면접시험의 의미와 평가 요소

한국어교원 자격 등급은 1, 2, 3급으로 구분한다. 그중 3급은 한국어교원 양성교육기관에서 일정 기간 교육을 받은 자가 동 시험에 합격하면 받을 수 있는 자격증으로, 전공 지식의 정도를 확인하는 1차 필기시험과 교사로서의 자세 및 인성 등을 평가하는 2차 면접시험이 있다. 특히 한국어 교사라는 특수성 때문에 2차 면접시험의 비중이 큰 편이며, 이 면접시험의 결과로 당락이 결정되므로 이에 철저한 사전 준비가 필요하다. 면접시험에서는 교사로서의 사명감부터 전공 지식까지 여러 방면의 평가가 이루어진다. 면접시험의 평가 요소는 다음과 같다.

전문 지식의 응용 능력	교육에 필요한 지식의 정도, 교육 현장에서의 적용 가능성과 실제성, 설명의 명료성 등
교사의 적성 및 교직관	사교성, 인간에 대한 관심, 긍정적인 가치관의 정도, 교사라는 직업에 대한 가치 부여, 학습자 문화에 대한 존중 및 개방성의 정도, 자신감, 상담을 통한 문제 해결 능력, 지도력 등
인성 및 소양	희생 및 봉사 의식, 소명 의식의 정도 등
한국어 능력	표준 발음 및 표준어 구사 능력, 한국어 능력, 전달 정도(소리, 억양, 속도) 등

02 면접의 중요성

1. 면접은 필기시험 후 최종적으로 응시자의 인품, 언행, 지식의 정도 등을 알아보는 구술시험으로, 잠재적인 능력이나 창의력 또는 업무 추진력, 사고력 등을 평가한다.

2. 한국어교육능력검정시험은 일반적으로 필기시험의 합격률이 40% 안팎에 그치는 어려운 시험이다. 힘들게 필기시험에서 합격하더라도 면접시험 준비를 소홀히 하면 최종적으로는 낙방할 수 있다. 최종 합격으로 가는 마지막 관문인 만큼 필기시험에 합격했더라도 꼼꼼하게 면접시험을 준비해야 한다.

03 면접의 순서

면접장 도착 → 대기실에서 면접 순서(번호) 추첨 → 호명 후 입실 → 질의와 응답 → 퇴실

※ 일반적으로 면접시험은 위의 순서로 진행되며 실질적인 질의·응답 과정은 면접실에서 이루어 지지만, 입실부터 퇴실까지의 행동 모두가 평가의 대상이 된다는 사실에 주의하자.

04 면접에 임하는 자세

1. 면접 시간 전에 도착

면접 시간 전에 도착하려면 서둘러 집을 나서는 것이 좋다. 어느 조직에서건 지각, 조퇴를 일삼는 사람은 불성실한 사람으로 간주됨을 명심해야 한다.

2. 대기실 착석할 때

진행 요원이 없다고 하더라도 경망스러운 행동은 하지 말고, 마음을 가다듬고 면접시험 주의사항과 순번을 숙지한다.

3. 입실할 때

본인의 번호가 호명되면 대답한 후 면접실에 들어간다. 문이 닫혀 있을 경우에는 면접실 안의 면접관에게 소리가 들릴 수 있도록 노크를 한 후, 면접관의 대답을 듣고 나서 들어간다. 문은 조용히 열고 닫으며, 공손하게 인사를 한 후 면접관의 지시에 따라 의자에 앉는다.

4. 의자에 앉을 때

의자 끝에 걸터앉지 말고 깊숙이 들여 앉으며 양손은 무릎 위에 가지런히 얹는 것이 보기 좋다.

5. 활발하고 자신감 있는 태도 유지

침착하면서도 밝은 표정으로 예의를 지킨다. 잘 모르거나 부담스러운 질문을 받더라도 우물거리는 등 위축되고 자신감 없는 모습을 보이는 것은 좋지 않다. 질문에는 논리적으로 또박또박 대답하고, 질문에 대한 답이 부족하게 느껴지더라도 당당하고 침착하게 이야기한다.

6. 과장과 거짓은 피할 것

과장하거나 거짓으로 대답하는 것은 절대 금물이다. 사족을 달거나 수다를 떠는 것도 피해야 하며, 결론부터 말한 뒤 부수적으로 간략하게 설명을 덧붙이는 식으로 답변한다. 잘 모르는 질문을 받았을 때는 솔직하게 모른다고 인정하는 자세와 용기도 필요하다.

7. 암기식 답변은 피할 것

다른 곳에서 본 내용을 그대로 암기하여 답하는 것이나 스스로의 주관이 없는 답변은 피해야 한다. 주체적인 생각 없이 '남의 것'을 빌려서 대답하는 것은 금물이다.

8. 퇴실할 때

면접이 끝난 후에는 조용히 일어나 면접관에게 "감사합니다."라고 인사를 한다. 당당하고 바른 자세로 문 앞까지 가서 다시 목례를 한 뒤, 조용히 문을 닫고 퇴실한다. 면접관은 수험생이 면접실에서 나가는 순간까지 일거수일투족을 관찰하고 있음을 잊지 말자.

---

05 한국어 교사의 자질과 역할

1. 언어 교사의 필수 자질
❶ 이론적 지식
- 음성학, 문법, 담화의 언어학적 체계를 이해하고 있다.
- 언어 학습과 교수의 기본적인 원리를 포괄적으로 알고 있다.
- 말하기, 듣기, 읽기, 쓰기 실력이 유창하다.
- 경험을 통해서 외국어를 배우는 것이 어떤 것인지 잘 알고 있다.
- 언어와 문화 간의 밀접한 관계를 이해하고 있다.
- 정기적으로 관련된 책을 읽고, 회의 및 워크숍에 참석하여 교육 현안을 이해하고 있다.

❷ 교수 기술
- 충분히 검토하고 정보에 근거를 둔 언어 교수 방식을 갖고 있다.
- 다양한 교수 기법을 이해하고 활용한다.
- 수업 계획을 효율적으로 설계하고 실행한다.

- 수업이 전개되는 것을 관찰(Monitor)하고 효과적으로 수업에 변화를 준다.
- 학생의 언어학적 요구를 효과적으로 인지한다.
- 학생에게 최적의 피드백을 제공한다.
- 교실에서 상호 작용, 협조 및 팀워크를 북돋운다.
- 적절한 수업 경영 원리를 적용한다.
- 효과적이고 분명한 발표 기술을 사용한다.
- 교과서는 물론 시청각 자료 및 기계적 보조 기구를 창의적으로 사용한다.
- 필요할 때마다 새로운 자료를 창의적으로 만든다.
- 효과적인 시험을 만들기 위해 상호 작용적이고 내적으로 동기를 유발하는 교수 기법을 사용한다.

❸ 인간과 문화에 대한 이해
- 다른 문화 간의 차이점을 인식한다.
- 사람에 대한 호감과 열정, 따뜻함, 친밀감, 적절한 유머 감각을 보여 준다.
- 학생의 의견과 능력을 중요시한다.
- 학업 능력이 다소 떨어지는 학생을 가르칠 때도 인내심을 보인다.
- 학업 능력이 뛰어난 학생에게는 한 단계 높은 수준의 어려운 과업을 제시한다.
- 동료 교사와 조화롭고 솔직한 관계를 맺는다.
- 동료와 생각, 아이디어 및 기법을 나눌 수 있는 기회를 만든다.

❹ 자기 계발
- 회의에 성실하게 참석한다.
- 일이 잘못됐을 때 융통성을 보인다.
- 새로운 교수 방법을 시도하는 데 있어 호기심을 가지고 접근한다.
- 지속적인 직업적 성장을 위해서 단기 및 장기 목표를 세운다.
- 높은 윤리 및 도덕 기준을 가지고 있으며 실제 상황에서 모범을 보인다.

2. 한국어 교사의 역할
- 한국어를 가르치는 한국어 교육자
- 한국을 소개하는 안내자
- 문화 교류에 앞장서는 외교관

3. 전문적인 한국어 교사

- 대학에서 한국어 교육 또는 관련 학과를 전공하여 한국어와 한국어 교육에 대한 전문적인 지식을 갖춘다.
- 한국어교원 교육기관의 교원 양성과정을 통해 단기간에 이론과 실제를 포괄적으로 익힌다.
- 한국어교원 자격증을 취득하여 공인된 자격을 갖춘다.
- 자원봉사, 개인지도, 언어 교환 등을 통해 교육 경험을 늘리고 실제적인 기술을 습득한다.

4. 한국어 교육자로서의 유의점

- 국제적 감각을 길러야 한다.
- 학습자들이 기대하는 바와 의문을 가질 것들을 파악할 수 있어야 하며, 사소한 문제라도 세심하고 친절하게 대응해야 한다.
- 권위를 앞세워서는 안 된다.
- 학습자에게 신뢰감을 주어야 한다.
- 학습 목표를 명확히 설정하며, 끈기 있고 상냥하면서도 철저하게 지도한다.
- 교사의 언어와 학습자의 교실 및 생활 언어에서 한국어 사용의 빈도를 점차 높인다.
- 교실 면학 분위기를 활성화하고, 학습자들에게 자신감을 심어 준다.
- 명분보다는 실질적인 학습 능률 증진에 중점을 둔다.
- 진부(陳腐)한 교수–학습 방법을 탈피하고, 항상 연구하여 새로운 방법을 모색하는 자세가 필요하다.
- 지도자로서의 품위를 지키고 한국 문화에 대한 폭넓은 식견을 쌓는다.

Q 바람직한 한국어 교사는 무엇이라고 생각합니까?

A

02 | 생생한 2차 면접 후기

[김○○]

　양성과정을 마치고 3년 가까이 지난 올해, 국어국문학을 전공한 저에게 한국어학 영역 공부를 도와달라는 친구의 부탁으로 함께 공부를 시작하게 되었고, 그동안 공부한 것이 아깝다는 생각에 시험까지 보게 되었습니다. 저는 양성과정을 마친 해에 필기시험을 본 적이 있었지만 한국 문화 영역 과락으로 필기시험에 합격하지 못했던 경험이 있었기에 이번에도 큰 기대 없이 접수를 했습니다. 하지만 막상 시험일이 다가오니 이왕 보기로 한 시험, 결과야 어떻게 되든 제대로 해 보자는 마음으로 시대에듀의 『한국어교육능력검정시험 30일 안에 다잡기』를 구입해 공부를 시작했습니다.

　본격적으로 필기시험을 위해 공부한 기간은 두 달 하고 몇 주 정도인 것 같습니다. 회사 생활을 하는 저와 대학원에 다니는 친구가 현실적으로 공부에 쏟을 수 있는 시간이 많지 않았습니다. 한국 문화 영역을 제외한 세 영역은 각자 공부하고 주말에 만나 잘 모르는 부분을 함께 고민하며 답을 찾아가는 방식으로 필기시험을 준비했습니다.

　한국 문화 과락의 아픈 경험이 있었기 때문에 이번에는 요약집을 만들어 절기나 세시풍속 등 전통 문화와 관련된 부분을 정리하고, 『30일 안에 다잡기』 책으로 해결할 수 없는 사회나 문화 방면의 최신 이슈는 뉴스나 신문 기사를 통해 접한 소식을 생각날 때마다 친구와 주고받으면서 한국 문화 요약집을 보충했습니다. 필기시험을 마치고 시험장을 나오면서는 불안감보다는 뭔가 해냈다는 뿌듯함이 더 컸습니다.

　가채점에서 합격이라는 것은 알았지만, 합격자 발표 후 과락 없이 총점 220점을 넘는 점수를 받았다는 걸 확인하자 기쁜 마음보다는 면접시험에 대한 두려움이 앞섰습니다. 1차 필기시험이야 재수였으니 어떤 식으로 시험이 출제되고, 어떻게 준비하면 될지 감이 잡혔지만 면접은 그렇지 않았습니다. 당장 시험장에 어떤 옷을 입고 가야 하는지부터 시작해 면접장의 분위기가 그려지지 않았습니다. 면접 준비도 친구와 같이 준비하기로 하고 시대에듀의 『한국어교육능력검정시험 2차 면접시험』 교재를 구입했습니다.

　『2차 면접시험』 교재에는 기출문제와 예시 문제들이 다양하게 수록되어 있었습니다. 그리고 문제에 따라 답변의 포인트가 되는 부분들을 상세히 정리해 두었기 때문에 공부를 시작한 처음에는 "이대로만 이해하고 외워서 대답하면 되겠다."는 생각으로 마음이 가벼웠습니다. 하지만 면접시험

일이 다가올수록 같은 내용이라도 제 방식대로 대답하는 것이 필요하다는 생각이 들었습니다. 그렇게 시험 2주 전부터는 덮어 뒀던 『30일 안에 다잡기』 책을 다시 펼쳤고, 필기시험을 준비하면서 이해하지 못했던 부분들을 다시 저만의 방식으로 소화하는 시간을 보냈습니다. 일주일은 아예 『2차 면접시험』 교재는 펴지 않고 저만의 방식대로 유사문법과 음운론, 발음 교육과 관련된 이론들을 다시 한번 정리했습니다. 그리고 마지막으로 면접 일주일 전에는 『2차 면접시험』 교재로 돌아와 기출문제와 빈출문제의 답을 달면서 마지막 점검을 했습니다.

면접시험에서 제가 받은 질문은 크게 세 가지였습니다.

❶ 이 사과는 한 개에 천 원입니다. / 봄에는 꽃이 핍니다. 두 문장에서의 '에'가 어떻게 다른가?
❷ 교실에 10대부터 70대까지 다양한 연령의 학습자가 있다면 수업을 어떻게 이끌어 갈 것인가?
❸ 한국어 교육과 자원봉사의 관계에 대해 말해 보세요.

한국어 교육론을 위주로 공부했던 탓인지 첫 번째 질문에서 당황했고, 아는 만큼 대답하지 못했습니다. 분명 아는 문제인데 제대로 대답하지 못해 아쉽고 분한 마음도 들었지만 다음 문제를 제대로 답하는 것이 더 중요하다는 생각에 첫 번째 문제에 대한 생각은 금방 잊기로 했습니다.

두 번째 질문에 대한 답으로는 학습자들 중, 누구도 소외되어서는 안 되고, 모두가 관심을 가지고 흥미로워할 수 있는 주제를 고민해 모두가 참여할 수 있도록 하는 것이 중요하다는 요지로 답변을 했지만 면접관은 보다 실제적인 교실 상황에서의 예를 들면서 답변하기를 원하는 것 같았습니다. 그 순간에 생각나는 도입 주제를 이용해 대답을 했지만 스스로 만족스러운 대답을 하지는 못했던 것 같습니다.

세 번째 질문에는 한국어 교육 봉사를 다녀온 저의 경험을 살려 답했고, 스스로 느끼기에도 가장 자신감 있고 자연스럽게 대답할 수 있었던 것 같습니다. 대답을 들은 면접관들의 "수고하셨습니다."라는 인사를 끝으로 저의 면접은 마무리되었습니다.

면접장을 나오면서 첫 번째 질문에 대한 답을 제대로 하지 못한 것 때문에 합격할 수 없으리라 확신했고 아쉬워하면서 집으로 돌아왔던 것 같습니다. 그리고 합격했으리라는 기대 없이 평소와 같이 출퇴근을 하면서 시험은 잊고 지냈습니다. 합격 축하 카톡을 확인한 후에야 면접 합격자 발표일임을 깨달았던 기억이 납니다. 돌이켜 보면 면접시험에서 가장 중요한 것은 모르는 것을 아는 것처럼 꾸며내지 않는 솔직함과 깊지는 않더라도 일상적으로 한국어 교육에 대해 고민하는 자세인 것 같습니다. 문법 지식이나 교수법은 이론을 열심히 공부하면 해결할 수 있는 부분이지만 제가 받은 두 번째, 세 번째 질문과 같은 물음은 평소에 한국어 교육에 대해 고민하는 자세 없이는 대비하기 어려운 부분이라고 생각했습니다. 저 역시 부족하고 앞으로 공부해야 할 것들이 더 많지만, 저의 수기가 이 시험을 준비하는 모든 분들에게 조금이나마 도움이 되길 바랍니다.

[박윤수]

"한국어교육능력검정시험 최종 합격을 축하드립니다."

출근 후 문자를 확인하고 정말 기분 좋았던 기억이 납니다. 면접을 잘 못 본 것 같아서 합격할 거라고는 생각도 못 했기 때문입니다. 온라인으로 한국어교원 양성과정을 이수하고 1차, 2차 시험을 거쳐 최종 합격하기까지 1년이 넘는 시간이 걸리다 보니 "이제 끝났구나." 하는 안도감과 함께 앞으로의 계획에 대한 고민까지 많은 생각이 듭니다.

본격적인 면접 후기를 작성하기 전, 저의 상황을 말씀드리는 것이 도움이 될 것 같습니다. 저는 학부에서 국어 교육을 전공했고, 온라인으로 한국어교원 양성과정을 이수했으며, 현재 직장에 근무 중입니다. 국어 교육과 한국어 교육은 별개의 학문이지만, 공통점이 있다고 생각합니다. 그래서 수월하게 공부할 수 있었던 것 같습니다. 한편, 저는 직장에 근무 중이기 때문에 공부할 시간이 턱없이 부족했습니다. 그래서 효율적인 공부가 필요했습니다. 제가 면접시험을 실질적으로 준비할 수 있는 기간은 일주일 정도였습니다. 우선 시대에듀의『한국어교육능력검정시험 2차 면접시험』을 구입했습니다. 한국어교육능력검정시험 도서 시리즈 중에서는 가장 잘 팔리는 책이기도 하고, 면접 대비서로는 유일한 데다가 책이 괜찮다고 칭찬하는 블로거의 후기를 본 적이 있었기 때문입니다.

책은 '질문-빈칸-예시답변'의 순서로 구성되어 있습니다. 공부할 때는 질문을 먼저 읽고 나의 답변을 머릿속으로 떠올린 후 예시답변을 읽어 보는 식으로 공부했습니다. 그리고 다시 한번 빈칸에 핵심 키워드를 적어 보았습니다. 두 번째 훑어볼 때는 키워드만 보고 전체적인 답변을 떠올릴 수 있었습니다.

책이 두껍지 않아 처음부터 끝까지 훑어보는 데는 그리 오래 걸리지 않았습니다.『2차 면접시험』을 기본서로, 다른 책은 참고하면서 잘 모르는 문제와 자주 출제되는 문제를 정리하면서 꼼꼼히 공부했습니다. 책의 부록에는 실제 기출문제도 수록되어 있어 어떤 식으로 문제가 나오는지 파악할 수 있었고, 제가 아는 선에서 답을 해 보는 연습을 할 수 있었습니다. 저처럼 시간이 부족한 분들은 이렇게 공부하는 것도 한 방법이 아닐까 생각합니다.

2차 면접시험은 토요일 오후여서 여유가 있는 편이었습니다. 복장을 어떻게 해야 할지 고민을 많이 했는데, 아무래도 '면접'인 만큼 제대로 복장을 갖춰 입는 것이 좋을 것 같아서 정장을 입었습니다. 옷차림이 고민되신다면 정장을 입으실 것을 추천합니다. 시험을 보기 전에는 면접 대기실에서 책을 보며 30분에서 1시간 정도 기다렸던 것 같습니다. 면접 시험장에는 혼자 입실하게 되며, 세 분의 면접관이 순서대로 질문합니다.

제가 받았던 질문은 크게 세 가지입니다.

❶ 실제 교육 현장에서 어려움이 닥친다면 어떻게 극복할 것인가?
❷ 용언과 서술어의 차이점은 무엇인가?
❸ 유행어를 사용하는 학생은 어떻게 지도할 것인가?

저의 답변에 면접관이 다시 질문하는 형식으로 면접이 진행되었습니다. 그러다 보니 실제로는 질문을 총 6개 정도 받았던 것 같습니다. 저는 답이 딱 떨어지는 질문을 받을 것이라고 예상했던 터라 첫 질문을 받고서부터 굉장히 당황했고, 자신 있게 답변을 하지 못했습니다.

저의 주관적인 의견입니다만, 2차 면접시험에서는 지식보다 실제 현장에서의 대처 능력을 평가하고자 하는 것 같습니다. 1차 필기시험을 통과했다면, 사실 용언과 서술어의 차이점을 설명하는 것은 어렵지 않습니다. 1차 필기시험에서는 더 어려운 문제가 출제되기 때문에 깊이 있는 공부를 하기 때문입니다. 아마도 교육 현장에서 학생들이 용언과 서술어의 차이를 헷갈려 하고 이에 대한 질문이 많지 않을까라는 생각이 들었습니다. '-고 있다'와 '-아/어 있다'의 차이를 묻는 유사문법 변별 질문이나, 문법이나 표현의 제약을 묻는 것도 그런 이유에서 자주 출제되고 있는 것이 아닌가 합니다. 만약 2차 면접시험을 다시 준비하게 된다면, 실제 현장에서 일어날 수 있을 만한 상황을 가정해 보고 공부할 것 같습니다.

면접관의 질문에 답변을 하면서도 스스로 부족하다는 생각이 들어서 집으로 돌아오는 길에 낙심했는데, 생각지도 못하게 합격하게 되어 기분이 좋습니다. 운이 좋았던 것 같습니다. 한국어교육능력검정시험을 준비하는 분들께 저의 합격 수기가 조금이나마 도움이 되었으면 하고, 또한 여러분에게 행운이 함께 하기를 바랍니다.

　외국에서 유학 생활을 하면서 한국어 수업을 한 것이 계기가 되어 귀국한 이후에 서울의 모 대학교에서 한국어교원 양성과정을 수료했습니다. 120시간의 수업을 약 3개월에 걸쳐 들었는데, 과목마다 2~3시간의 수업이 매우 짧게 느껴질 만큼 유익하고 재미있는 수업이었습니다. 4년의 전공 과정을 120시간으로 단축해서 듣는다는 말이 과언이 아닐 정도로 한국어 교육과 관련된 다양하고 깊이 있는 수업을 들을 수 있었습니다. 또 각 전공별로 교수님들의 전문 지식과 열정이 훗날 한국어 교사를 꿈꾸는 분들에게 좋은 수업을 하겠다는 동기를 부여하기에 조금도 부족함이 없었습니다. 실제 외국인 학생들에게 실습했던 수업과 교안 작성 및 PPT를 활용하는 교구 제작까지 모두 한국어 수업을 준비하는데 꼭 필요한 과정이었습니다.

　저는 9월부터 11월까지 수업을 들었기 때문에 약 1년 정도가 지나 한국어교육능력검정시험을 볼 수 있었습니다. 그러나 시간이 흐르면서 시험 보는 것을 미루고 사설 학원에서 한국어 수업을 하게 되었습니다. 약 2년 정도 시간이 흐른 뒤 더 늦으면 배운 것들을 모두 잊어버릴 것 같아서 필기시험을 접수했습니다. 올 초부터 마음속으로 계획했던 시험이었지만, 막상 봄이 되고 초여름이 가까워져도 계획만 세워 놨을 뿐 혼자서 준비하기에는 결단력과 실행력이 부족했습니다.

　약 한 달 정도 한국어학 부분을 개념 이해 정도만 하면서 시간을 보내다가 시험 두 달 전에 더 이상 미루면 안 되겠다는 마음에 시간이 날때마다 도서관에 가서 책을 봤습니다. 저는 계획했던 것보다 공부할 수 있는 시간이 짧았기 때문에 보려고 했던 책의 종류를 많이 줄였습니다. 양성과정에서 사용했던 교재와 시대에듀의 『한국어교육능력검정시험 30일 안에 다잡기』, 그리고 다른 출판사의 『개념 있는 국어문법』 이렇게 세 가지 책만 보겠다는 마음으로 공부를 시작했습니다. 『한국어교육능력검정시험 30일 안에 다잡기』를 기본서로, 다른 책은 부족한 내용을 보충하는 참고용 도서로 활용했습니다. 그리고 필기시험 당일이 되어 시험장에 갔는데, 다른 사람들이 공부하는 책과 자료를 보니 제가 활용한 분량보다 더 많아 보여서 시험 준비를 너무 부족하게 했다는 생각이 들었습니다. 그래도 최선을 다하자는 마음에 시험을 치렀는데 실제 문제들은 더 광범위하고 심화된 문제가 많았습니다. 특히 중세 국어와 관련된 문제는 이해도 못하고 풀었던 것 같습니다.

　그래도 운이 좋게 필기시험 합격이라는 결과를 확인하고 면접시험을 준비하기 시작했습니다. 면접시험에 대한 사전 정보가 전혀 없었고 제 주위에 경험자도 없어서 또다시 책에 의존할 수밖에 없었습니다. 필기시험을 준비하며 도움을 톡톡히 본 시대에듀를 믿고『한국어교육능력검정시험 2차 면접시험』을 중심으로 면접시험을 준비했습니다. 이 책에는 지금까지 출제된 문제들이 분야별로 정리되어 있을 뿐만 아니라, 실제 면접 질문을 받고 어떻게 대답해야 하는지 아주 상세하게 풀어 놓아서 혼자서도 충분히 공부할 수 있었고, 중점적으로 봐야 할 기출문제도 파악할 수 있었습니다.

　시험을 준비하며 느낀 점은 먼저 한국어학, 언어학, 교수법 등 다양한 부분의 기본적인 지식을 완비해야 임기응변도 가능할 것 같았습니다. 선택지에서 답을 고르는 필기시험과는 달리 면접시험은 처음부터 끝까지 말로 서술해야 하기 때문에 필기시험보다 더 탄탄하게 준비해야 한다는 생각이 들었습니다. 짧은 기간 최선을 다해서 준비를 했지만 많이 부족했습니다. 저는 주로 문법과 한국어학 부분을 중점적으로 봤는데, 실제 제가 받은 질문의 반 이상이 실제 교실에서의 상황이나 교수법에 관한 것이었습니다. 시험을 보고 나오면서 면접시험을 준비할 때는 교수법을 비중 있게 봐야겠다는 생각이 들었습니다.

제가 면접시험을 볼 때 세 분의 면접관이 한 질문은 다음과 같습니다.

❶ 자기 얘기만 많이 하는 학생 때문에 다른 학생들이 수업에 참여할 수 없는 상황이라면 어떻게 대처할 것인가?
❷ 격조사와 보조사에 대해서 말해 보세요.
❸ 한국어를 가르치는 데 있어서 본인 성격의 장점은 무엇이고 단점은 무엇인가?
❹ 듣기 전략에 대해 말해 보세요.

특히 첫 번째 질문을 매우 집요하게 물어보셨습니다. 저는 실제 한국어 교육 경험을 바탕으로 '친절한 선생님'으로서 학생을 이해시키고 상황을 극복할 것이라 대답했지만 면접관은 '그래도 문제가 해결되지 않을 경우 어떻게 할 것인가'를 물었습니다. 제 대답에 이은 계속되는 질문에 점점 자신감을 잃었는데, 지금 생각해 보면 면접관은 친절한 선생님보다는 '문제를 해결할 수 있는 선생님'을 원했을지도 모른다는 생각이 들었습니다.

아쉬운 마음이 있었지만 두 번째 질문부터 다시 침착하게 마음을 가다듬었습니다. 두 번째 질문인 격조사와 보조사에 대한 부분은 분명히 공부해서 알고 있었지만 예를 들어서 설명해 보라는 추가 요청에 당황해서 바로 생각이 나지 않아 간단하게만 대답했습니다.

저의 성격에 대한 세 번째 질문에는 제 약점을 솔직히 인정하고 실제 학생을 가르치면서 극복하고자 노력했던 부분을 말씀드렸습니다. 저는 한국어를 가르치면서 1~6급까지 수업의 모든 교안을 만들어서 다양한 예문과 유의미한 연습을 할 수 있는 자료를 준비했기 때문에 이 부분에서는 면접관들에게 좋은 인상을 줄 수 있었습니다.

세 번째 질문을 끝으로 면접이 끝나는 분위기였는데, 첫 번째 질문을 하셨던 면접관이 네 번째 추가 질문을 더 해야겠다고 하셨습니다. 그리고 듣기 전략에 대해서 물어보셨습니다. 저는 면접시험을 준비하면서 한국어학과 언어학 영역을 중점적으로 보고 교수법에는 소홀했기 때문에 결국 정확한 대답을 하지 못하고 제가 알고 있는 상식에서 대답을 하고 면접장을 나왔습니다.

저는 면접장을 나오며 이번 면접시험을 통과하기 힘들겠다는 생각을 했습니다. 그런데 뜻밖에도 합격 소식을 듣게 되었습니다. 운이 정말 좋았던 것 같습니다. 그래도 저 외에 다른 분들이 이 시험을 준비하신다면 제가 많이 부족했기 때문에 당부하고 싶은 부분이 있습니다.

먼저 면접시험은 교사로서의 자질을 평가하는 자리이기 때문에 학생과 수업에 대한 열정, 그리고 문제가 되는 상황을 풀어 갈 수 있는 대처법, 마지막으로 필기시험을 준비하면서 익혔던 모든 지식(한국어학, 언어학, 교수법 등)을 완비해야 좋은 점수로 합격할 수 있을 것 같습니다. 긴장되는 분위기에서 모르는 질문을 받으면 아무 생각이 나지 않아 당황할 수도 있는데, 자신감을 잃지 말고 솔직하고 겸손하게 인정하고 다음 질문을 준비하는 것이 최선인 것 같습니다. 그리고 시대에듀의 면접시험 교재와 같이 기출문제를 위주로 준비하는 것도 아주 좋은 방법이라고 생각합니다. 자격증 취득까지 오랜 시간과 노력이 필요했던 만큼 열정을 가지고 보람 있게 수업할 수 있기를 기대하고 있습니다.

[최○○]

이 글을 쓰기까지 어언 8년의 세월이 흘렀습니다. 8년 전 직장인이었던 저는 우연히 한국어 교사 자격증이 있다는 사실을 알게 되었고, 막연히 '한번 해볼까'라는 생각으로 양성과정을 시작했습니다. 그리고 매일 배운 내용을 점검하며 열심히 공부한 끝에 양성과정을 6개월 만에 수료하였습니다. 이후, 시대에듀의 『한국어교육능력검정시험 30일 안에 다잡기』를 구입하여 필기시험을 준비했습니다. 첫 시험에서 불합격한 후 효율성을 위해 다른 교재는 보지 않고 오직 『30일 안에 다잡기』 책만으로 다음 해를 기약하며 다시 공부를 시작했습니다. 그런데 그때부터는 운이 따라주지 않은 것인지 아쉽게도 필기시험에서 1~2개의 오답으로 불합격하길 반복했습니다. 심지어는 답안지를 밀려 쓰는 불상사를 겪기도 했습니다.

세월이 흘러 작년, '올해는 진짜 마지막'이라는 각오로 필기를 준비했습니다. 『30일 안에 다잡기』 책은 여러 번 보느라 많이 닳아버렸지만, 늘 제 손에 있었습니다. 작년 여름, 무더운 날씨에 필기시험을 보았고, 한국 문화 과목에서 고득점을 얻어 결국 필기시험을 통과했습니다. 잠시 눈물이 핑 돌았습니다. 이제 남은 건 면접시험이었습니다. 면접시험의 합격률은 80%가 넘지만 7년 동안의 고생을 생각하면 절대 방심하면 안 된다는 생각이 들었습니다. 저는 면접시험에 집중하기로 마음먹고 시대에듀의 『한국어교육능력검정시험 2차 면접시험』 책을 구입하여 2달 동안 최선을 다해 준비했습니다. 그러나 작년에 본 면접시험의 결과는 참담했습니다. 너무 긴장한 나머지 말을 빨리하고 비약이 심해, 면접관 앞에 선 저는 완전히 아마추어나 다름 없었습니다. 7년의 결실이 이렇게 허무할 줄은 몰랐습니다. 면접시험은 1년 유예가 있어 올해 마지막 기회가 주어졌고, 저는 8수의 길로 접어들었습니다. 그리고 이제는 더 이상 후회 없이 마지막으로 준비하고 도전하기로 결심했습니다. 시대에듀의 『2차 면접시험』 책을 50번 이상 읽고 외우기 시작했습니다. 회사를 마친 후에나 주말에는 스터디 그룹을 통해 공부하며 1년을 보냈습니다. 힘든 시간이었고, 특히 올해 여름은 매우 무더워 비지땀을 흘리며 학업에 매진했습니다.

면접시험에서 제가 받은 질문은 크게 세 가지였습니다.

❶ 나는 야채를 씻고 언니는 과일을 씻었다. / 손을 씻고 식사를 해라. 두 문장에서의 '-고'가 어떻게 다른가?
❷ 짝 활동에서 소극적인 학생이 있을 때 어떻게 하겠는가?
❸ 외국 학생들에게 소개하고 싶은 한국 문학작품이 있다면 무엇인지 말해 보세요.

첫 번째 질문은 대등적 연결어미와 종속적 연결어미를 묻는 질문이었습니다. 또다시 긴장한 탓인지, 저는 두서없이 첫 번째 예시는 분리된 문장이고, 두 번째 예시는 시간의 순서대로 연결된 '-고'라고 대답했습니다. 답변을 마치고 나니, 문법 개념을 제대로 설명하지 않았다는 생각에 불안함이 남았습니다. 하지만 미리 연습해 본 내용이었던 두 번째 질문은 자신이 있었습니다. 연습했던 대로 원인 파악과 실질적인 해결 방안을 중심으로 대답했습니다. 덕분에 마지막 질문 역시 자연스럽게 답할 수 있었습니다. 박경리의 『토지』와 한강의 『채식주의자』를 외국 학생들에게 소개하고 싶다고 답변했습니다. 모든 질문이 끝난 후 면접관은 "수고하셨습니다."라고 말씀하셨고, 저는 "고생하셨습니다."라고 답하며 시험장을 나섰습니다.

하지만 면접이 끝난 후, 잡념과 불안한 상상이 다시 찾아왔습니다. 모든 질문에서 연습 때 보다 많이 버벅거린 것만 같고 특히 문법 질문에는 너무 허술하게 대답한 것만 같은 생각이 들었습니다. 토요일 오후의 여유로움은 사라지고 마음의 무거움만을 안고 집에 돌아왔습니다. 합격 발표일까지 머릿속은 황폐해졌습니다. 그러나 발표일 아침, 합격의 카톡을 확인한 후 모든 것이 아름다운 추억으로 바뀌었습니다. 돌이켜 보면 말하기 스킬은 조금 부족했을지언정, 수없이 반복하여 시연했던 내용들이나 자세가 면접장에서 반사적으로 나와 면접관들에게 좋은 인상을 준 것은 아닐까 싶습니다. 그래서 마지막으로 면접시험 예비자분들께 드리고 싶은 말씀은, 면접시험은 눈으로만 공부하는 것이 아니라 입으로 공부해야 한다는 것입니다. 책이나 자료를 눈으로만 읽지 말고, 실전처럼 소리 내어 말하는 연습을 많이 해 본다면 좋은 결과로 나타날 것이라고 생각합니다. 뜻하지 않게 돌아온 저의 시행착오와 결국은 원하는 길로 들어선 오늘의 감사함이 여러분께 작게나마 도움이 될 수 있기를 바랍니다.

둘째 마당

한국어 교사론

많이 보고 많이 겪고 많이 공부하는 것은 배움의 세 기둥이다.

– 벤자민 디즈라엘리 –

01 | 교직관 및 소양

Q 간단하게 자기소개를 해 보세요.

A

답변 TIP 자기소개에 정답은 없죠? 솔직하고 자신 있게, 진솔하게!

예시답변 1

저는 학부 전공으로 국어국문학을 공부하면서 사귄 외국인 친구들을 통해 한국어와 한국 문화에 대한 인식이 부족하거나 오해를 하고 있는 사람들이 여전히 많다는 것을 알게 되었습니다. "한국을 알고 싶어서 한국에 온 외국인들도 한국에 대해 잘못된 인식을 가진 경우가 많은데, 한국에 특별한 관심이 없는 일반 외국인들은 더 많은 오해와 편견을 가지고 있겠구나." 하는 생각에 답답한 마음이 들었습니다.

저는 한국어 교사가 한국을 대표하는 사람이라고 생각합니다. 그런 만큼 한국어 교사는 한국어와 한국 문화에 대한 전문 지식은 물론, 교육자로서의 열정과 투철한 사명감 또한 겸비해야 한다고 생각합니다.

예시답변 2

역사학을 전공하던 대학 시절, 봉사 동아리에 가입했습니다. 여름방학에는 "배워서 남 주자."라는 취지로 검정고시 국사 반에서 학생들을 가르쳤는데, 그때 다문화 가정 출신의 수험생을 만나면서 한국어 교사에 대한 꿈을 키우기 시작했습니다. 그래서 학부 졸업 후에 모교에서 운영하는 한국어 교원 양성과정을 수료했고, 전문적인 실력을 갖추기 위해 자격시험을 준비하게 됐습니다.

Q 인간관계에서 가장 중요하게 생각하는 점과 그 이유를 말해 보세요.

A

답변 TIP 특히 한국어 교사로서 우선순위로 꼽을 수 있는 항목에 대해 생각해 보세요.

예시답변

인간관계에서 가장 중요한 것은 관심이라고 생각합니다. 상대방이 처한 상황에 대한 관심을 통해 배려와 존중도 가능해지기 때문입니다. 또한 상대방에 대한 애정이 있어야 결국 관심도 갖게 되는 것이라고 보면, 관심이야말로 인간관계에 있어 중요한 요소라고 할 수 있을 것입니다. 그리 가깝지 않은 주변 사람이라 해도 관심을 가지고 바라보면 도와줄 부분이나 배려가 필요한 부분이 눈에 보이게 될 것입니다. 물론 관계의 정도에 따라 관심의 정도 역시 적절하게 조절하는 것도 꼭 필요합니다.

이러한 관심은 외국인 학습자들을 대하는 한국어 교사들에게도 필수적으로 요구되는 부분이라고 생각합니다. 서로 다른 문화를 배경으로 한 구성원 간의 이해와 의사소통이 무엇보다 중요한 한국어 교실에서, 특히 교사가 학습자들의 정서와 반응 등에 관심을 가져야 하는 것은 어떻게 보면 당연하다고 할 수 있습니다. 교사가 관심을 가지고 학습자들에게 적절한 정보와 피드백을 제공함으로써, 학습자들의 학습 의욕 및 성취도 역시 높일 수 있을 것입니다.

실제 기출 미리 보기
- 인간관계에서의 어려움은 무엇이고, 어떻게 해결할 것입니까?
- 인생에서 가장 중요한 것이 무엇이라고 생각합니까?

Q 한국어교육능력검정시험에 응시하게 된 계기는 무엇입니까?

A

답변 TIP 교원자격증 취득 전과 취득 후의 다른 점을 생각해 보세요.

예시답변 ①

저는 대학교에서 국어국문학을 전공한 후에 같은 대학 내 언어교육원에서 개설한 한국어교원 양성과정을 이수했습니다. 수료 후에 교수님의 권유로 외국인 근로자 지원센터에서 외국인을 대상으로 한국어를 가르치게 되었습니다. 그 후 보다 전문적인 실력과 교사로서의 소양을 갖추고 싶다는 생각으로 시험에 응시하게 되었습니다.

예시답변 ②

저는 중국에서 중국어를 공부하면서 한국어 학원에 잠시 근무한 적이 있었습니다. 당시 제 중국어 실력이나 한국어 모어 화자이기에 가지고 있는 지식만으로는 중국인에게 한국어를 가르치는 것이 어렵다는 것을 알았습니다. 한국인인데도 불구하고 한국에서 유학 생활을 했었다는 동료 중국인 선생님보다 한국어 교사로서 더 나은 점이 없다는 생각이 들어 부끄러웠습니다. 한국어교육능력검정시험을 준비하면서 한국어 지식을 체계화하여 좋은 선생님이 되고 싶어 시험을 준비하게 되었습니다.

실제 기출 미리 보기

• 한국어교육능력검정시험이 있다는 것을 어떻게 알게 되었습니까?

Q 한국어교육능력검정시험을 준비하며 가장 힘들었던 것은 무엇입니까?

A

답변 TIP 자신만의 학습 방법, 합격 노하우 등 어떤 방식으로 필기시험을 준비했는지 이야기하면 되겠죠?

예시답변 ①

양성과정 수업부터 방대한 내용을 혼자 공부해야 하는 것이 제게는 아주 힘든 일이었습니다. 처음에는 시험 합격이 목표였으며 시험을 위한 공부라고만 생각했기 때문에 더욱 힘들고 막막했던 것 같습니다. 그러나 한국어학이나 외국어로서의 한국어 교육학 등 영역을 꼼꼼히 공부해 보니, 결국 이 지식들이 실제 교육 현장에서도 유용하게 활용된다는 것을 깨달았습니다.

그래서 시험일이 가까워지면서는 내용 암기에 매진하기보다 관련된 교육 이론이나 실제 교실에서 일어나는 사례에 관심을 가지게 되었고, 그 과정에서 자연스럽게 교수 방법이나 접근법에 대한 부분을 정리할 수 있었습니다.

예시답변 ②

저는 한국어 교육과 관련된 전공을 하지 않아서 기본 개념을 응용하여 사례에 적용해야 하는 문제를 푸는 것이 어렵게 느껴졌습니다. 그래서 더욱더 기본 개념만큼은 흔들리지 않도록 꼼꼼히 공부했습니다. 완벽히 이해하지는 못하더라도 생소한 용어에 익숙해지기 위해 관련 도서나 논문을 틈틈이 읽었고, 낯선 용어가 익숙해지자 공부가 한결 수월해졌습니다. 신입생의 마음으로 시중에 판매되고 있는 이론서들을 공부하고 기출문제를 풀어 봤습니다. 필기시험에 합격해 이 자리에 왔지만 면접시험을 준비하면서도 저의 부족한 부분이 많이 느껴졌습니다. 모든 한국어 교사들이 그렇겠지만, 저 역시 한국어 교사가 된 후에도 겸손한 마음으로 저의 부족한 부분을 채워나갈 수 있도록 끊임없이 공부할 생각입니다.

실제 기출 미리 보기

- 양성과정을 들으면서 어려웠던 점을 말해 보세요.
- 양성과정에서 한국어 지식을 습득한 것과 직접 교수하는 것의 차이는 무엇입니까?

Q 한국어 강의 경험이 있습니까? 있다면 어디에서 무슨 강의를 했습니까?

A

답변 TIP 자신의 경험을 토대로 답변하거나 앞으로의 모습을 상상해 보세요.

예시답변 ①

저는 시에서 운영하는 외국인 근로자 지원센터에서 실시하는 한국어 초급 교육 과정에 참여하여 학습자들을 가르쳤던 경험이 있습니다. 자격증을 따고 나면 그때의 경험을 살려 KOICA의 해외 봉사활동에 지원해 외국에 나가 한국어와 한국 문화를 널리 알리고 싶습니다.

예시답변 ②

저는 시에서 운영하는 다문화 가족 지원센터에서 두 학기 동안 중국어권 이주 여성들에게 한글을 가르친 적이 있습니다. 제가 한국어교원 자격증을 따면 그 경험을 바탕으로 중국으로 나가서 중국에 있는 동포 2·3세 등 우리 동포들, 나아가 중국인들에게도 한국어와 한국 문화를 알리고 싶습니다.

예시답변 ③

아직 한국어 강의를 해 본 적은 없지만, 자격증을 따고 나면 다문화 가족 지원센터 같은 곳에서 이민자들에게 한국어와 한국 문화를 가르치고 싶습니다. 자격과 열정을 갖추고 있다면 원하는 곳에서 활동할 수 있는 기회를 반드시 잡을 수 있다고 생각합니다.

실제 기출 미리 보기

• 한국어 강의 경험이 있습니까? 만약 있다면 어려웠던 점과 한국어 교사가 되기 위한 중요한 요소를 말해 보세요.
• 한국어 지식과 경험에서 비롯한 노하우가 있습니까?

Q 한국 문화가 한국어 교육에 미치는 영향이 무엇이라고 생각합니까?

A

답변 TIP 외국인이 한국 문화를 잘 알지 못해서 오해가 생기는 상황을 생각해 보세요.

예시답변

한국 문화에 대한 올바른 이해가 없으면 속담이나 관용표현을 이해하기 어렵습니다. 예컨대 "손이 없다"라는 표현은 노동력이 부족하다는 의미와 중요한 일을 벌이기에 좋은 날이라는 의미 두 가지로 해석할 수 있습니다. 전자의 '손'은 신체 기관으로서의 '손'에서 '노동력'이라는 의미로 확장된 것이고, 후자의 '손'은 '사람의 일을 방해하며 훼살을 부리는 귀신'을 뜻하는 고유어입니다. 이처럼 한국 문화에 대한 배경지식이 부족하면 문법이나 어휘를 정확히 알더라도 실제 담화 상황에서 적절한 한국어를 사용하거나 이해하기 어려워집니다.

또한, 아직 사전에 등재되지 않은 수많은 신조어와 외래어에 대한 적절한 교육이 이루어지지 않는다면 한국어로 의사소통하는 것에 방해가 될 수 있습니다. 신조어나 외래어 등은 한국 사회와 문화를 즉각적으로 반영하므로 한국 사회와 문화는 언어생활과 분리할 수 없다고 생각합니다.

그리고 높임법 같은 문법 차원에서도 한국어에 지대한 영향을 주고 있는 경로사상을 제대로 학습하지 않는다면 높임법이 쓰이는 모든 사례와 문장 표현을 통째로 암기해야 하는데, 이는 현실적으로 불가능합니다.

이처럼 한국 문화 교육이 이루어지지 않거나 부족하면 한국어를 올바르게 이해할 수 없고, 한국어를 바르게 학습하지 못하면 한국 문화에 대한 깊은 이해가 불가능할 것입니다.

실제 기출 미리 보기

• 한국 문화가 한국어를 배우는 데 필요한 이유를 구체적인 예를 들어 설명해 보세요.
• 한국어 교육은 언어 교육인데 문화 교육을 꼭 해야 합니까?
• 한국 문화는 어떻게 설명해야 합니까?

Q 한국어교원 자격증을 따게 된다면 어디에서 일하고 싶습니까?

A

답변 TIP 한국어 교사로서 가지고 있는 목표와 자격 취득 이후 일하고 싶은 교육기관을 떠올려 보세요.

예시답변 ①

저는 교원 자격증을 딴 후에 대학교의 한국어 교육기관에서 일하고 싶습니다. 아무래도 대학교에서 운영하는 한국어 교육기관이 다른 사설 기관들에 비해 교재, 교수법 등 자료나 노하우가 풍부할 것이라고 생각하기 때문입니다. 저처럼 이제 막 한국어 교사로서의 첫 발을 내딛게 되는 초보 교사들은 실무 교육 없이 현장에 투입되면 많은 어려움과 시행착오를 겪을 수밖에 없을 것이라 생각합니다. 오랜 노하우를 축적해 온 대학 기관에서 한국어 교사가 갖춰야 할 지식이나 소양과 관련된 소정의 교육을 거치면서 기초를 견고하게 다질 수 있도록 대학 기관에서 일하고 싶습니다.

예시답변 ②

교원 자격증을 따게 된다면 세종학당과 같이 해외 교육 현장에서 한국어를 가르칠 수 있는 기관에서 일하고 싶습니다. 저는 학부에서 ○○○을/를 전공했고 ○○○에서 유학 생활(어학연수)을 했던 경험이 있습니다. 그러한 제 전공과 경험을 보다 적극적으로 활용하는 데에는 해외 교육 현장이 더 적합할 거라고 생각합니다. 물론 국내에도 일해 보고 싶은 기관이나 교육 현장이 많이 있습니다. 그렇지만 아무래도 해외에서 수업하는 것이 상대적으로 더 높은 개척 정신이 필요하고, 여러 상황을 경험할 수 있을 것이라 생각합니다. 이런 점들이 어렵고 부담스럽기는 하겠지만 그 과정에서 배울 점이 정말 많을 것이라 생각해 해외 교육 현장에서 일하고 싶습니다.

실제 기출 미리 보기

• 한국어 수업을 맡게 된다면 1~6급 중 어떤 급수를 가르치고 싶은지, 또 그 이유는 무엇인지 말해 보세요.
• 한국어 교육 경력이 없다면, 앞으로 어디서 근무하고 싶고 무엇에 중점을 두고 싶습니까?

02 | 한국어 교사의 태도 및 교사상

Q 왜 한국어 교사가 되려고 합니까?

A

답변 TIP 한국어 교사가 되기로 결심한 구체적인 사건이나 계기를 떠올려 보세요.

예시답변

　저는 대학 재학 시절에 교환학생으로 선발되어 캐나다에서 1년 정도 지낸 적이 있었습니다. 그때 사귀었던 외국인 친구들이 한국에 대해 아는 것은 고작 2002년 월드컵에서 4강에 진출한 것과 태권도뿐이었고, 한국 문화에 대해서 오해하고 있는 것들이 많았습니다. 대부분의 오해와 이해 부족은 한국 문화를 접할 기회가 적기 때문에 생기는 것들이었습니다. 그래서 저는 현지 외국인들에게 한국을 소개하고 한국 문화를 알려 주면서 오해를 바로잡았고 그 경험을 통해 저는 마치 우리나라를 대표하는 국가대표가 된 것 같은 뿌듯함을 느꼈습니다.

　월드컵이나 올림픽 같은 세계 대회를 개최하거나 좋은 성적을 거두는 것, 여러 시상식에서 한국인 수상자를 배출하는 것도 한국을 알리는 좋은 방법이겠지만, 우리 문화와 한국어를 알리는 것이야말로 한국을 세계에 소개할 수 있는 현실적이고 효과적인 방법이라고 생각합니다. 어떤 문화를 완벽히 이해하기 위해서는 그 문화권에서 사용하는 언어를 이해하는 것이 중요합니다. 한국 문화를 알리려면 올바른 한국어를 가르칠 수 있는 소양 또한 필요하다는 것입니다. 저는 전문적인 한국어 지식을 갖춰 한국어를 가르치고, 이를 통해 한국과 한국 문화를 세계에 알리는 한국어 교사가 되고자 합니다.

실제 기출 미리 보기

• 한국어 교사로서의 궁극적인 목표는 무엇입니까?

Q 본인이 한국어 교사로서 가지고 있는 장점은 무엇이라고 생각합니까?

A

평소 생각한 것을 있는 그대로 진솔하게 답변하세요. 그리고 한국어 교육에 적합한 자신의 적성이 무엇인지, 그렇게 생각하게 된 계기나 사건을 간단히 설명하는 것도 좋겠죠?

예시답변

한국어 교사를 꿈꾸는 대부분의 사람들이 그렇듯이 저 역시 한국어를 사랑하고 자랑스럽게 여기는 마음을 가지고 있습니다. 또한 그에 못지않게 다양한 언어에 늘 관심을 가져 왔습니다. 모어 화자처럼 완벽하게 구사할 수 있는 외국어가 있는 것은 아니지만, 여러 언어를 공부해 본 경험이 있어 외국어를 학습하는 학습자들의 입장을 누구보다 잘 이해합니다. 저는 저의 경험을 살려 학습자들이 한국어 학습에서 겪을 어려움을 예상해 보고 그에 맞는 수업을 설계할 수 있을 것이라고 생각합니다.

또한 저는 다른 사람들과 소통하는 것을 좋아하고, 기회가 있을 때 뭔가를 가르치거나 다른 사람들을 도우면서 큰 보람과 행복을 느끼곤 합니다. 저의 이런 점들이 저를 한국어 교사가 되고 싶다는 꿈으로 이끌었고, 이들이 제가 한국어 교사로서 가지고 있는 장점이라 자부합니다.

실제 기출 미리 보기

• 학창시절 좋아했던 과목 또는 본인의 전공이 한국어 교육에 어떤 도움이 된다고 생각합니까?
• 본인의 전공과 경험을 연결하여 한국어 교사가 된다면 교육을 잘할 수 있는 이유를 말해 보세요.

Q 한국어 교사에게 필요한 자질은 무엇이라고 생각합니까?

A

답변 TIP 문화적 차이에서 오는 이질감이나 학습자들의 수준 차이 해소, 다양한 교수 방법 모색 및 부교재 개발 능력 등을 예로 들 수 있겠죠?

예시답변

　한국어 교사에게 요구되는 자질 중 가장 중요한 것은 한국어에 대한 전문적인 지식이라고 생각합니다. 한국어 교사는 단순히 한국어 모어 화자로서가 아니라, 한국어와 관련 교수법 등에 대한 전문 지식을 가지고 있는 사람이기 때문에 외국인 학습자들이 한국어를 보다 효과적으로 이해하고 학습할 수 있도록 가르쳐야 합니다. 물론 한국어 교사라면 한국어를 정확한 발음으로 구사할 수 있어야 합니다. 우리가 외국어를 배울 때에도 모어 화자들의 발음이나 억양을 중시하고, 비슷하게 발음할 수 있기를 원하는 것처럼 한국어 학습자들 역시 실제 한국어 모어 화자처럼 말하고 이해할 수 있기를 원합니다. 때문에 한국어 교사는 바른 한국어 지식은 물론 정확한 표준 발음과 실제 언중들이 사용하는 한국어에 대한 이해까지 갖춰야 한다고 생각합니다.

　그리고 한국어 교사는 외국어로서 한국어를 배우는 학습자들을 대하게 됩니다. 때문에 외국어를 배우는 학습자들의 마음을 잘 헤아릴 수 있어야 합니다. 외국인 학습자들에게 한국어는 배우기 어려운 언어 중에 하나라고 합니다. 따라서 한국어 교사는 학습자들의 학습 동기와 목표를 자극하고, 학습자 개개인의 이해도와 활용 능력 등을 잘 파악하여 그에 맞춘 교육 방식을 선택함으로써 그들이 느끼는 곤란함과 어려움 등을 해결해 줄 수 있어야 합니다.

실제 기출 미리 보기
- 한국어 교사가 반드시 알아야 할 한국어 지식은 무엇입니까?
- 한국어 교사가 갖춰야 할 문화적 소양은 무엇이라고 생각합니까?
- 해외에서 한국어 교사를 한다면 어떤 자질이 중요하다고 생각합니까?

Q 동료 교사와 의견 충돌이 일어났을 때 어떻게 대처하겠습니까?

A

답변 TIP 역지사지의 마음과 진솔한 대화가 중요하겠죠?

예시답변 ❶

즉각적으로 반응하면 자칫 감정적인 갈등으로 이어질 수 있기 때문에, 우선 여유를 갖고 침착하게 해결책을 찾아보자고 말하겠습니다. 그런 다음에 개인적인 감정을 자제하면서 객관적인 시각에서 문제를 다시 살펴보고, 진지한 대화와 토론으로 의사소통과 정보 교환을 충분히 해야 합니다. 자신의 역할에 충실하면서도, 상대방의 의견을 수용하고 저의 의견을 잘 전달해 양자가 납득할 수 있는 해결책을 찾아야 한다고 생각합니다.

예시답변 ❷

우선 의견이 충돌한 문제점에 대해서 좀 더 생각해 보고 다시 대화하자고 말하겠습니다. 그리고 주변에 경험이 많은 선배 교사의 의견과 조언을 구해 객관적이고 합리적인 방안을 찾아낸 다음, 의견을 달리한 교사와 만나 차분히 토론하면서 최선의 절충안을 강구하겠습니다. 물론 해결책을 만들어 내기 위한 형식적인 절충안이 아니라, 학습자들에게 가장 효과적으로 학습 내용을 전달할 수 있는 방안을 찾아내는 것이 최우선이라는 원칙 아래 대화를 진행하는 것이 중요하다고 생각합니다.

실제 기출 미리 보기
- 동료 교사가 준비한 수업 자료의 질이 많이 떨어진다면 어떻게 하겠습니까?
- 선배 강사가 잘못 가르치고 있다면 어떻게 할 것입니까?

Q KOICA에서 실시하는 해외 봉사에 대해 알고 있습니까?

A

답변 TIP 봉사의 의미와 나의 마음가짐을 생각해 보세요.

예시답변

네, 코이카(KOICA) 즉 국제협력단은 개발도상국의 교육과 보건 의료, 공공 행정, 과학 기술 및 기후 변화 대응 그리고 인권에 이르기까지 여러 분야에서 원조 활동을 전개하고 있는 글로벌 개발 협력 기관입니다. 그리고 국제협력단에서는 글로벌 인재 양성 사업으로 해외 봉사단을 파견하고 있습니다. 해외로 봉사단을 파견하여 협력국 주민들의 삶의 질을 향상시키고, 협력 인재로 성장할 수 있도록 지원하고 있습니다. 이처럼 타인을 돕는 활동이 활성화되어야 진정한 의미의 선진국과 세계인의 일원이 될 수 있다고 봅니다.

우리나라도 과거에 다른 나라로부터 받았던 도움에 보답하는 차원에서 나아가 국제 사회를 선도하는 입장에서 앞으로도 보다 적극적으로 해외 봉사활동에 나서야 할 것입니다.

실제 기출 미리 보기

- 한국어 교육에서 수업 외에 할 수 있는 봉사활동은 무엇이 있습니까?
- 한국어 봉사활동 경험이 있습니까? 자신의 봉사활동에 점수를 매긴다면 얼마나 줄 수 있을 것 같습니까?
- 한국어 교육과 자원봉사의 관계란 무엇이라고 생각하는지 말해 보세요.

Q 학생이 교실 밖에서 만날 것을 요구하고, 병원에 같이 가자거나 하숙방을 알아봐 달라는 등의 부탁을 하면 어떻게 대처하겠습니까?

A

답변 TIP 친절하고 성심성의껏 돕되 객관적인 원칙을 정해 '교사와 학생'이라는 관계에서 벗어나지 않아야겠죠?

예시답변 ①

　한국어 교사는 한국어 교육뿐만 아니라 한국 문화를 알리는 안내자이기 때문에 학습자의 개인적인 부탁을 거절하기가 어려운 것이 사실입니다. 따라서 '교사와 학생'이라는 관계를 벗어나지 않는 범위에서 원칙을 세우고 도움을 주어야 할 것 같습니다. 다른 학생이나 동료 교사와 동행하면서 학생들이 자연스럽게 현장 학습 체험을 할 수 있는 기회로 삼는 방법을 생각해 볼 수 있습니다.

예시답변 ②

　일단은 '교사와 학생'이라는 선을 넘지 않는 선에서 친절하게 도움을 주겠지만, 사생활의 영역을 침범하는 경우라면 정중히 거절하면서 제 입장을 충분히 설명하고 양해를 구해 오해가 생기지 않도록 하겠습니다.

　한국어 교사는 한국을 대표하는 민간 외교관으로서, 한국인은 불친절하다는 오해를 심어 주지 않아야 합니다. 교사가 혼자서 학생을 돕기보다는 학생들끼리 멘토(Mentor)와 멘티(Mentee) 관계를 맺는 것도 효과적이라고 생각합니다. 한국 문화와 한국 사회에 상대적으로 더 익숙한 학생들은 멘토, 비교적 한국이 낯선 학생들은 멘티가 되어 서로 도움을 주고받는다면 멘토 역할인 학생에게도, 멘티 역할인 학생에게도 많은 도움이 될 것입니다.

실제 기출 미리 보기

- 학생이 개인적 도움을 필요로 할 경우 어떻게 대처할 것입니까?
- 교사와 학생의 친밀도에 대한 생각을 말해 보세요.

Q 같은 반에 수준 차이가 많이 나는 학생들이 있다면 어떻게 하겠습니까?

A

답변 TIP 진단을 통해 학습자의 수준에 맞는 교수 방안을 찾아보세요.

예시답변 ①

기초 실력의 보충 없이 진도 맞추기에만 치우칠 경우 학생 간의 수준 차이가 벌어질 수 있습니다. 이때 중간 수준에 맞춰 수업을 하다 보면 상위 수준 학생은 지루해 하고, 하위 수준의 학생은 수업을 버거워할 수 있습니다. 따라서 진도를 무리하게 나가지 말고, 최대한 학생 전체가 진도를 잘 따라오면서 수준 차이가 크게 벌어지지 않도록 계속 확인하면서 학습의 속도를 조절해야 합니다.

다만, 진도 속도가 아닌 개인적인 학습 능력의 차이 때문에 수준 차이가 발생한 경우라면 수준별로 교육하는 것이 바람직하다고 생각합니다. 같은 학급 안에서도 성취 수준이 높은 학생에게는 심화 학습을, 낮은 학생에게는 보충 학습을 실시할 수 있는데, 학생들이 불만을 갖거나 차별 대우를 받는다고 오해하지 않도록 교사의 세심한 배려가 필요하다고 봅니다. 실제 현장에서는 자리 배치를 조정하는 경우도 있는 것으로 알고 있습니다.

예시답변 ②

모국어별로, 수준별로 자리를 배치해 수준별 맞춤 학습을 실시할 수 있는데, 이럴 경우 다른 학생들을 제어하지 못하게 될 수 있습니다. 따라서 효율성과 형평성을 높이는 것을 원칙으로, 반 편성을 다시 하는 등 다른 교사들과 상의해 적절한 해결책을 찾아야 합니다.

실제 기출 미리 보기

• 교실에 다양한 수준의 학습자가 있을 경우 어느 수준에 초점을 맞춰 수업을 진행할 것인지 말해 보세요.
• 10~70대 학습자가 한 교실에 있을 때 어떻게 교육하겠습니까?

Q 교실에서 문화적 충돌이 일어나 싸움으로 번지는 경우에는 어떻게 하겠습니까?

A

답변 TIP 문제 학생 발생 시 문제 행동의 동기나 정도, 학생의 상황에 따라 어떻게 대응할지 생각해 보세요.

예시답변

　문화라는 것은 어떤 면에서든 굉장히 예민하고 깊게 들어가면 인권과 맞물려 있기도 합니다. 한국어 교실에서 문화적 충돌이 발생할 시 교사의 판단과 역할이 아주 중요하다고 생각합니다. 교사의 모문화나 학습의 맥락, 목표 문화가 모두 한국 문화인 상황에서 학습자 간 문화적 충돌이 일어났을 때, 교사는 중립적인 태도를 보여야 합니다. 우유부단하게 문제 상황을 외면하는 것이 아니라 균형 잡힌 관점에서 어느 한쪽으로 치우치지 않는 자세를 유지하는 것이 중요합니다. 문화 충돌이 싸움으로 번졌을 때, 교사는 학습자들을 진정시킨 뒤, 대화로 충돌의 원인과 상황을 파악해야 할 것입니다. 그리고 가능하면 실제 예를 들어 설명하면서 학습자들이 다양한 문화에 대해 열린 태도를 가질 수 있도록 유도해야 할 것입니다.

　교실 내에는 다양한 문화가 어우러져 있으므로 이러한 문화적 차이에서 오는 오해나 갈등을 학습자들끼리 어느 정도는 용인해야 한다는 것과 차이를 빌미로 다른 문화나 다른 문화적 배경을 가진 학습자를 공격해서는 안 된다는 것을 수업 전에 미리 인지시키고 교육해야 한다고 생각합니다. 더불어 교사 역시 한국 문화 중심의 시각에서 벗어나 객관적으로 바라보는 훈련을 꾸준히 해야 하며, 교육을 위한 텍스트의 선정과 제작, 수업 운영 등에서도 어느 한쪽으로 치우치지 않도록 각별히 주의해야 합니다.

실제 기출 미리 보기

• 수업 시간에 중국 학생과 대만 학생이 (정치적 이유로) 싸운다면 어떻게 하겠습니까?
• 외국인이 한국 문화에 대해 부정적으로 물어보면 어떻게 대답하겠습니까?
• 학생들이 정치나 문화와 같은 예민한 문제(예: 우크라이나-러시아 전쟁)로 언쟁을 한다면 어떻게 대처할 것인지 말해 보세요.

Q 수업을 방해하거나 교사를 화나게 하는 학생이 있을 경우 어떻게 대응하겠습니까?

A

답변 TIP 한국어 교육 현장에서 발생할 수 있는 갈등 상황과 교사가 가져야 할 중립성과 객관성에 대해 생각해 보세요.

예시답변

학습자 및 교실 상황에 따라 교사의 대처가 달라질 수 있다고 생각합니다. 만약 학습자가 아동이나 청소년이고, 방해 정도가 심각하다면 일단 교실에서 나가게 하는 등 별도의 장소에서 대기하게 했다가 교실에서의 기본적인 예의와 학습 태도 등을 개인적으로 다시 한번 알려 줄 것입니다. 일방적으로 혼을 내기보다는 차분히 수업 예절을 알려 주고 학생의 생각을 들어 보며 이야기를 나눠 볼 것입니다. 이후 같은 방식으로 몇 번 더 해결을 시도해 보고 문제 행동이 해결되지 않거나 개선의 여지가 보이지 않으면 보호자와의 상담도 진행해야 한다고 생각합니다.

성인 학습자의 경우에는 앞서 말한 방법이 효과가 없을 것입니다. 성인 학습자라면 문제 상황이 발생했을 때, 다른 학습자들에게는 잠깐 쓰기 등의 활동을 시키고 해당 학생에게 조용히 주의를 줄 것입니다. 그리고 수업 후 남아서 다시 이야기를 나눠 볼 수 있도록 조치해야 한다고 생각합니다. 물론 웬만한 성인 학습자라면 그 정도의 주의로도 개선의 효과를 볼 수 있겠지만, 학습자들의 배경과 상황이 워낙 다양하다 보니 경우에 따라 더욱 강력한 조치를 해야 할 수도 있을 것입니다.

실제 기출 미리 보기

- 학습자가 수업 내용과 관련 없는 질문 또는 이야기를 한다면 어떻게 대처하겠습니까?
- 학생이 수업 방법에 이의를 제기하고, 수업 진행을 방해한다면 어떻게 하겠습니까?

셋째 마당

한국어학 및
한국어 교육학

배우기만 하고 생각하지 않으면 얻는 것이 없고,
생각만 하고 배우지 않으면 위태롭다.

- 공자 -

01 | 한글과 한국어, 한국 문화

Q 한국어가 무엇인지, 한글과 한국어는 어떻게 다른지 설명해 보세요.

A

예시답변

한국어는 한반도 전 지역에서 한국인들이 모어(母語)로 사용하는 언어를 말합니다. 한국어라고 하면 흔히 표준어만을 생각하기 쉽지만 그렇지 않습니다. 한국의 각 지역에서 사용되는 방언들도 한국어이기 때문에 한국어란 표준어를 포함하여 한반도 전 지역에서 사용되는 방언들의 총체라고 할 수 있습니다.

한글은 한국어라는 언어를 표기하기 위한 문자의 명칭이며, 세종대왕이 한글이라는 문자를 창제한 것이지, 한국어라는 언어를 만든 것은 아닙니다. 적지 않은 사람들이 한글과 한국어를 같은 개념으로 이해하여 한글 창제 전에는 우리 민족 고유의 언어 자체가 없던 것처럼 오해하기도 하고, 매년 한글날에는 모든 단어를 순우리말인 고유어로 나타내는 것이 옳다는 잘못된 주장을 하는 경우도 자주 보입니다. 이는 문자와 언어의 차이에 대한 이해가 미흡해서 벌어지는 일이라 볼 수 있습니다.

또한 한글과 한국어를 혼동하는 사람들은 한글의 특성을 한국어의 특성인 것처럼 오해하기도 합니다. '한국어는 매우 과학적이고 체계적'이라고 하는 경우가 그런 경우입니다. 한글이라는 문자를 설명할 때 과학적이고 체계적이라고 하는 것은 맞는 말이지만, 한국어라는 언어를 과학적이고 체계적이라고 하는 것은 잘못된 표현입니다. 한글과 한국어를 혼동하면 이처럼 오해의 소지가 있는 상황이 발생할 수 있기 때문에 한글과 한국어를 혼동하지 않도록 유의해야 합니다.

Q 한글의 제자 원리를 간략히 설명해 보세요.

A

　한글 제자 원리는 『훈민정음』 해례의 「제자해(制字解)」에 잘 설명되어 있습니다. 한글의 기본이 되는 글자는 'ㄱ, ㄴ, ㅁ, ㅅ, ㅇ' 다섯 개의 초성자(初聲字)와 '·, ㅡ, ㅣ' 세 개의 중성자(中聲字)인데, 이것을 바탕으로 총 28개의 글자를 만들었습니다.

　제자의 기본 원리는 상형(象形)이며, 초성과 중성 모두에 적용됩니다. 먼저 초성 'ㄱ, ㄴ, ㅁ, ㅅ, ㅇ'은 발음 기관의 모양을 본떠 만든 글자입니다. 그리고 가획(加劃)의 원리에 따라 기본자에 획을 더하여 'ㅋ, ㄷ, ㅌ, ㅂ, ㅍ, ㅈ, ㅊ, ㆆ, ㅎ'을 만들었습니다. 가획의 원리에서 벗어난 이체자 'ㆁ, ㅿ, ㄹ'까지가 자음으로, 당시 용어로는 초성에 해당하며 초성은 총 17개의 글자입니다.

　'·, ㅡ, ㅣ'는 중성으로, 각각 둥근 하늘, 평평한 땅, 곧게 선 사람을 본떠서 만들어졌습니다. 이것들을 다시 조합하고 합성하여 'ㅗ, ㅏ, ㅜ, ㅓ, ㅛ, ㅑ, ㅠ, ㅕ'까지 총 11개의 모음, 중성을 만들었습니다.

Q 한글의 특징을 말해 보세요.

A

　한글은 조음 기관과 발성 기관, 조음 원리를 관찰하고 이를 반영해 만들어진 표음문자입니다. 또한 자음은 기본자에 획을 더하는 가획의 원리로, 모음은 'ㆍ, ㅡ, ㅣ' 세 개의 기본자를 합성하여 문자를 확장하고 규칙성을 확보하였다는 특징을 갖습니다. 이와 같은 특징으로 한글을 익히기만 한다면 처음 듣는 단어라도 어떤 소리인지 알 수 있고, 바로 한글로 옮겨 적을 수도 있습니다.

　또한 한글은 자음과 모음으로 이루어진 음소문자로, 하나의 문자에 하나의 발음이 대입되기 때문에 쉽게 배울 수 있습니다. 『훈민정음』에서도 "어리석은 사람은 일주일, 똑똑한 사람은 하루 만에 깨우쳐 읽을 수 있다."라고 했을 만큼 쉽게 배우고 쓸 수 있는 문자라고 생각합니다.

　마지막으로 한글은 세계에서 유일하게 누가, 언제, 어떻게 만들었는지 밝혀진 문자입니다. 현존하는 대부분의 문자는 누가, 어떤 원리로 언제 만들었는지 알기 어렵지만 한글은 세종이 어떤 원리로, 언제 만들었는지 기록으로 남아 있다는 특징을 가지고 있습니다.

Q 한국어의 특징에 대해 말해 보세요.

A

예시답변

　한국어의 문법적 특징으로는 조사, 어미와 같은 문법형태소가 결합하여 문법 관계를 표시하거나 단어를 형성한다는 교착어적 특징이 있습니다. 어순상 특징으로는 동사가 문장 마지막에 오는 SOV(주어-목적어-서술어)형 언어지만 비교적 자유롭게 어순이 바뀔 수 있습니다. 또한 높임법이 발달했고, 어휘적으로는 성과 수의 구별이 없다는 것 또한 한국어의 특징입니다. 그리고 관계대명사, 관사, 접속사와 같은 문법 요소가 없다는 것도 또 다른 특징으로 볼 수 있습니다.

　음운적으로는 평음·격음·경음의 대립이 나타나며, 어두 및 음절말에 자음군이 올 수 없다는 특징이 있습니다. 현대 한국어는 유성음과 무성음의 변별이 사실상 이루어지지 않으며, 장단음의 구분이 약해졌다는 특징을 갖습니다.

　높임법의 발달은 화용적 특징으로도 볼 수 있는데, 이는 유교 문화의 영향이라고 볼 수 있습니다. 그 외 한국어의 화용적 특징으로는 친족어가 발달했다는 점, 맥락 의존성이 높다는 것을 꼽을 수 있습니다. 한국어는 구어 발화 상황에서 주어나 목적어와 같은 주성분이 생략되는 경우가 많은데, 이는 한국어가 맥락 의존성이 높은 언어이기 때문에 대화 참여자들이 문맥, 대화의 맥락을 공유하고 있을 때 자주 일어나는 현상입니다.

Q 한국어와 국어의 차이점 및 한국어 교육의 목적에 대해 설명해 보세요.

A

국어의 사전적 의미는 한 나라의 국민이 쓰는 말 또는 우리나라의 언어입니다. 이에 비해 한국어란 한국인이 사용하는 언어로 형태상으로는 교착어이고, 계통적으로는 알타이 어족에 속한다고 보는 것이 일반적이며 한반도 전역 및 제주도를 비롯한 한반도 주변의 섬에서 쓰는 말이라고 규정하고 있습니다. 따라서 교육을 하고자 할 때에도 국어와 한국어는 차이가 있습니다.

먼저 국어 교육은 한국어를 모국어로 사용하는 학습자를 대상으로 하며, 문법 학습의 경우에도 이미 내재적으로 습득된 국어의 규칙과 체계를 보다 더 정확하게 이해하고 사용하는 데 그 목적이 있습니다. 그런데 한국어 교육의 경우에는 한국어를 외국어나 제2언어로서 공부하는 학습자를 대상으로 하고, 문법 학습에서는 기술된 규칙과 체계를 바탕으로 하여 한국어 사용 능력을 향상하는 데 목적을 두게 됩니다. 이러한 목적을 좀 더 세분화해서 한국어 교육을 다시 일반 목적의 한국어 교육과 특수 목적의 한국어 교육으로 구분할 수도 있습니다. 일상생활을 영위하거나 취미 등으로 한국어를 배우는 것이 일반 목적의 한국어 교육이라면, 특수 목적의 한국어 교육은 취업이나 진학, 결혼 등을 위해 한국어를 배우는 경우를 가리킵니다.

Q 한국어 표기법의 특징에 대해 설명해 보세요.

A

　한국어 표기법의 가장 큰 특징은 음소문자를 가지고 음절 단위로 모아쓰기를 한다는 점입니다. 모아쓰기는 한자 '門'을 뜻하는 한국어 단어를 'ㅁㅜㄴ'으로 풀어쓰지 않고 한 음절로 모아쓰는 것을 뜻합니다.

　음소문자로 언어를 표기할 때에는 영어와 같이 풀어쓰기를 하는 것이 일반적이기 때문에 한국어 표기법과 같은 모아쓰기 방식은 특이한 예에 속한다고 할 수 있습니다. '아니'와 '안이'는 풀어쓰기를 한다면 구분할 수 없겠지만 모아쓰기를 했기 때문에 '안이'는 '안'에 '이'라는 조사가 붙은 어절이라는 것이 명확히 드러나게 됩니다. 또한 한국어 모아쓰기는 단어의 기본형을 밝혀 적는 형태주의 표기이기 때문에 용언 활용 시에도 변하지 않는 어간의 형태를 그대로 밝혀 적는데, 이 또한 한국어 표기법의 특징입니다.

　하지만 모아쓰기는 일부 획수가 많은 글자의 표기가 복잡해질 수 있으며, 컴퓨터상에서 문자를 데이터화 하는 데에 어려움이 있다고 합니다. 타이포 디자인 면에서도 모아쓰기 표기는 완성형을 바탕으로 이루어져야 하기 때문에 글꼴의 개발에서 어려움이 있다고 합니다.

Q 글말과 입말의 차이를 말해 보세요.

A

　먼저 입말과 글말은 모두 의사 전달의 수단이 된다는 점에서 공통점을 갖습니다. 입말은 억양이나 표정, 몸짓 등 언어 외적인 요소를 동원하여 의사 전달의 효과를 높일 수 있고, 글말에 비해 화자와 청자 사이의 맥락 공유가 거의 동시에 일어난다는 특징을 갖습니다. 하지만 출력과 입력이 순간적으로 일어나 영속성은 없다는 특징이 있습니다. 반면 글말은 화자와 청자 간 맥락 공유가 동시적으로 일어난다고 보기 어려우며 언어 외적인 요소를 통해 의미를 보충하거나 구체화하는 것도 불가능합니다. 하지만 입말과는 달리 기록이 남기 때문에 입말에 비해 출력과 입력에 신중을 기하거나 수정이 가능하다는 특징이 있습니다.

　한국어 입말과 글말의 차이의 실질적인 예를 들면, 먼저 입말에서는 글말에 비해 생략이 자주 일어납니다. 특히 조사의 생략이 활발하게 이루어지는데, 구어 발화 상황에서 "학교에 간다"가 "학교 간다", "밥을 먹는다"가 "밥 먹는다"로 쓰이는 것들이 그 예입니다. 이처럼 구어 발화 상황에서 조사 생략이 쉽게 일어나는 것은 화자와 청자가 발화 맥락을 거의 동시에 공유하기 때문에 조사가 생략되어도 문장 성분 사이의 관계를 파악하는 데에 어려움이 없기 때문입니다. 반면 글말에서는 발화 맥락 공유의 동시성이 비교적 떨어져 조사를 생략하면 문장이 다소 어색해집니다.

또한 입말과 글말에서 사용되는 조사, 어미의 부류에도 각각 차이가 있습니다. 입말과 글말 모두 빈번하게 쓰이는 조사와 어미들이 있는가 하면 입말에서 자주 쓰이는 조사 '-(이)랑, -한테'는 글말에서 잘 쓰이지 않습니다. 마찬가지로 입말에서는 잘 쓰이지 않는 어미 '-고자, -기에'는 글말에서 자주 쓰입니다.

마지막으로 글말에서는 음운의 축약이 비교적 드물게 일어나지만 입말에서는 음운의 축약이나 탈락이 자주 일어납니다. '이것, 저것, 그것'이 구어 상황에서는 대체로 '이거, 저거, 그거' 등으로 말음의 'ㅅ'이 탈락하게 됩니다. 또한 '이 아이'가 '얘'가 되고, '무엇을'을 '뭘'로 말하게 되는 등의 축약 현상 또한 입말의 특징입니다.

Q 한국어 학습자 중 특히 서양 문화권의 학습자들에게 한국 문화가 문화적 충격이나 오해의 소지를 줄 수 있는 이유는 무엇이라고 생각합니까?

A

　한국 문화는 근본적으로 동양적인 수직 문화와 집단주의 문화의 테두리 안에서 형성되고 발전하였습니다. 복잡한 높임법과 호칭어의 사용 등으로 한국의 수직적인 집단주의 문화가 규범화되어 있음을 알 수 있는데, 서양 문화권의 학습자들에게는 이런 점이 문화적 충격으로 다가오거나 오해의 소지가 될 수 있다고 생각합니다. 따라서 한국의 이런 문화를 이질적으로 느낄 여지가 있는 서양 문화권 학생들이 한국 사회에서 올바른 의사소통을 하기 위해서는 한국의 문화적 배경을 학습하고 이해하는 과정이 필수적으로 필요합니다.

　한국 문화는 정신 문화와 물질 문화로 나누어서 생각할 수 있는데, 서양 문화권 학생들의 경우에는 한국인의 의식 구조를 보여 주는 정신 문화의 측면에서 더욱 생소함을 느낄 것입니다. 예를 들어, 한국 사회에서 아는 사람을 만났을 때 "안녕하세요, 식사하셨어요?" 등의 인사를 건네는 것은 대답을 요구하는 질문이라기보다는 반가움을 나타내는 인사, 즉 의례적인 표현일 뿐인데, 이면에 숨어 있는 생각 또는 의도를 제대로 파악하는 것은 한국 문화에 익숙하지 않은 학습자들에게 매우 어려운 일이 될 수 있습니다.

　물질 문화로 인한 충격이나 오해도 생길 수 있겠지만, 물질 문화는 문화재 등과 같이 가시적으로 드러나는 것이기 때문에 그러한 충격이나 오해를 해소하는 것도 정신 문화로 인한 경우에 비해 크게 어렵지 않을 것이라 생각합니다. 그러므로 학습자들에게 한국어 문장이나 담화의 의미를 이해시키는 과정에서 관련 문화에 대한 정보를 함께 제공하는 것이 바람직하며, 한국어 교수-학습과 평가에서 한국 문화를 다루는 것도 당연한 일이라고 생각합니다.

Q 한국어 교육에서 한국의 전통문화를 교육하는 목적을 설명해 보세요.

A

　외국인을 위한 한국어 교육에서 '한국의 전통문화'를 교육하는 목적은 다음과 같습니다.

　첫째, 외국인이 한국인의 전통적 세계관이나 생활 관습을 이해함으로써 한국어를 한국 문화의 맥락에 맞게 구사하도록 하기 위함입니다. 자신이 속한 공동체의 문화에 대해서 가지고 있는 지식을 일컬어 '문화 문식성'이라고 하는데, 이 문화 문식성의 내용은 대부분 전통과 문화유산으로 이루어져 있습니다. 이를테면 현대 사회에서 미국인이 반드시 알아야 할, 또는 알고 있다고 가정되는 지식이 주로 미국의 전통과 문화유산과 관련된 내용이라는 것입니다. 마찬가지로 한국인이라면 당연히 알고 있다고 간주되는 문화적 내용들도 한국의 전통과 문화유산으로부터 나오는 경우가 많은데, 한국인들이 자연스럽게 생각하고 행동하는 가치관과 생활 관습은 한국의 전통, 문화유산에서 비롯되며 그들 사이에서 공유되는 가치관과 생활 관습은 언어, 즉 한국어에도 영향을 주기 때문에 한국어 교육에서 전통문화를 교육하는 것은 필수적입니다.

　둘째, 외국인이 한국 전통문화의 특수성을 배우고 자기 나라의 문화와 비교함으로써 문화적 다양성에 대한 유연한 태도를 갖추도록 하기 위함입니다. 문화 문식성이란 전통적인 것을 무조건 답습하는 것이 아니라 전통적인 것의 장단점을 이해할 수 있는 능력이기도 합니다. 한국인들은 아무렇지 않게 생각하고 행동하는 문화가 외국인의 눈에는 이상하거나 불합리하게 느껴지는 경우도 종종 있다는 점에서, 이미 한국의 문화 문식성에 대한 예민한 감각을 갖추고 있다고 할 수 있습니다. 그렇기 때문에 외국인이 한국 전통문화를 배움으로써 자신의 감각이 한국인들과 다른 이유를 이해할 수 있습니다.

Q 한국어 교육에서 전래동화나 고전 문학을 이용하는 것에 대해 어떻게 생각하는지 말해 보세요.

A

　한국어 교육에서 전래동화나 고전 문학의 활용이 미치는 영향에는 긍정적인 측면이 많다고 생각합니다. 먼저 전래동화가 일반적인 동화책의 형태로 학습자들에게 제공된다면, 그 속에 담긴 어휘와 속담은 삽화를 통해서 좀 더 쉽게 이해될 수 있을 것입니다. 또한 권선징악 등 다양한 문화의 옛날이야기 속에 공통적으로 자리잡고 있는 주제 의식 덕분에 학습자들은 쉽게 이야기의 흐름을 예측할 수도 있을 것입니다. 고전 문학의 활용이 가지는 특성도 다르지 않을 것입니다. 더불어 전래동화와 고전 문학 모두 오랫동안 한국인이 공유해 온 가치관과 문화적 요소들을 습득할 수 있다는 점에서 매우 긍정적인 한국어 학습의 제재(題材)가 된다고 생각합니다.

　그러나 한편에서는 전래동화나 고전 문학을 통해 드러나는 한국의 전통적 사고방식이나 가치관이 현대의 일상생활에 유의미한가에 대해 의문을 제기하고 있고, 언어적인 부분에 있어서도 일상적인 언어 이해에는 도움이 되는 부분이 적다는 연구 결과들이 있습니다. 따라서 전래동화나 고전 문학의 효용성을 인정한다 하더라도 한국어 교육에서 활용하고자 할 때는, 어떻게 활용할 것인가에 대한 고민이 필요하며, 학습자들의 한국어 능력에 따라 적절한 단계에서 작품들을 제시할 수 있어야 할 것입니다.

Q 결혼 이민자 대상 한국어 교육에서 한국 문화 교육의 필요성을 말해 보세요.

A

예시답변

　결혼 이민자는 자발적인 의지로 한국에 왔지만, 대부분 한국어를 잘 못하는 상태에서 생활의 필수 요소로 한국의 언어나 사회·문화적 정보들을 받아들여야 합니다. 때문에 일반적인 학문 목적 한국어 학습자와는 다른 형태의 강한 문화적 스트레스(Cultural Stress)를 받을 것입니다. 한국 문화 교육을 통해 결혼 이민자들이 한국 사회의 일원으로 적응하면서 느끼게 될 스트레스를 완화할 수 있으므로 사회·문화 교육이 필요하다고 생각합니다.

　또한 결혼 이민자가 자녀를 양육하게 될 경우, 양육자의 언어 능력은 단순히 언어 습득만 연결되는 것이 아니라 문화 전수 능력과도 관계가 있습니다. 성장기 아동이 양육자를 통해 언어와 문화를 습득하는 만큼 결혼 이민자의 언어 능력은 자녀의 문화 및 언어 습득 능력에 많은 영향을 주게 됩니다. 언어에는 문화가, 문화에는 언어가 반영되기 때문에 결혼 이민자 대상의 한국 문화 교육이 이루어지지 않거나 부족하다면 자녀 양육 과정에서 자녀의 사회화와 학습 능력 증진에 어려움을 줄 수 있습니다.

　나아가 이는 다문화 가정 자녀들이 교육 측면에서 잠재적 소외계층이 될 여지를 만듭니다. 따라서 결혼 이민자에게 가정생활 영위를 위한 기초적인 문화 교육은 물론, 이민자들이 자녀를 양육하면서 한국 사회의 구성원으로 살아가는 데 필요한 사회 및 문화 교육까지로 그 범위를 확장해야 합니다. 그리고 이민자들을 위한 사회 및 문화 교육은 한국어 학습의 단계나 교육 과정과는 별개의 것으로 체계적이고 현실적인 교육이 이루어져야 한다고 생각합니다.

Q 한류 열풍과 한국어 교육의 관계를 설명해 보세요.

A

　1990년대 후반 이후 한국의 드라마와 대중가요가 중국에 수출되어 인기를 얻으면서 중국에서 한국 대중문화의 열풍이 일기 시작했는데, 중국에서 이러한 한국 문화에 대한 열풍을 '한류(韓流)'라고 이름 붙인 것으로 알고 있습니다. 이러한 한류 열풍은 인터넷 매체의 발달에 힘입어 일본과 동남아시아 전역으로 확대되면서 한국 드라마나 대중가요뿐만 아니라 한국 제품과 한국어에 대한 선호 현상으로 이어졌고, 그 결과 한국어 학습자도 급격히 증가하게 되었습니다.

　한류가 인기를 끄는 가장 중요한 원인은 이들 상품의 질적 우수성 때문이라고 생각하는데, 특히 아시아권에서의 인기는 아시아 문화권이 공유하는 공통된 문화 전통에서도 기인한다고 볼 수 있습니다. 가족의 문제를 주요 내용으로 다루는 한국 드라마가 유사한 가족관을 가지고 있는 동아시아를 중심으로 더욱 인기를 얻고 있다는 것이 그 예가 됩니다.

　한류 열풍에 힘입어 한국어 교육에 대한 수요가 높아진 만큼 한류, 한국 문화를 교실 활동이나 교수법, 과제 등에 활용하여 학습자들의 동기와 흥미를 자극하는 방법을 모색하는 것이 좋다고 생각합니다. 좋아하는 한류 스타가 등장하는 영화나 드라마를 보고, 인터뷰를 이해하고 싶어서, 혹은 케이팝 가사를 이해하기 위해 한국어를 공부하는 학습자들이 늘어나고 있으니 한류 열풍에 기반한 학습자 요구를 면밀히 분석하여 교육 내용과 교수법을 개발해야 한다고 생각합니다.

02 | 한국어 발음

음운 체계

Q 자음과 모음의 차이를 말해 보세요.

A

예시답변

　자음과 모음은 크게 두 가지 면에서 다릅니다. 먼저 공기가 폐에서부터 입 밖으로 나올 때 장애를 받느냐, 받지 않느냐에 따라 차이가 있는데, /ㅂ/과 같은 소리를 낼 때 두 입술이 닫히면서 공기의 흐름이 정지가 되는 등 장애가 발생하는 반면, /ㅏ/와 같은 소리를 낼 때에는 아무런 장애 없이 그대로 발음합니다. 공기 흐름이 장애를 받아 소리를 내는 것은 자음이고, 장애 없이 소리를 내는 것을 모음이라고 합니다.

　또 다른 차이점은 자음은 모음과 결합하지 않고서는 독립적으로 음절을 구성할 수 없는 반면, 모음은 독립적으로 음절을 구성할 수 있다는 것입니다. 모음은 그 자체로 음절을 이루어 발음할 수 있지만, 자음은 모음 없이 홀로 소리 날 수 없습니다. 자음이 발음되기 위해서는 그 자음의 앞이나 뒤에 반드시 모음이 있어야 합니다.

실제 기출 **미리 보기**

• 자음과 모음 중 무엇을 먼저 가르치겠습니까?

한국어 자음을 조음 방법에 따라 분류했을 때, 파열음을 설명해 보세요.

파열음(폐쇄음)은 조음할 때 '폐쇄, 압축, 개방'의 세 단계를 거치게 되는데, 어말이나 같은 조음 위치의 장애음 앞에 나올 때는 조음 시 개방 단계가 생략됩니다. 한국어에서는 '/ㄱ, ㄷ, ㅂ/, /ㅋ, ㅌ, ㅍ/, /ㄲ, ㄸ, ㅃ/'와 같이 '평음/격음/경음'의 세 가지 음이 대립합니다.

Q 자음을 지도할 때 '기역, 니은, 디귿, 리을…' 등 자음의 명칭을 가르치는 것에 대해 어떻게 생각합니까?

A

───────────────────────────────

───────────────────────────────

───────────────────────────────

───────────────────────────────

───────────────────────────────

───────────────────────────────

───────────────────────────────

───────────────────────────────

예시답변

　한글의 자음을 지도할 때 자음의 명칭을 지도하게 되면, 한글의 제자 원리를 이해하지 못할 뿐만 아니라, 발음도 제대로 하지 못하는 외국인 학습자에게는 한글이 복잡하고 어렵다는 오해를 심어 주어 오히려 역효과가 생길 수 있기 때문에 주의해야 한다고 생각합니다. 그러나 학습자의 특성이나 요구에 따라 자음의 명칭을 제시할 필요가 있는 경우도 있는데, 예를 들면 결혼 이민자들을 대상으로 하는 교재나 수업이 그럴 것입니다. 결혼 이민자들은 다문화 가정의 부모로서 자녀들의 학습 조력자 역할을 담당하게 되므로, 이들에게는 자모의 명칭도 가르치는 것이 바람직하다고 생각합니다. 또한 외국인 학습자의 요구 조사에서는 맞춤법이나 불규칙 설명 시 필요하다는 이유로 자음의 명칭을 알아야 한다는 의견도 있기 때문에, 자음의 명칭을 자모표에 함께 제시하고 받침 발음의 연습에 활용하면 좋을 것이라고 생각합니다.

⊘ **PLUS ONE**

> **모음과 자음의 지도 순서에 대해서 설명해 보세요.**

모음은 단독으로도 음절을 구성하여 발음할 수 있으나 자음은 그렇지 못하기 때문에 모음을 먼저 교육하는 것이 일반적입니다. 하지만 단모음과 이중모음을 모두 교육한 다음에 자음을 교육하는 것이 아니라, 단모음-자음-이중모음의 순서로 가르칩니다.

Q 『훈민정음』에 나오는 '모음'에 대해 설명해 보세요.

A

예시답변

　『훈민정음』에서는 '모음'이라는 개념 대신 '중성'이라는 개념을 사용하고 있는데, 우선 훈민정음의 「예의」에 중성자의 음가에 대한 언급이 나옵니다. 그리고 한글의 창제 원리를 구체적으로 밝히고 있는 「제자해」에서는 중성자의 창제를 설명하는 가운데 모음의 조음적 특징, 음운론적 분류 등을 언급하고 있는데 모음을 기본자와 초출자, 재출자로 나누어 제시하고 있으며, 이러한 구분은 중성자의 창제 순서와 직접적인 관련이 있습니다. 또한 중성자를 기본적으로 다른 중성자와의 대비를 통해 설명하고 있는데, 이러한 대비를 통해 이중모음을 나타내는 'ㅑ, ㅕ, ㅛ, ㅠ'가 왜 두 글자의 결합이 아닌 하나의 글자로 간주되었는지 알 수 있습니다.

　「중성해」에는 둘 이상의 중성자가 결합된 글자들에 대해 간략히 언급되어 있는데, 중성자를 한 글자로 된 것 11개와 두 글자로 된 것 10개, 세 글자로 된 것 4개로 나누고 있습니다. 또한 'ㅣ'는 여러 중성자와 결합할 수 있는데 그 이유가 'ㅣ'의 음성학적 특징에 있다고 설명하고 있습니다.

끝으로 「합자해」에서는 그 당시 아동의 말이나 방언에 또 다른 이중모음이 존재하고 있었음을 증언하고 있습니다. 그런데 그 성격상 '·, ㅡ'에 '起於ㅣ', 즉 'ㅣ에서 일어난 것'이라는 음성적 특징이 더해진 것이라 설명하고 있기 때문에 「제자해」에서 재출자들이 가리키는 모음들과 같은 부류라고 할 수 있습니다.

Q 단모음과 이중모음의 차이에 대해 설명해 보세요.

A

단모음은 하나의 소리로 구성된 모음이고 이중모음은 두 개 이상의 모음이 결합된 소리입니다. 단모음은 하나의 소리로 구성되어 있기 때문에 발음할 때 입 모양이나 혀의 위치가 고정되어 변화가 없으며, 두 개 이상의 모음이 결합된 이중모음은 혀의 위치나 입 모양이 변하게 됩니다. 한국어의 모음은 21개로 구성되는데, 그중 'ㅏ, ㅐ, ㅓ, ㅔ, ㅗ, ㅚ, ㅜ, ㅟ, ㅡ, ㅣ' 이렇게 10개의 모음을 단모음, 나머지 11개는 이중모음으로 발음합니다. 표준 발음법에 의하면 'ㅟ, ㅚ'는 단모음으로 발음하는 것을 원칙으로 하나, 현대에 와서는 많은 언중이 이들 모음을 이중모음으로 발음해 이중모음으로 발음하는 것도 허용하고 있습니다. 대체로 고령자들은 단모음으로 발음하고, 젊은 세대에서는 이중모음으로 발음하는 경향을 보입니다.

⊘ **PLUS ONE**

단모음 분류의 음성학적 기준에 대해 설명해 보세요.

단모음을 음성학적으로 분류하는 기준은 세 가지로 설명할 수 있습니다. 먼저 첫 번째 기준은 혀의 높낮이인데, 즉 소리를 낼 때 입이 얼마나 열리는가에 따라 단모음을 고모음과 저모음으로 나눌 수 있습니다. 이러한 기준에 따르면 'ㅣ, ㅟ, ㅡ, ㅜ'는 고모음이고 'ㅔ, ㅚ, ㅓ, ㅗ'는 중모음, 'ㅐ, ㅏ'는 저모음이 됩니다. 두 번째 기준은 입술의 원순성 여부입니다. 소리를 낼 때 입술이 평평한가, 둥근가에 따라 평순 모음과 원순 모음으로 나눌 수 있는데, 이렇게 구분하면 'ㅣ, ㅔ, ㅐ, ㅡ, ㅓ, ㅏ' 여섯 개는 평순 모음이 되고, 'ㅟ, ㅚ, ㅜ, ㅗ' 네 개는 원순 모음이 됩니다. 마지막 세 번째 기준은 혀의 앞뒤 위치입니다. 소리를 낼 때 입천장 쪽으로 올라간 부분이 혀의 앞부분인가, 뒷부분인가에 따라 단모음을 전설 모음과 후설 모음으로 나눌 수 있습니다. 이 기준에 따라 나누면 'ㅣ, ㅔ, ㅐ, ㅟ, ㅚ'는 전설 모음에 속하고, 나머지 'ㅡ, ㅓ, ㅏ, ㅜ, ㅗ'는 후설 모음에 속하게 됩니다.

실제 기출 미리 보기

• 단모음 'ㅓ'와 'ㅜ'의 차이는 무엇이며, 외국인 학습자에게 어떻게 가르치겠습니까?

Q 초분절음소는 무엇이며 발음 교육에서 어떤 역할을 합니까?

A

예시답변

언어는 사람의 입을 통하여 나오는 말소리로 이루어지는데, 이와 같은 말소리를 음운(Phoneme)이라고 합니다. 음운은 단어 또는 형태소의 의미를 구분하는 소리의 최소 단위로, 뜻을 구분하는 데 매우 중요한 역할을 합니다. 예를 들어, '달'과 '딸'의 뜻이 다른 것은 /ㄷ/과 /ㄸ/이라는 음운의 차이 때문입니다.

음운에는 크게 두 가지가 있는데, 하나는 /ㄱ, ㄴ, ㄷ, ㅏ, ㅣ, ㅜ/와 같이 자음·모음의 글자로 표시되는 분절음운인 음소이고, 다른 하나는 소리의 길이나 강세·억양·성조처럼 글자로는 표시되지 않지만 음소와 마찬가지로 뜻을 전달하는 데 있어 중요한 구실을 하는 비분절음운으로 이를 운소 또는 초분절음소라고도 합니다. 한국어는 영어나 중국어 등의 다른 언어처럼 초분절음소의 기능이 적극적이지는 않지만, 초분절음소를 적절한 단계에서 수업의 주제나 목표에 따라 제시하면 학습자들의 의사소통 능력 향상에 도움이 되리라 생각합니다. 예를 들어 한국어는 강세의 차이에 의해 의미가 구별되는 단어는 없지만, 강세 규칙을 이해시키고 발음 지도를 하면 훨씬 자연스러운 한국어 발음을 할 수 있습니다.

한국어 발음 교육에서 다루어야 할 초분절음소에는 어떤 것이 있습니까?

먼저 강세를 생각해 볼 수 있는데, 한국어는 강세가 각 단어에 부여되기보다는 '말토막'이라는 단위로 하여 강세가 놓입니다. 다음으로 억양은 단어의 의미를 변화시키지는 않고, 실제 발화 차원에서 화자의 감정이나 태도를 표현하는 데 중요한 기능을 합니다. 끝으로 장단은 중급 이상에서 모음의 장단 차이에 대해 언급할 수 있겠으나, 장단의 구별을 지나치게 강조할 필요는 없습니다.

Q 한국어 교육에서 억양 교육이 필요하다고 생각합니까?

A

예시답변

　한국어의 발음과 더불어 외국인 학습자들이 어려워하는 것이 억양입니다. 박해연(2004)에서도 중국어권 학습자가 한국어를 배울 때 가장 어려워하는 것 중에 하나가 억양이라고 기술하고 있는데, 가령 중국인들은 "언제 한국에 오셨나요?"라는 의문문에서 말꼬리를 내리기 때문에 한국어 문장을 말할 때 오류를 범하게 된다고 합니다. 한국어에서 억양은 보통 문장의 끝부분에 얹히는데, 억양이 단어의 의미를 변화시키지는 않지만, 실제 발화 차원에서 화자의 감정이나 태도를 표현하는 데 중요한 기능을 하므로 한국어 학습 단계가 올라갈수록 점차 다양한 유형의 억양을 지도해야 한다고 생각합니다.

예를 들어 한국어에서의 '응'은 억양을 내리면 질문에 '네'라고 대답하는 의미이고, 올리면 되묻거나 혹은 부정하는 의미를 나타냅니다. 억양은 문장의 유형에 따라 내림조와 올림조가 있는데, 보통 평서문·명령문·청유문의 억양은 내림조로 끝나고, 의문문은 올림조로 끝납니다. 하지만 억양이 문장의 유형에 따라서만 결정되는 것은 아니기 때문에, 대화 상황을 고려하면서 그에 맞게 지도하는 것이 중요합니다.

⊘ PLUS ONE

한국어 낭독 교육에서 다루어야 할 초분절음소를 설명해 보세요.

긴 문장을 낭독할 때에는 듣는 사람이 문장의 내용을 쉽고 편하게 이해할 수 있도록 문장을 의미 단위로 끊어서 읽어야 하는데, 이것을 연접(Juncture)이라고 합니다. 연접은 약간의 간격을 두고 한 기식(氣息) 단위로 발화하면서 전체적으로는 이어서 발음하는 효과가 나도록 하는 것인데, 낭독 시에는 학습자들에게 이와 같은 끊어 읽기를 연습시킬 필요가 있습니다.

Q '아기'와 '애기'의 'ㅣ' 모음 역행동화에 대해 설명해 보세요.

A

_____

_____

_____

_____

_____

_____

_____

_____

예시답변

'ㅣ' 모음 역행동화란 뒤에 오는 모음 'ㅣ'의 영향으로 앞에 있는 'ㅏ, ㅓ, ㅗ, ㅜ, ㅡ'가 'ㅐ, ㅔ, ㅚ, ㅟ, ㅢ'가 되는 현상입니다. '애기'의 경우에도 '아기'에서 앞 음절에 있는 'ㅏ'가 뒤에 있는 'ㅣ'의 영향을 받아 'ㅐ'로 바뀐 것입니다. 이때 뒤쪽에 있는 소리가 앞에 있는 소리에 영향을 주어서 그 소리를 자신과 비슷한 성격을 가지는 소리로 바꾸었기 때문에 '역행동화'라고 말합니다. '아비'가 '애비'가 되는 것도 마찬가지의 경우입니다. 이러한 음운 변동이 일어나는 이유는 발음의 편의성 때문인데, 후설 모음인 'ㅏ'가 전설 모음인 'ㅣ'의 영향을 받아 역시 혀 앞쪽에서 만들어지는 'ㅐ'로 바뀌게 되면 발음하기가 쉬워집니다. 하지만 이처럼 'ㅣ' 모음 역행동화의 결과로 생겨난 형태와 발음은 표준어와 표준 발음으로 인정되지 않습니다.

Q '국민'이 [궁민]으로 발음되는 현상과 지도 방법을 말해 보세요.

A

　자음동화(子音同化)는 음절의 끝 자음이 그 뒤에 오는 자음과 만나 어느 한쪽이 다른 쪽 자음을 닮아서 그와 비슷한 성질을 지닌 자음이나 같은 소리로 바뀌거나 양쪽이 서로 닮아서 두 소리가 다 바뀌는 현상을 말합니다. '국민'이 [궁민]으로 발음되는 것은 대표적인 자음동화 중의 하나인 비음화 현상입니다. 비음화는 비음이 아닌 자음이 비음이나 유음의 영향을 받아 비음으로 바뀌어 발음되는 현상인데, 크게 세 가지로 나누어 생각해 볼 수 있습니다.

　먼저 첫 번째는 '국민'과 같이 'ㄱ, ㄷ, ㅂ' 뒤에 비음 'ㄴ, ㅁ'이 올 경우 'ㄱ, ㄷ, ㅂ'이 각각 [ㅇ, ㄴ, ㅁ]으로 바뀌어 발음되는 것입니다. 두 번째는 '종로'처럼 비음 'ㅁ, ㅇ' 뒤에 유음 'ㄹ'이 올 경우 'ㄹ'이 'ㄴ'으로 바뀌어 [종노]로 발음되는 경우입니다. 세 번째는 'ㄱ, ㄷ, ㅂ' 뒤에 'ㄹ'이 올 경우 'ㄹ'이 'ㄴ'으로 바뀌고, 바뀐 'ㄴ'으로 인해서 'ㄱ, ㄷ, ㅂ'이 각각 [ㅇ, ㄴ, ㅁ]으로 바뀌어 발음되는 것인데, 국력[궁녁]이나 섭리[섬니] 같은 예가 여기에 해당합니다.

실제 기출 미리 보기

• '박물관'이 [방물관]으로 소리 나는 이유는 무엇입니까?

⊘ PLUS ONE

유음화 현상에 대해 말해 보세요.

유음화는 비음화와 함께 자음동화 현상 중 하나로서, 비음 'ㄴ'이 유음 'ㄹ'에 동화되어 'ㄹ'로 바뀌어 발음되는 현상입니다. '난로, 신라, 칼날, 물난리'가 각각 [날로], [실라], [칼랄], [물랄리]로 발음되는 현상을 그 예로 들 수 있습니다.

Q "학교에 같이 가자."에서 '같이'에 나타나는 음운 현상을 말해 보세요.

A

예시답변

　한국어에서 받침 /ㄷ, ㅌ/ 뒤에 조사, 어미, 접사 등을 포함해 모음 /ㅣ/로 시작하는 음절이 오면 [ㅈ, ㅊ]으로 발음되는 현상을 구개음화라고 하는데, '같이'가 [가치]로 발음되는 것도 여기에 속합니다. 그 밖에도 구개음화의 예로 '해돋이, 닫히다, 굳이'가 각각 [해도지], [다치다], [구지]로 발음되는 것을 들 수 있습니다.

　구개음화에서 주의할 것은 구개음화가 된 말은 표준 발음으로 인정하지만, 표기할 때에는 각각의 원형을 밝히어 적는다는 것인데, 한글 맞춤법 제6항에서 'ㄷ, ㅌ' 받침 뒤에 종속적 관계를 가진 '-이(-)'나 '-히-'가 올 적에는, 그 'ㄷ, ㅌ'이 'ㅈ, ㅊ'으로 소리 나더라도 'ㄷ, ㅌ'으로 적는다고 규정하고 있습니다. 따라서 학습자들에게 발음과 표기가 같지 않음을 말해 주어 혼란이 생기지 않도록 해야 한다고 생각합니다.

'구개음화'의 예외 규정을 설명해 보세요.

'디디다, 견디다, 느티나무' 등은 구개음화 현상이 나타나지 않는 예외적 단어들인데, 이는 역사적으로 '듸듸다, 견듸다, 느틔'였던 단어로서 구개음화가 활발하게 발생하던 시기에 구개음화의 조건을 갖추고 있지 않았기 때문으로 해석됩니다.

Q "말이 뛰다"에서 '말이'의 발음에서 나타나는 음운 현상을 말해 보세요.

A

예시답변

"말이 뛰다"의 '말이'는 [마리]로 발음되는데, 이러한 현상은 앞 음절의 끝 자음이 뒤 음절의 첫 모음의 자리로 이동하여 발음되는 연음법칙에 의한 것입니다. 연음법칙은 앞 음절의 마지막 자음이 뒤 음절로 이동할 뿐 유성음화를 제외하고는 발음 자체의 변화는 없습니다. 이런 의미에서 볼 때 연음법칙은 엄격하게 말하면 소리의 변동이라 볼 수는 없고, 발음이 나는 위치만 달라집니다.

연음법칙은 형태소 말음이 모음으로 시작하는 형식형태소와 결합할 때 일어나기 때문에, 뒤따르는 형태소 첫소리가 모음이라도 형식형태소가 아닐 경우 그대로 연음되지 않고 7종성 중 하나로 바뀐 다음 연음됩니다. 예를 들어 '맛이'처럼 '이'가 조사일 경우, 'ㅅ'이 그대로 연음되어 [마시]로 발음되지만 '맛없다'처럼 '없다'가 실질형태소일 경우 '맛'의 종성 'ㅅ'이 'ㄷ'이 된 다음 연음되어 [마덥따]로 발음됩니다. 마찬가지로 '닭'처럼 겹받침인 경우, '닭이'는 말음이 그대로 연음되어 [달기]로 발음되지만, '닭 앞에'는 '앞'이 실질형태소이므로 'ㄺ'에 겹자음 탈락 규칙이 적용된 다음 연음되므로 [다가페]로 발음됩니다.

'맑은 하늘'에서 '맑은'의 발음에서 나타나는 음운 현상을 말해 보세요.

한국어에는 11개의 겹받침 'ㄳ, ㄵ, ㄶ, ㄹ, ㄻ, ㄼ, ㄽ, ㄾ, ㄿ, ㅀ, ㅄ'이 있습니다. 이 겹받침들은 어말이나 다른 자음 앞에서 하나의 자음이 탈락하는 겹받침 단순화(음절말 평폐쇄음화)의 적용을 받는데, 그 유형을 세 가지로 나누어 볼 수 있습니다. 먼저 'ㅄ, ㄳ, ㄽ, ㄾ, ㄵ'의 경우에는 첫째 자음이 남아서 '값, 몫, 앉고' 등이 각각 [갑], [목], [안꼬]로 발음됩니다. 다음으로 'ㄻ, ㄿ'은 둘째 자음이 남는데, '젊다, 읊지'가 [점따], [읍찌]로 발음되는 예가 그러한 경우에 속합니다. 끝으로 'ㄺ, ㄼ'은 불규칙적이어서, '읽지'는 [익찌]로, '읽고' 는 [일꼬]로, 그리고 '넓다'는 [널따]로, '밟다'는 [밥따]로 발음합니다.

Q '국밥'에 적용된 음운 현상을 설명해 보세요.

A

예시답변

　'국밥'은 [국빱]으로 발음되는데, 이러한 음운 변동 현상을 경음화라고 합니다. 경음화(된소리되기)란 두 개의 안울림소리가 만나 뒤의 소리가 된소리로 발음되는 현상을 말하는데, 일반적으로 '먹고, 밥과, 앞길'이 각각 [먹꼬], [밥꽈], [압낄]로 발음되는 것과 같이 어간과 어미, 체언과 조사의 결합, 그리고 합성어에서 일어납니다. 그런데 경음화는 용언의 활용에서는 조금 예외가 있어서, '신고, 넘고, 남지'가 각각 [신꼬], [넘꼬], [남찌]로 발음되는 것처럼 끝소리가 'ㄴ, ㅁ'인 용언의 어간에 안울림 예사소리로 시작되는 어미가 올 경우에도 경음화 현상이 일어납니다. 또한 용언에 관형사형 전성어미 '-ㄹ'이 붙어 활용되고 뒤에 예사소리가 올 경우에도 경음화 현상이 일어나는데, '할 것을'이 [할 꺼슬]로, '읽을 수가 [일글 쑤]로 발음되는 경우를 예로 들 수 있습니다.

한국어에서 '된소리되기' 현상은 어떤 환경에서 나타납니까?

한국어에서는 다섯 가지 경우에 예사소리가 된소리로 실현됩니다. 첫 번째로 안울림소리 뒤에 안울림 예사소리가 오면 그 예사소리가 된소리로 발음되는데, [국빱], [곧따발] 등이 그러한 예에 속합니다. 두 번째는 어간 받침 'ㄴ, ㅁ' 뒤에 결합되는 어미의 첫소리 'ㄱ, ㄷ, ㅅ, ㅈ'이 된소리로 발음되는 경우인데, [신꼬], [점찌] 등을 예로 들 수 있습니다. 다만 피동과 사동 접사인 '-기-'는 된소리로 발음하지 않습니다. 다음은 어간 받침 'ㄼ, ㄾ' 뒤에 결합되는 어미의 첫소리 'ㄱ, ㄷ, ㅅ, ㅈ'이 된소리로 발음되는 경우입니다. [널께], [할따] 등이 그러한 예에 속하며, 체언의 경우에는 [여덜도], [여덜보다]처럼 된소리로 발음되지 않습니다. 네 번째로 한자어에서 'ㄹ' 받침 뒤에 연결되는 'ㄷ, ㅅ, ㅈ'은 된소리로 발음되는데, [갈뜽], [말쌀] 등이 그 예에 속합니다. 하지만 '결과, 물건, 설계' 등과 같이 된소리로 발음되지 않는 예들도 많고, 또 같은 한자어가 겹쳐진 '허허실실, 절절하다' 등도 된소리로 발음하지 않습니다. 마지막으로 관형사형 '-(으)ㄹ' 뒤에 연결되는 'ㄱ, ㄷ, ㅂ, ㅅ, ㅈ'은 된소리로 발음합니다. 그 예로 [갈떼가], [만날싸람] 등을 들 수 있는데, 다만 끊어서 말할 때에는 예사소리로 발음합니다.

Q '떡요리'는 어떻게 발음하는지, '목요일'의 발음은 왜 [몽뇨일]이 아닌지 설명해 보세요.

A

　'떡요리'는 '떡'과 '요리'라는 두 개의 실질형태소가 결합하여 하나의 단어가 된 합성어입니다. 이러한 합성어나 파생어 또는 구 등에서 앞 형태소의 말음이 자음이고 뒤 형태소의 두음이 '야, 여, 요, 유, 이, 예'일 때 그 사이에 'ㄴ'이 첨가되어, [냐, 녀, 뇨, 뉴, 니, 녜]로 발음되는 'ㄴ 첨가 현상'이 일어날 수 있습니다. 따라서 '떡요리'도 [떵뇨리]로 발음합니다. 그런데 '설익다'를 [설릭따]로 발음하는 것처럼 'ㄹ' 받침 뒤에 첨가되는 'ㄴ' 소리는 [ㄹ]로 발음합니다. 또한 그러한 첨가 현상은 어휘의 차이에 따라 일어나는 수의적 음운 현상이므로 단어나 구에 따라 일어나지 않기도 합니다. 예를 들어 '야금야금'이나 '얄팍얄팍'과 같이 같은 음절이 반복되는 의태어나 3음절 이상의 한자어, 고유어와 한자어로 구성된 일부 단어 중에는 'ㄴ 첨가'가 일어나지 않는 것이 있습니다. '목요일'의 경우에도 'ㄴ'을 첨가하지 않고 [모교일]로 발음합니다. 그리고 '강요'나 '함유'와 같은 2음절의 한자어에서도 'ㄴ 첨가'가 일어나지 않습니다. '옷 입다'나 '서른여섯'처럼 두 어절 이상으로 이루어진 구는 이어서 발음하면 'ㄴ 첨가'가 일어나는데, 또 끊어서 발음하면 첨가가 일어나지 않습니다.

실제 기출 미리 보기

- 음운의 첨가 현상에 대해 말해 보세요.
- '풀잎'을 발음해 보고, 이때 나타나는 음운 현상을 설명해 보세요.

Q '산들바람'과 '신바람'의 발음상 차이점에 대해 설명해 보세요.

A

　표기상으로 사이시옷이 없더라도, 의미상 관형격의 기능을 지니는 사이시옷이 있어야 할 합성어의 경우에는 뒤 단어의 첫소리 'ㄱ, ㄷ, ㅂ, ㅅ, ㅈ'을 된소리로 발음해야 합니다. 따라서 '신이 나서 우쭐우쭐하여지는 기운'을 뜻하는 '신바람'은 [신빠람]으로 발음해야 합니다. 반면 시원하고 가볍게 부는 바람, 미풍, 연풍의 뜻을 가진 '산들-바람'은 '부사-체언' 구성의 합성어이므로 뒤 단어의 첫소리인 'ㅂ'이 된소리로 발음되지 않습니다.

실제 기출 **미리 보기**

• 사이시옷에 대해 설명해 보세요.

⊘ PLUS ONE

'냇가'와 '바닷물'을 발음할 때 나타나는 음운 현상은 무엇입니까?

'냇가'가 [내까/낻까]로, '바닷물'이 [바단물]로 발음되는 것은 모두 사잇소리 현상에 의한 것입니다. 사잇소리 현상은 복합어(합성어, 파생어)에서 어근과 어근 또는 어근과 접사 사이에 소리가 첨가되는 현상으로, 'ㅅ'이 첨가되는 경우와 'ㄴ' 또는 'ㄴㄴ'이 첨가되는 경우가 있습니다. '냇가'는 앞말이 모음으로 끝나는 합성어이므로 'ㅅ'을 적어 넣은 것이며, 이로 인해 뒷말의 초성인 'ㄱ'이 된소리로 발음되는 것입니다. 그리고 '바닷물'은 '냇가'와 같은 이유로 표기상 'ㅅ'을 적어 넣었으나, 뒷말이 'ㄴ, ㅁ' 중 하나로 시작되기 때문에 'ㄴ' 소리가 첨가되는 것입니다.

Q '풀잎마다'가 어떻게 발음되는지 설명해 보세요.

A

먼저 '풀잎'을 보면, 음절의 끝소리 규칙에 따라 받침 'ㅍ'이 'ㅂ'으로 바뀌어 [풀입]이 되고, 뒤음절이 모음 'ㅣ'로 시작하기 때문에 'ㄴ' 첨가가 일어나 다시 [풀닙]이 됩니다. 그리고 나서 비음 'ㄴ'이 유음 'ㄹ'의 영향으로 동일한 유음으로 바뀌어 [풀립]이 되므로, 여기까지 총 세 번의 음운의 변동을 거치게 됩니다.

그런데 '풀잎' 뒤에 조사 '마다'가 결합되면, 한 번 더 음운의 변동이 일어나게 됩니다. '잎'의 받침소리 'ㅂ'이 '마다'의 첫소리인 'ㅁ' 앞에서 [ㅁ]으로 발음되는 비음화가 일어나기 때문입니다. '값 + 만'이 [감만]으로 발음되거나 '우리집 + 만큼'이 [우리짐만큼]으로 발음되는 것과 같은 현상입니다. 따라서 '풀잎마다'는 최종적으로 [풀림마다]로 발음됩니다.

실제 기출 미리 보기

- '종로'에 나타난 음운 현상을 설명해 보세요.
- '속리산'을 발음해 보고, 음운 현상을 설명해 보세요.

Q 한국어의 자음이 음절말에서 어떻게 발음되는지 설명해 보세요.

A

　한국어에서는 음절의 끝에서 'ㄱ, ㄴ, ㄷ, ㄹ, ㅁ, ㅂ, ㅇ'의 일곱 개의 자음만 발음됩니다. 나머지 자음이 음절의 끝에 오면 이 일곱 자음 가운데 하나로 발음되는 현상을 음절의 끝소리 규칙이라고 하는데, 이러한 규칙은 특정 자음이 어말에서 단독으로 발음되거나 자음으로 시작되는 형태소 앞에 놓이는 경우 어두에 위치할 때와는 달리 그 대립을 잃는 음운 현상입니다. 예를 들어 '상, 장, 창'의 자음 'ㅅ, ㅈ, ㅊ'은 어두에서는 서로 대립되지만 어말에서는 '낫, 낮, 낯'과 같이 [ㄷ] 소리로 중화됩니다. 그러나 뒤에 모음으로 시작하는 형식형태소가 오면, "옷이 예쁩니다."의 [오시]와 같이 음절의 끝소리가 다음 음절의 첫소리로 이어져 발음됩니다.

　한편 음절의 끝에 두 개의 자음이 놓일 때에는 둘 중 하나의 자음만 남고 나머지 자음은 탈락하는 자음군단순화가 일어납니다. 즉 자음군단순화는 겹받침이 발음될 때 홑자음으로 바뀌어 소리 나는 현상인데, 음절말에서 두 자음이 발음될 수 없기 때문에 일어나는 현상이라고 할 수 있습니다.

실제 기출 미리 보기

• '밟다'를 '-아서, -고, -(으)니' 어미로 활용할 때 그 발음은 어떻게 됩니까?

Q '옷이'와 '옷 안'을 발음해 보고 어떤 차이점이 있는지, 그 이유는 무엇인지 설명해 보세요.

A

'옷이'는 [오시]라고 발음되고, '옷 안'은 [오단]이라고 발음됩니다. 그 이유는 '옷이'는 연음법칙이, '옷 안'은 절음법칙이 적용되기 때문입니다. 먼저 연음법칙은 자음으로 끝나는 음절 뒤에 조사와 어미 등의 형식형태소로 된 모음이 결합하는 경우, 앞 음절의 받침이 뒤 음절의 첫소리로 옮겨가서 소리 나는 것을 말합니다. 반면 절음법칙은 동일한 환경에서 구체적인 의미가 있는 실질형태소로 된 모음이 결합하는 경우 적용되는 것입니다.

이때는 앞 음절의 받침이 뒤 음절의 첫소리로 바로 옮겨가지 않고, 먼저 대표음으로 바뀐 뒤, 옮겨가서 소리가 나게 됩니다. 즉, '옷'의 받침 'ㅅ'은 음절말에서 폐쇄음화를 일으켜 대표음 'ㄷ'으로 소리 나게 되므로, '옷 안'이 [오단]으로 발음되는 것입니다.

실제 기출 미리 보기

• '잎 위에'의 'ㅍ'은 'ㅂ'으로 소리 나는데, 이런 현상은 어떻게 설명하겠습니까?
• '웃어요', '웃어른'을 발음해 보고, 그 발음의 차이에 대해 설명해 보세요.

⊘PLUS ONE

연음법칙의 예외 규정을 설명해 보세요.

표준 발음법(제4장 제16항)에서는 한글 자모의 이름은 그 받침소리를 연음하되, 'ㄷ, ㅈ, ㅊ, ㅋ, ㅌ, ㅍ, ㅎ'의 경우에는 특별히 조사가 붙어도 대표음으로 바꾸어 소리를 내도록 규정하고 있습니다. 즉 '디귿이, 지읒이, 치읓이, 키읔이, 티읕이, 피읖이, 히읗이'를 발음할 때, 연음법칙을 적용하지 않고 현실적인 발음을 인정하여 각각 [디그시], [지으시], [치으시], [키으기], [티으시], [피으비], [히으시]로 발음하도록 한 것입니다.

Q 사람들이 [뻐스]라고 발음하면서 왜 표기는 '버스'라고 하는지 설명해 보세요.

A

'버스'와 같은 외래어의 경우 표기와는 달리 어두 자음을 된소리로 발음하는 경우가 많습니다. [뻐스], [까스], [뽈] 등이 대표적인데, 이들의 어두 자음은 각각 원어에서는 [b]와 [g]로 유성자음입니다. 이러한 외국어의 어두 유성자음은 한국 사람들에게는 된소리에 유사하게 들리는 경향이 있습니다. 그래서 보통 들리는 대로 어두 자음을 된소리로 발음하는 경우가 많은데, 외래어 표기법상 파열음 표기에는 된소리를 쓰지 않는다고 규정되어 있으므로 그 규정에 따라 표기 시에는 '버스'라고 써야 합니다. 외래어 표기법의 목적은 외래어를 통일된 방식으로 적기 위한 것이지, 말할 때에도 그대로 발음하라는 것은 아닐 것입니다. 그러나 표준 발음법을 살펴보면 이들을 된소리로 발음해도 된다는 규정은 없습니다. 따라서 이들을 된소리로 발음하는 것도 표준 발음에는 벗어나는 것입니다.

ⓖ PLUS ONE

'케이크'를 '케잌'으로 표기하는 경우가 많은 이유는 무엇입니까?

고유어와 달리 외래어의 받침을 표기할 때에는 표기법상 'ㄱ, ㄴ, ㄹ, ㅁ, ㅂ, ㅅ, ㅇ'만을 쓰도록 규정되어 있습니다. 그런데 '케이크'를 '케잌'으로 표기하는 것은 외래어 표기법을 따르지 않고 귀에 들리는 대로 옮겨 적는 경우이기 때문입니다. '커피숍'의 받침을 'ㅂ'이 아닌 'ㅍ'으로 표기하거나 '디스켓'의 받침을 'ㅅ'이 아닌 'ㅌ'으로 적는 것도 마찬가지입니다. 고유어에서는 '부엌, 콩팥, 풀숲, 봄꽃'과 같은 표기가 가능한데, 이것은 이들 받침소리가 모두 발음되기 때문입니다. '부엌'은 모음으로 시작하는 조사와 만나면 [부어키], [부어클]처럼 'ㅋ' 소리가 납니다. 하지만 외래어의 경우는 다릅니다. '커피숍'이 모음으로 시작하는 조사와 결합하면 [커피쇼븐], [커피쇼베서]처럼 발음합니다. [커피쇼픈], [커피쇼페서]로 발음하지 않습니다.

발음 오류와 교육

Q 효율적인 발음 교육을 위해 교사가 갖추어야 할 조건은 무엇이라고 생각합니까?

A

한국인과 외국인은 모국어의 음운 체계나 구조 등의 차이 때문에 발음에 있어서도 차이를 보입니다. 이러한 발음상의 격차를 줄이고 효율적이고 올바른 발음 지도를 하기 위해서는 우선 교사가 한국어의 표준 발음 규정에 대해 잘 알고 그것을 정확하게 구사할 수 있어야 하며, 한국어의 음성학과 음운론에 대한 폭넓은 지식도 갖추어야 한다고 생각합니다.

의사소통에 있어서 발음은 듣기, 말하기, 읽기, 쓰기를 하는 데 중요한 역할을 합니다. 문법이나 어휘 사용이 정확하고 유창하더라도 발음이 부정확하여 듣는 이가 이해하기 어려우면 원활한 의사소통이 이루어질 수 없습니다. 그러므로 교사는 학습자들의 한국어 언어생활을 꾸준히 관찰해서 발음상의 오류를 찾아내고 그에 맞는 교수 방법을 모색해야 합니다. 그러기 위해서는 음운론적 지식과 함께 교육학적 관점을 교수 방법에 도입해서 효율적인 발음 학습이 이루어지도록 노력해야 한다고 생각합니다. 더 나아가 한국어 교사로서 한국어 발음에 관한 지식 함양에만 머무르지 말고, 학습자들의 다양한 모어(母語)에도 관심을 가져야 합니다. 그렇게 한다면 한국어 발음과의 대조적 관점에서 학습자들이 범하는 오류에 대해서도 더욱 깊이 있게 이해하고 분석할 수 있게 될 것입니다.

⊘ PLUS ONE

발음상의 오류는 어떤 방법으로 수정해 주어야 한다고 생각합니까?

학습자들은 발음상의 오류를 인식하더라도 그 원인과 해결 방법을 모르는 경우가 대부분입니다. 이 경우 발음 오류에 대한 명시적인 해결 방법을 제시해 주어야 하고, 이는 발음 교육에 형태 초점 교수법이 필요하다는 것을 의미합니다. 어휘나 문법 영역에서는 학습자의 정의적 요인을 고려했을 때, 암시적 방법으로 학습자 스스로 수정할 수 있게 하는 것이 더 효율적이지만 발음 영역에서는 학습자의 오류가 산출은 물론, 이해 및 인지와 직접적으로 연결될 수 있기 때문에 교사가 명시적으로 오류를 수정해 주는 것이 좋다고 생각합니다.

Q '의'의 발음은 어떻게 지도합니까?

A

예시답변

'의'는 이중모음으로 발음하는 것을 원칙으로 하되, 경우에 따라 [이]나 [에]로 발음하는 것도 허용되며, 그러한 기준에서 '의'의 표준 발음은 세 가지로 나누어 생각해 볼 수 있습니다. 첫 번째는 관형격조사 '의'의 경우인데, 관형격조사 '의'는 [나에 책]이나 [나의 책]과 같이 [에]나 [의]로 발음합니다. 두 번째로 어두의 '의'는 [의자], [의문], [의의] 또는 [의이]에서와 같이 [의]로만 발음합니다. 하지만 띄어쓰기[띠어쓰기]나 희망[히망]처럼 첫소리가 자음인 음절의 '의'는 [이]로 발음합니다. 마지막으로 비(非)어두의 '의'는 [강의] 또는 [강이], [예의] 또는 [예이]와 같이 [의]나 [이]로 발음하면 됩니다. '의'의 발음은 보통 초급 과정에서 지도하게 되는데, 한 문장 안에서 여러 번 사용되지는 않기 때문에 적절한 예문을 통해 발음하는 유형을 알려 주고, 교재에 근거한 예문을 통해서 제시하는 것이 바람직하다고 생각합니다. 또한 빈번하게 발생하는 조사 '의'의 생략에 대해서도 함께 짚어 주면 좋을 것입니다.

✅ PLUS **ONE**

'민주주의(民主主義)의 의의'의 발음을 설명해 보세요.

현실 발음은 [민주주이에 의이]입니다. 하지만 표준 발음으로 규정할 수 있는 것은 더 다양한 형태가 있습니다. [민주주의의 의의], [민주주의의 의이], [민주주의에 의의], [민주주의에 의이], [민주주이의 의의], [민주주이의 의이], [민주주이에 의의], [민주주이에 의이]가 모두 표준 발음으로 인정되는 것들입니다.

Q 외국인들은 한국어 발음 중에서 평음 · 격음 · 경음의 구별을 어려워하는데, 어떻게 교육합니까?

A

한국어의 파열음은 평음인 /ㄱ, ㄷ, ㅂ/과 격음인 /ㅋ, ㅌ, ㅍ/, 그리고 경음인 /ㄲ, ㄸ, ㅃ/ 이렇게 세 가지로 나뉘며, 많은 언어에서 이 세 가지 중에 두 가지 정도의 파열음만 나타나기 때문에, 학습자들이 한국어에서 독특하게 나타나는 대립 양상을 이해하는 데 어려움을 겪게 되는 것이라 생각합니다. 이 발음들은 처음부터 혼동하기 시작하면 걷잡을 수 없기 때문에 교사 스스로 그 조음 방식에 있어 차이점 등을 잘 인지하면서 가르치는 것이 필요할 것입니다.

예를 들어 평음인 /ㄱ, ㄷ, ㅂ/도 실제적으로는 약간의 기식(氣息)이 느껴지는 음이기 때문에, 발음할 때 입 앞에 손바닥을 대고 손바닥에 느껴지는 입김으로나 또는 얇은 종이를 대고 종이가 흔들리는 정도를 가지고 평음과 격음 사이의 차이를 설명할 수 있습니다. 이러한 방법은 기식이 나타나지 않는 경음과 격음의 차이를 보여주고자 할 때도 유용한 수단이 될 것이라고 생각합니다. 또한 단어 차원에서 최소 대립어와 그림을 함께 제시해서 각각의 의미가 다르다는 것을 알려 주거나, 학생들의 모국어에서 한국어의 경음이나 격음과 가장 가까운 발음을 찾아 쉽게 설명해 주는 방법도 생각해 볼 수 있습니다.

ⓘ PLUS ONE

한국어 파찰음 교육에서 주의할 점은 무엇입니까?

파찰음은 파열음과 마찰음의 특징이 모두 있는 음입니다. 한국어 파찰음은 /ㅈ, ㅉ, ㅊ/이 있는데, 이들의 차이는 파열음의 평음, 경음, 격음의 경우와 마찬가지 방법으로 이해시키면 됩니다. 다만 영어권 학습자 중에는 모국어의 발음 습관대로 파찰음을 발음할 때 입술을 동그랗게 오므리는 경우가 많으므로, 뒤에 평순 모음이 오는 것을 먼저 연습시키고 한국어의 파찰음은 뒤에 원순 모음이 올 때만 원순성을 가진다는 사실을 알려 주는 게 좋습니다.

Q 학습자들의 발음에 나타나는 중간언어 체계에 대해 설명해 보세요.

A

　학습자는 목표어를 배우기 전에 이미 모국어의 문법과 언어 체계가 머릿속에 있습니다. 이 모국어의 체계는 학습자가 목표어를 학습하는 과정에 지속적으로 영향을 끼치고, 목표어를 학습하는 과정에서 독창적이고 일시적인 중간언어의 음운 체계가 형성되기도 합니다. 이러한 중간언어 음운 체계의 형성은 목표어의 음절 구성에 대한 인식에서 시작된다고 할 수 있는데, 음절은 자음과 모음이 어울려서 청각적인 기본 단위를 이루는 동시에 발화의 기본 단위로 인식되기 때문일 것입니다.

　예를 들어, 일본어를 모국어로 하는 학습자의 경우 '말'을 발음할 때 [mal]로 발음하지 않고 [maru]로 발음하려는 경향이 있고, 영어권의 학습자들은 '산나물'과 같이 /ㄴ/이 연이어 나올 때 이것을 한 음운으로 이해하여 두 개 중 하나를 생략하거나 약하게 발음하려는 경향이 있습니다. 이와 같은 것이 바로 중간언어의 발음상 특징이라고 할 수 있으며, 교사는 학습자에게 나타나는 이러한 중간언어적 단계를 늘 염두에 두고 지도해야 합니다.

⊘ PLUS ONE

일본어권 학습자들이 '김치'를 '기무치'로 발음하는 이유는 무엇입니까?

일본어권 학습자들은 언어 체계 내에 CVC 음절 구조가 없기 때문에 실제 목표어에는 없는 잉여적인 모음을 첨가하여 [kimchi]가 아닌 [kimuchi]로 발음하게 되는 것입니다. 이러한 중간언어적 발음 현상은 시간이 지남에 따라 자연스럽게 사라지기도 하지만, 때로는 고착화될 수도 있으므로 의식적이고 반복적인 학습을 통해 극복할 수 있도록 해야 할 것입니다.

Q 언어권별로 발음 지도를 할 때 나타나는 특징을 말해 보세요.

A

먼저 영어권 학습자들의 경우에는 일반적으로 '미래'나 '그림'과 같이 모음과 모음 사이에 /ㄹ/이 올 때, 이 /ㄹ/을 영어 단어의 첫소리로 나는 /r/처럼 혀를 말아서 발음하려는 경향이 있습니다. 또한 한국어의 /ㅈ/ 소리를 영어에서의 [z, ʒ, ʤ]와 같이 인식하여 발음하는 경우가 있는데, 영어의 그러한 소리들은 /ㅈ/과는 음가가 다른 것들입니다. 마찬가지로 한국어의 /ㅊ/ 소리 역시 영어의 [ʧ]와 같이 발음하는 경우가 많은데, 이 소리 또한 /ㅊ/과는 음가가 다릅니다. 그리고 영어의 /s/가 단어의 첫소리로 올 때 뒤에 모음이 연결되는 경우 경음에 가까운 소리로 발음되기 때문에 이를 한국어의 /ㅅ/을 발음할 때에도 그대로 적용하려는 경향도 보입니다.

중국어권 학습자들은 역시 모국어의 영향으로 한국어의 탄설음을 중국어의 성모 /l/에 대응시키려는 경향이 있어, 결국 중국어의 '얼화(儿化) 현상'처럼 나타나기도 합니다. 또한 한국어의 단모음 중 'ㅡ, ㅐ, ㅔ, ㅚ'에 해당하는 음이 중국어에는 없어서, 예를 들어 '선생님, 은행'에서 음절 '생, 행'과 같은 발음을 아주 어려워하는 것으로 나타났습니다.

일본어권 학습자의 경우에는 보통 받침 발음에 모음을 첨가하려는 경향이 강하고, 받침 'ㄴ, ㅁ, ㅇ'을 구별하지 못하는 경우가 많습니다. 또한 한국어에서는 'ㅜ'가 원순·후설 모음인 것에 비해 일본어에서는 원순성이 없는 후설 모음으로 실현되기 때문에, 한국어의 'ㅡ'와 'ㅜ'를 혼동하는 일이 발생하기 쉽습니다.

중국어권 학습자들에게 나타나는 자음 발음 오류에는 어떤 것이 있습니까?

중국어에는 한국어의 평음인 'ㄱ, ㄷ, ㅂ, ㅅ, ㅈ' 소리가 존재하지 않기 때문에 'ㄱ, ㄷ, ㅂ, ㅈ'을 격음 'ㅋ, ㅌ, ㅍ, ㅊ'이나 경음 'ㄲ, ㄸ, ㅃ, ㅉ'으로 발음하는 경향이 있습니다. 또한 중국어권 학습자들은 한국어 종성 중 비음에 해당하는 'ㄴ, ㅁ, ㅇ'의 세 가지 모두를 혼동하는 경우가 있어서, [공부]를 [곤부]로, [김치]를 [긴치]로 발음하는 오류를 보이기도 합니다.

Q 일반적으로 모음에서 많이 발생하는 발음상의 오류와 지도 방법을 말해 보세요.

A

예시답변

발음 교육에서 중요한 것은 학습자가 자주 틀리는 발음을 언어권별로 분류하여 비교 설명해 주는 것입니다. 그러나 어떠한 언어권의 학습자든지 학습자 모어와 상관없이 공통적으로 어려움을 느끼는 발음도 있는데, 대표적인 모음 발음이 바로 /ㅓ/와 /ㅗ/, /ㅜ/와 /ㅡ/를 구별하는 것입니다.

한국어의 /ㅓ/ 소리는 /ㅗ/ 소리보다 혀의 위치가 낮고, 입술을 펴서 내는 소리입니다. 외국인 학습자들로 하여금 /ㅗ/ 소리를 내면 자연스럽게 입술이 둥글게 되고, 혀가 뒤로 가게 된다는 것을 느낄 수 있도록 한 다음, 여기에서 혀의 위치는 그대로 두고 입술을 가만히 펴게 해서 /ㅓ/ 소리와 비슷한 소리가 나게 유도하는 것이 좋다고 생각합니다. 또한 /ㅜ/와 /ㅡ/의 발음도 /ㅓ/와 /ㅗ/ 소리를 구별하는 방식과 같이 지도할 수 있습니다.

한국어 모음의 변동에 대해 설명해 보세요.

한국어 모음의 변동으로는 먼저 '전설 모음화'를 들 수 있습니다. '아기, 어미, 고기'가 각각 '애기, 에미, 괴기'와 같이 변하는 양상을 살펴보면 후설 모음이 전설 모음으로 변했음을 확인할 수 있는데, 이러한 변동을 '전설 모음화'라고 합니다. 표준 발음으로 인정되지는 않지만 구어발화 상황에서 '하고, 나도, 네가'가 [하구], [나두], [니가]와 같이 발음되는 현상은 '고모음화'라고 할 수 있습니다. 끝으로 '예쁘다'나 '기쁘다' 등을 일상적인 구어발화에서 [예뿌다]와 [기뿌다] 등으로 발음하는 경우가 많은데, 이러한 변동은 '원순 모음화'의 예시입니다.

01 발음 기관

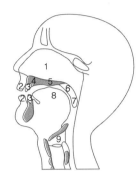

1. 비강
2. 입술
3. 이
4. 윗잇몸(치조)
5. 센입천장(경구개)
6. 여린입천장(연구개)
7. 목젖
8. 혀
9. 성대

- 이와 잇몸: 잇몸은 치조(齒槽)라고 하며, 윗니와 윗잇몸이 발음과 관련됨
- 입천장: 입천장은 가운데 제일 높은 부분을 경계로 앞부분은 딱딱하고 뒷부분은 부드럽고 여림. 앞부분을 센입천장(경구개), 뒷부분을 여린입천장(연구개)이라고 함
- 목젖: 숨이 입 또는 코로 통하는 것을 조절하는 역할을 함
- 혀: 조음 기관 중 가장 큰 역할을 하는 부분
- 성대(聲帶): 열고 닫히면서 허파에서 나오는 숨을 조절하는 역할을 함

02 한국어 자음 체계

조음 방법		조음 위치	양순음	치조음	경구개음	연구개음	후음
장애음	파열음	평음	ㅂ	ㄷ		ㄱ	
		격음	ㅍ	ㅌ		ㅋ	
		경음	ㅃ	ㄸ		ㄲ	
	마찰음	평음		ㅅ			ㅎ
		경음		ㅆ			
	파찰음	평음			ㅈ		
		격음			ㅉ		
		경음			ㅊ		
공명음	비음		ㅁ	ㄴ		ㅇ	
	유음			ㄹ			

03 한국어 단모음 체계

혀의 위치		전설 모음		후설 모음	
혀의 높이 입술 모양		평순	원순	평순	원순
고모음		ㅣ	ㅟ	ㅡ	ㅜ
중모음		ㅔ	ㅚ	ㅓ	ㅗ
저모음		ㅐ		ㅏ	

03 | 한국어 문법과 어휘

한국어 문법의 개념과 교육

Q 외국어로서의 '한국어 문법'의 개념과 한국어 교사가 문법 교육 시 유의해야 할 사항은 무엇인지 말해 보세요.

A

Q 학교 문법과 한국어 문법은 어떤 차이가 있습니까?

A

　외국어로서의 한국어 문법은 외국어로서 한국어를 학습하는 학습자를 대상으로 그들이 한국어의 구조를 이해하고 한국어로 의사소통할 수 있도록 돕는 규칙 체계입니다. 따라서 학교 문법과는 여러 가지 면에서 차이가 있습니다. 아무래도 가장 중요한 차이는 교육의 대상이 다르다는 부분입니다. 학교 문법의 교육 대상은 초·중·고등학교 학생들이며 모두가 한국어 모어 화자입니다. 반면 외국어로서의 한국어 문법 교육의 대상은 한국어가 모국어가 아닌 외국인, 재외동포들입니다. 한국어 모어 화자들은 한국어 언어 직관이 있지만 외국인과 재외동포들은 한국어 언어 직관이 거의 없기 때문에, 한국어 문법 교육은 외국인과 재외동포들에게 한국어로 의사소통하는 데 필요한 한국어 지식을 가르쳐 주는 것입니다.

　교육 대상이 다르다는 것은 교육의 목표와 교육 내용도 달라져야 한다는 것을 의미합니다. 외국인을 위한 한국어 문법 교육에서는 의사소통 기능 신장이 주된 목표이기 때문에 의사소통 기능과 직접적인 관련이 없는 문법적 지식은 교육의 내용이 되기 어렵습니다. 따라서 한국어 교사는 외국어로서의 한국어 교육에서의 문법과 모국어 화자를 대상으로 한 문법 교육의 차이는 무엇인지 또 어떤 문법을 가르치고 어떤 문법을 가르치지 않을 것인지, 선정된 문법 항목 중에서도 어떤 내용을 언제 가르칠 것인지, 문법의 구체적인 내용을 어떻게 조리 있게 배열할 것인지 등을 꼼꼼하게 미리 계획해 두어야 합니다.

KEY POINT 　✎ **학교 문법과 한국어 문법의 특징**

■ 학교 문법의 특징
　– 한국어 모어(母語) 화자를 대상으로 한다.
　– 객관적이고 이론적인 접근을 통해 도출된 학문 문법이 제도 교육의 내용 영역이나 교과 중 하나로 편입되어 재구성된 상태의 문법이다.
　– 문법사나 음운사 같은 국어사에 대한 지식을 포함한다.

■ 한국어 문법의 특징
　– 한국어에 대한 배경지식과 직관이 없는 외국인 또는 재외동포를 대상으로 한다.
　– 학문 문법이나 학교 문법의 내용 중 필요한 항목을 선정하여 사용 중심으로 재분류하고 재배열한 상태의 문법이다.
　– 원어민(Native Speaker)과의 의사소통에 필요한 문법의 의미와 사회적 기능, 담화 차원에서의 규칙을 포함한다.

Q 외국어로서의 한국어 교육에서 문법 교육이 요구되는 이유는 무엇입니까?

A

예시답변

언어 능력은 유창성(Fluency)과 정확성(Accuracy)을 필요로 합니다. 그중 정확성은 언어학적 능력(Linguistic Competence)의 일부인 의사소통 능력뿐만 아니라 문법적 지식이나 사용 능력과도 깊은 관련이 있다고 생각합니다. 따라서 한국어 교육에서도 문법 교육을 학습자들의 의사소통 능력을 증진시키기 위한 하나의 필수 영역으로 인식하고 다룰 필요가 있습니다.

특히 한국어는 문장을 생성할 때 조사나 어미 활용 등의 문법적 기능을 모르면 정확한 문장을 만들기 어렵고, 적절하고 원활한 의사소통이 이루어지기 어렵습니다. 그렇기 때문에 외국어로서의 한국어 교육에 있어서도 문법 교육은 필수적이라고 볼 수 있는데, 지식 위주의 암기 교육을 지양하고 언어 구조와 용법에 대한 이해를 바탕으로 사용상의 규칙을 익히도록 하는 것이 바람직합니다. 또한 한국어를 보다 깊이 있고 풍부하게 공부하고 싶어 하는 학습자들을 위해 언어를 보다 객관적으로 관찰하고 분석할 수 있는 능력을 길러 주는 것도 필요합니다.

KEY POINT ✎ **문법 교육의 위상**

문법 교육은 한국어 교육의 핵심이라고 할 수 있다. 왜냐하면 올바른 형태로 정확한 문장을 만들고, 단어나 문장의 의미를 이해하고, 상황과 목적에 맞게 자기의 의사를 표현하는 것, 남의 말을 듣거나 글을 읽고 이해하는 것, 자기가 표현하고자 하는 내용을 글로 표현하는 것도 모두 문법이 그 바탕을 이루고 있기 때문이다.

Q 한국어의 어순상 특징을 말해 보세요.

A

Q 한국어의 문장 성분을 말해 보세요.

A

　일반적으로 한국어 문장은 주어·서술어·목적어·보어·부사어가 서로 어울려 만들어지는데, 그 어순은 기본적으로 '주어–목적어–서술어' 순입니다. 그리고 다른 성분이 함께 쓰일 때 보어는 서술어 앞에 놓으며, 부사어는 그 위치가 비교적 자유롭습니다. 한국어는 다른 언어에 비해 어순이 자유로운 편인데, 조사와 어미가 발달해 있기 때문에 어순이 바뀌더라도 의미가 달라지지 않고, 영어처럼 의문문이라고 해서 어순이 바뀌지는 않습니다. 또한 수식하는 말은 수식을 받는 말 앞에 온다는 점과 결합해서 하나의 문장 성분을 이룰 때 체언은 조사 앞에 그리고 본동사는 보조동사 앞에 놓인다는 점도 한국어 어순상의 특징으로 볼 수 있습니다.

　한국어에서는 주어와 목적어가 생략되는 경우도 많이 있는데, 이들은 서술어·보어와 함께 문장의 근간을 이룬다고 해서 주성분이라고 합니다. 문장 성분에는 그 밖에도 관형어·부사어 등의 부속 성분과 독립어 등의 독립 성분이 있습니다. 앞서 말한 바와 같이 주성분은 문장의 골격을 이루는 필수적인 성분이고, 부속 성분은 주로 주성분의 내용을 꾸며 주는 역할을 합니다. 따라서 부속 성분은 문장 형성에 꼭 필요한 성분은 아닙니다. 독립 성분은 다른 문장 성분들과 관계없이 문장에서 따로 떨어진 성분을 말하는데, 감탄사와 체언에 호격조사가 붙은 것, 접속 부사 등이 여기에 속합니다.

KEY POINT — **한국어의 통사적 특성과 문장 성분**

- 한국어의 통사적 특성
  - '주어(S)–목적어(O)–동사(V)'의 어순을 이루는 SOV형 언어이다.
  - 수식 구성에서 수식어는 반드시 피수식어 앞에 온다.
  - 동사를 제외한 문장 성분의 순서를 비교적 자유롭게 바꿀 수 있다.
  - 대화나 담화상에서 주어나 목적어가 쉽게 생략될 수 있다.
  - 주제 중심적 언어의 특성이 강하다.
  - 높임법이 정밀하게 발달되어 있다.

- 문장 성분: 단어나 단어의 연결체로서 문장에서 일정한 문법적 기능을 가지는 단위를 말한다. 한국어에서 조사는 선행 요소와 함께 하나의 문장 성분을 이루며, 용언은 보조용언과 함께 하나의 문장 성분이 된다.

Q 한국어 문장의 종류를 예를 들어 설명해 보세요.

A

Q 한국어 문장의 종류가 어떻게 결정되는지 말해 보세요.

A

한국어는 발화 의도에 따라 문장을 끝맺는 종결어미를 선택해 전하고자 하는 바를 전달합니다. "한국말은 끝까지 들어봐야 안다."라는 말은 한국어 문장에서 서술어가 문장의 중심적인 역할을 한다는 것은 물론, 종결어미의 중요성까지 아우르는 말이라고 볼 수 있습니다. 다시 말해, 한국어 문장을 정확하게 구사하기 위해서는 문장 종결법을 정확히 이해하고 사용할 수 있어야 합니다. 한국어 문장은 일반적으로 종결어미에 따라 평서문, 의문문, 명령문, 청유문, 감탄문으로 나눌 수 있습니다.

평서문은 말하는 사람이 자기의 생각이나 느낌을 객관적으로 진술하는 문장으로, 가장 일반적으로 쓰이는 종결어미인 '-다'를 포함해 '-네(요), -지(요), -데(요), -대(요), -(으)오, -소' 등으로 실현됩니다.

의문문은 일반적으로 말하는 사람이 듣는 사람에게 질문하고 그 대답을 요구하는 문장인데, 의문문을 만드는 종결어미로는 '-ㅂ/습니까, -아/어(요), -지(요), -소, -는가, -나, -니' 등이 있습니다.

명령문은 말하는 사람이 듣는 사람에게 자기의 의도대로 행동해 줄 것을 요구하는 문장입니다. 명령문을 실현하는 종결어미로는 '-(으)십시오, -(으)세요, -아/어, -아/어라, -(으)라, -오, -게' 등이 있습니다.

청유문은 듣는 사람에게 함께 행동할 것을 요구하거나 제안하는 문장 유형입니다. 청유형 종결어미로는 '-ㅂ/읍시다, -아/어요, -자, -세' 등이 있습니다.

감탄문은 자기의 느낌을 표현하는 문장으로서, 감탄형 종결어미로는 '-(는)군요, -네요, -(는)구나, -(는)군, -네, -아/어라' 등이 있습니다.

한국어 교육 현장에서 학습자들에게 가르칠 때에는 한국어의 모든 어미를 가르치기보다는 실생활에서 활용 빈도가 높고 학습자들이 사용하거나 접하기 쉬운 어미들을 중심으로 교수하는 것이 중요하며, 구어 발화 상황에서는 억양과 같은 비언어적 요소에 의해 문장의 의미가 좌우되는 경우가 많이 있으므로 이에 관한 교육도 이루어져야 한다고 생각합니다.

KEY POINT ✏️ **문장 종결법**

- 문장 종결법이란 문장을 끝맺는 방법을 말하는데, 이는 문장의 종류를 나누는 가장 중요한 기준이 된다. 문장의 종류를 나누는 기준은 여러 가지가 있을 수 있지만, 대체로 다음의 두 가지로 정리할 수 있다.
  - 문장 성분을 갖췄는가 여부에 따른 분류: 완전문, 불완전문
  - 발화 목적에 따른 분류: 평서문, 의문문, 명령문, 청유문, 감탄문
  예 평서문: 나는 책을 읽습니다.
  　의문문: 지수 씨는 책을 읽습니까?
  　명령문: 지수 씨, 책을 읽으십시오.
  　청유문: 지수 씨, 같이 책을 읽읍시다.
  　감탄문: 지수 씨가 책을 읽는군요!
- 일반적으로 한국어 교육에서 문장의 종류를 다룰 때에는 발화 목적에 따라 문장을 다섯 가지로 분류하여 제시한다.

Q 단어와 형태소의 차이를 예를 들어 설명해 보세요.

A

Q 형태소가 무엇인지 설명하고 "날씨가 맑다."라는 문장의 형태소를 분석해 보세요.

A

단어와 형태소는 모두 의미를 가지고 있습니다. 형태소는 의미를 가진 최소의 단위지만, 단어는 항상 그렇지는 않습니다. '읽어서'는 한 단어지만 더 잘게 나누면 실질적 의미를 가진 '읽-', 문법적 의미를 '-어서'라는 두 개의 형태소로 나눌 수 있습니다. 즉, '읽어서'는 뜻을 가진 가장 작은 말의 단위인 형태소가 모여 이루어진 것이므로, 그 자체가 최소 의미라고는 할 수 없습니다. '의미를 가진 가장 작은 단위'에서 말하는 '의미'는 일반적인 '의미' 보다 더 넓은 개념이라고 생각합니다. 예를 들어 '친구, 어디, 매우' 등의 말에 의미가 있다는 것은 누구나 이해하지만, '은/는, 에, -았/었-, -다' 등의 단어에 의미가 있다는 것은 설명하기도 쉽지 않고 이해하기도 어려울 수 있습니다. 형태소의 정의에서 말하는 '의미'는 후자와 같은 말들도 의미를 가지고 있다는 것을 뜻합니다. 형태소를 분류하는 가장 일반적인 기준 두 가지를 말씀드리겠습니다.

첫째는 문장에서 단독으로, 독립적으로 쓰일 수 있느냐 입니다. 독립적으로 쓰일 수 있는 자립형태소에는 체언·부사·관형사·감탄사가 포함되고, 독립적으로 쓰일 수 없는 의존형태소에는 조사·용언의 어간과 어미·접사가 포함됩니다.

둘째는 의미 특성에 따라 나누면 실질적인 의미가 있는 실질형태소와 문법적인 의미만 있는 형식형태소로 나눌 수 있는데, 실질형태소에는 자립형태소와 용언의 어간이 포함되고, 형식형태소에는 조사와 어미가 포함됩니다. "날씨가 맑다."라는 문장을 형태소 분석하면 '날씨/가/맑/다'로 총 다섯 개의 형태소로 나눌 수 있습니다. 여기서 자립형태소에 속하는 것은 '날씨' 하나뿐이고 '가, 맑-, -다'는 의존형태소입니다. 또 실질형태소로는 '날씨'와 '맑-'이 있고, '가'와 '-다'는 형식형태소입니다.

실제 기출 미리 보기

- "저는 아니에요."의 형태소와 문장 성분을 분석해 보세요.
- "예쁜 꽃을 보았다."라는 문장을 형태소 분류해 보세요.
- "누군가가 왔다."라는 문장을 형태소 분류해 보세요.

KEY POINT ✏️ **문장 구성 단위**

언어(문장)를 구성하는 여러 단위 중에서 의미와 관련된 것을 문법 단위(Grammatical Unit)라고 하는데, 이러한 단위에는 형태소(Morpheme), 단어(Word), 어절과 구(Phrase), 절(Clause), 문장(Sentence) 등이 포함된다. 구조적으로 문장이 성립되려면 하나 이상의 절이 요구된다. 절은 하나 이상의 구로 이루어지며, 구는 또 하나 이상의 어절을 필요로 한다. 그리고 어절은 하나 이상의 단어를, 단어는 다시 하나 이상의 형태소가 결합하여 이루어지는 것이다.

Q 일반적으로 품사를 분류하는 기준은 의미 · 기능 · 형식이 되는데 이 세 가지 기준을 구체적으로 설명해 보세요.

A

Q 품사와 문장 성분의 차이를 설명해 보세요.

A

품사란 단어를 문법적 성질의 공통성에 따라 분류해 놓은 것으로서, 하나 이상의 단어로 이루어져 문장 안에서 수행하는 역할을 나타내는 문장 성분과는 다릅니다. 품사 분류의 기준에 대해서는 여러 가지 이견이 있는데, 한국어의 품사를 분류할 때는 일반적으로 '형태(형식)·기능·의미'의 세 가지 특징을 기준으로 하며, 학교 문법에서는 이 기준에 따라 품사를 '명사·대명사·수사·동사·형용사·관형사·부사·조사·감탄사'의 아홉 가지로 구분하고 있습니다.

분류 기준 중 '형태'는 문장 속에서 단어가 나타나는 모습을 말하는데, 단어는 문장 속에 나타날 때 형태가 변하는 부류(가변어)와 변하지 않는 부류(불변어)로 나눌 수 있습니다. 가변어에는 동사와 형용사, 서술격조사가 있고 나머지 품사들은 불변어입니다.

'기능'은 어떤 단어가 한 문장 안에서 하는 일을 말하는데, '기능'을 기준으로 9품사는 다시 다섯 가지 범주로 나눌 수 있습니다. 기능에 따라 나눈 다섯 가지 범주로는 체언, 관계언, 용언, 수식언, 독립언이 있습니다. 체언에는 명사·대명사·수사가 있고, 관계언에는 조사, 용언에는 동사와 형용사가 있습니다. 그리고 수식언에는 관형사와 부사, 독립언으로는 감탄사가 있습니다.

마지막으로 '의미'는 특정 단어의 개별 어휘의 의미가 아니라, 단어 부류의 범주적 의미를 가리킨다고 할 수 있습니다. 같은 품사로 분류되는 단어들은 대체로 의미 면에서도 공통점이 있기 때문에 의미상의 특징을 품사 분류의 기준으로 삼는 것이라 생각합니다. 예를 들어 설명하면 '풀다'와 '풀이', '놀다'와 '놀이'는 같은 품사로 분류되지 않습니다. '풀다, 놀다', 두 단어가 같은 품사로 분류되고, '풀이, 놀이'가 같은 품사로 분류되는데, 이는 '풀다, 놀다', '풀이, 놀이'로 나누었을 때가 각 범주가 공유하는 의미적 공통점이 더 많다는 것을 의미합니다.

실제 기출 **미리 보기**

- 동사와 서술어는 같은 것으로 볼 수 있습니까?
- 관형어와 관형사의 차이를 설명해 보세요.

KEY POINT ✎ 한국어의 품사 분류

형태	기능	의미	순우리말 이름
불변어 (불변화사)	체언(문장의 주체)	명사	이름씨
		대명사	대이름씨
		수사	셈씨
	수식언(다른 말을 수식)	관형사	매김씨
		부사	어찌씨
	관계언(문법적 관계를 나타냄)	조사	토씨
	독립언(독립적으로 쓰임)	감탄사	느낌씨
가변어 (변화사)	용언(체언을 서술함)	동사	움직씨
		형용사	그림씨

Q 용언의 기능과 특징을 간단히 설명해 보세요.

A

Q 동사와 형용사를 구분하는 방법을 설명해 보세요.

A

　용언은 문장의 구조를 결정하고 주어를 서술하는 기능을 수행합니다. 용언은 어미를 이용해 활용한다는 점에서 다른 품사와 구별되는데, 이러한 형태적인 특징은 체언이나 수식언 등에서는 볼 수 없습니다.

　하지만 같은 용언이라고 해도 동사와 형용사는 활용 방식에서 차이를 보이는데, 동사는 형용사에 비해 활용어미를 취하는 데 별다른 제약이 없지만 형용사는 상대적으로 제약이 많습니다. 예를 들어 동사는 청유형이나 명령형 어미를 취할 수 있지만 형용사는 취할 수 없습니다. "밥을 먹자/먹읍시다/먹어라"는 비문이 아니지만 "우리 예쁘자/예쁩시다, 너 예뻐라"는 비문이라는 것이 그 예입니다. 또 동사는 '먹는다, 간다'와 같이 현재형 종결어미로 '-는다, -ㄴ다'를 취할 수 있지만 형용사는 '많는다, 예쁜다'와 같은 어미를 취할 수 없습니다. 현재형 관형사형 어미에 있어서도 동사는 '먹는, 가는'에서 알 수 있듯 '-는'을 취하는 한편, 형용사는 '-은'이나 '-ㄴ'을 취해 '많은, 예쁜'의 형태로 활용한다는 차이가 있습니다. 이와 같은 차이를 이용해 동사와 형용사를 구분할 수 있습니다.

　좀 더 세부적으로 살펴보면 먼저 동사는 주어의 움직임을 나타내는 것으로, 주어만 필요한 자동사와 주어와 목적어가 필요한 타동사로 나뉩니다. 또한 행동의 자발성 여부에 따라 능동사와 피동사로, 의미나 기능에 따라 이동 동사와 대칭 동사 등으로 분류될 수 있습니다. 형용사는 주어의 성질이나 상태를 나타내는 것으로, 분류 기준이 동사보다 훨씬 다양해서 그 기준에 따라 심리 형용사, 존재 형용사, 수량 형용사, 대칭 형용사, 성상 형용사, 지시 형용사 등으로 나누어집니다.

KEY POINT 🖉 **어미와의 결합에서 나타나는 용언들의 차이점**

어미의 종류	어미의 기능	어미의 형태	동사	형용사	지정사
종결어미	평서법	-는다	○	×	×
		-다, -네	○	○	○
	의문법	-느냐	○	×	×
		-습니까	○	○	○
	명령법	-아/어라	○	×	×
	청유법	-자	○	×	×
	감탄법	-로다	×	×	○
선어말어미	과거	-았/었-	○	○	○
	추정	-겠-	○	○	○
	회상	-더-	○	○	○
연결어미	병렬	-(으)면서	○	○	○
	대립	-지만	○	○	○
	목적	-(으)러	○	×	×
	이유	-아/어서	○	○	○
		-라서	×	×	○
관형사형 어미	현재	-는	○	×	×
		-(으)ㄴ	×	○	○
	과거	-(으)ㄴ	○	×	×
		-던	○	○	○
	미래	-(으)ㄹ	○	○	○
명사형 어미	-	-(으)ㅁ, -기	○	○	○

Q 어근과 어간을 예를 들어 비교 · 설명해 보세요.

A

　어근은 단어의 형성, 즉 조어법과 관련된 개념으로서, 어근의 앞이나 뒤에는 어떤 의미를 더해 주거나 품사를 바꾸어 주는 접사가 결합합니다. 그리고 어간은 용언의 활용과 관계된 개념으로, 어간에 대립하는 개념은 어미입니다. '잡히다'에서 중심 의미를 나타내는 어근은 '잡-'이고 활용할 때 변하지 않는 어간은 접사를 포함한 '잡히-'가 됩니다. 그리고 '-다'는 활용할 때 변하는 부분인 어미에 해당합니다.

KEY POINT ✏️ **단어의 구성 요소**

'최소 자립 형식(Minimum Free Form)'이라고 할 수 있는 단어는 보통 둘 이상의 형태소가 모여서 이루어진다. 형태소는 단어를 형성할 때 어떠한 역할을 하느냐에 따라 어근(語根, Root)과 접사(接辭, Affix)로 나뉜다. 어근은 단어를 이룰 때 그 중심부를 이루는 실질적 의미가 있는 형태소이고, 접사는 단어 전체의 의미에서 중심부가 되지 못하고 문법적인 기능을 주로 담당하는 구성 요소이다. 접사에는 어근 앞에 오는 접두사와 어근 뒤에 붙는 접미사가 있는데, 접두사는 일반적으로 의미를 더해 주는 역할밖에 하지 못하는 것에 비해, 접미사는 그런 기능 외에 문법적인 범주를 바꾸는 등 더 적극적인 기능을 수행한다는 차이가 있다.
예 풋-(접두사) + 사과(어근), 높(어근) + -이(접미사)

Q '이다'가 갖는 동사, 형용사와의 차이점을 설명해 보세요.

A

Q '이다'와 조사의 차이점을 설명해 보세요.

A

영어의 'be 동사'와 같은 계사(繫辭)는 일반적으로는 그 스스로 서술어 구실을 하는데, 한국어의 '이다'는 반드시 명사나 명사 구실을 하는 말에 붙어 쓰이며, '명사 + 이다' 전체가 하나의 서술어가 됩니다.

학교 문법에서는 '이다'가 조사처럼 앞에 오는 명사에 서술어라는 자격을 부여한다고 보아 '이다'를 '서술격조사'로 분류하고 있습니다. 하지만 '이다'를 학교 문법에서와 같이 '조사'로 설정하는 것에는 다소 문제가 있습니다. '이다'는 '학생이니까, 학생이고, 학생이면'과 같이 활용을 하는데, 형태가 바뀌지 않는 불변화사인 조사가 활용을 한다는 것은 모순이 됩니다. 활용을 한다는 점에서 '이다'는 조사가 아닌 동사, 형용사와 같이 용언의 범주에 포함되는 것이 타당하다고 볼 수 있습니다.

'이다'는 동사, 형용사와 차이점 또한 가지고 있습니다. 동사와 형용사는 독자적으로, 다른 단어에 기대지 않고 서술어의 기능을 수행할 수 있습니다. 하지만 '이다'는 반드시 다른 단어에 붙어 쓰인다는 차이가 있습니다. '이다'는 평서형 종결어미 '-ㄴ/는다', 청유형과 명령형 종결어미와 결합하지 못합니다. 이러한 제약을 놓고 본다면 '이다'는 동사보다는 형용사와 좀 더 유사한 성격을 지녔다고 볼 수 있습니다.

KEY POINT ✎ 영어의 'be 동사'와 한국어의 '이다'

일반적으로 영어의 'be 동사'와 한국어의 '이다'는 유사한 역할과 의미를 갖는 것으로 여겨진다. 물론 아래의 예문을 통해서 보면 그렇다고 할 수 있다.

예 I am a student. → 나는 학생이다.
　　She is a beautiful girl. → 그녀는 미녀이다.

그러나 다음의 문장을 보면, 영어의 'be 동사'와 한국어의 '이다'가 문법적으로 각기 다른 범주에 속한다는 것을 알 수 있다.

예 Two sides are scheduled to meet in Korea. → 양측은 한국에서 만날 예정이다.

위의 영어 문장에서는 한국어처럼 'is a schedule'의 형태로 쓰이지 않는다. 따라서 한국어의 '이다'는 마치 조사와 같이 '명사 + 이다'의 형태로 쓰이면서, 서술어 기능을 수행하고 있다.

Q 형용사 '다른'과 관형사 '다른'의 차이에 대해 설명해 보세요.

A

예시답변

　형용사는 사물의 성질이나 상태를 나타내는 품사로서, 활용할 수 있기 때문에 동사와 함께 용언에 속합니다. 하지만 관형사는 체언 앞에서 그 체언의 내용을 자세히 꾸며 주는 품사로서, 조사도 붙지 않고 어미 활용도 하지 않습니다. 예를 들어 "다른 사람은 없었다."라는 문장에서 주어는 '다른 사람'이고 서술어는 '없었다'인데, 여기에 쓰인 '다른'은 관형사입니다. 이 문장은 주술 관계가 한 번만 나타나는 홑문장이며, '사람'을 수식하고 있는 '다른'에 조사가 결합하거나 다른 형태로 활용할 수 없기 때문입니다. 반면 "생각이 다른 사람은 없었다."라는 문장은 '생각이 다르다'라는 관형절을 안은 문장, 즉 겹문장입니다. 이때 관형절에서 서술어의 기능을 하는 '다른'의 품사는 형용사이고 기본형인 '다르다'가 문장 안에서 다양한 형태로 활용될 수 있습니다.

　관형사 '다른'과 형용사 '다른'은 그 의미도 다릅니다. 사전적인 의미를 살펴보면, 먼저 관형사 '다른'의 의미는 '당장 문제 되거나 해당되는 것 이외의. 딴.'이라고 정의되어 있는 한편, 형용사 '다른'은 '비교가 되는 두 대상이 서로 같지 아니하다.'라고 정의되어 있습니다. 즉 관형사 '다른'은 어떤 대상 '이외의'를 나타내고, 형용사 '다른'은 어떤 대상과 대상 간의 '차이'를 나타낸다고 할 수 있습니다.

조사

Q 한국어에서 조사가 특히 중요한 이유는 무엇입니까?

A

Q 격조사는 무엇입니까?

A

　한국어의 첨가어적인 특성을 고려해 볼 때, 발화 의도를 정확하게 나타낼 수 있는 문장을 생성해 내려면 특히 조사가 수행하는 문법적·화용적 기능을 잘 알아야 한다고 생각합니다. 또 문법적인 구성 요소 중 조사는 문장의 완성도를 높이는 역할을 하기 때문에 한국어 교육에 있어 필수 교육 항목이라고 할 수 있습니다. 예를 들어, "김 선생님 전화를 했어요."라는 문장의 경우에는 '김 선생님' 뒤에 조사가 생략되어 있는데, 만약 이 자리에 주격조사 '이'가 쓰이면, '김 선생님'은 전화를 한 주체(주어)가 되고, 부사격조사 '에게'가 쓰이면 전화하는 행위는 받는 대상, 즉 문장에서 부사어가 되는 것입니다. 이렇듯 조사의 쓰임에 따라 문장의 의미가 달라지기도 한다는 측면에서, 한국어에서 조사는 매우 중요한 구성 요소라고 할 수 있습니다. 조사는 체언(명사, 대명사, 수사) 뒤에서 문법적 관계를 나타내거나 의미를 추가하는 의존형태소로서, 자립성은 없으나 분리성이 있어 단어로 취급한다는 특성이 있습니다. 또한 '이/가', '을/를' 등 환경에 따라 형태가 바뀌기도 하고, 주로 체언에 붙지만 동사, 형용사, 부사, 조사 뒤에서 의미를 추가하는 기능을 담당하기도 합니다. 조사의 종류로는 격조사, 보조사, 접속조사가 있습니다.

실제 기출 **미리 보기**

• 조사의 기능과 역할을 설명해 보세요.

KEY POINT   ✎ **한국어의 조사 체계**

대분류	소분류	항목	기능
격조사	주격	이/가, 께서, 에서	문장에서 앞에 오는 명사 상당의 구나 절이 지니는 격을 표현함
	관형격	의	
	목적격	을/를	
	보격	이/가	
	부사격	에,에서, 에게/한테, (으)로 등	
	호격	아/야, 여/이여 등	
	서술격	이다	
보조사	대조, 화제, 단독, 희망, 선택, 강조 등	은/는, 만, 도, 조차, 까지, 마저, 나, 나마, 라도, 야, (이)야말로 등	명사, 부사, 어미 등의 뒤에 결합되어 어떤 의미를 더해 줌
접속조사	나열, 첨가 등	와/과, 하고, 에(다), (이)며, (이)랑 등	둘 이상의 단어를 같은 자격으로 이어 줌

Q 초급 과정에서 나타나는 '은/는', '이/가'의 차이를 말해 보세요.

A

Q 외국인 학습자들이 자기소개를 할 때 "제 이름이 ○○○입니다."라고 하는 경우가 많은데 "제 이름은 ○○○입니다."와 어떤 차이가 있습니까?

A

　대개의 초급 한국어 교재에서 '이/가'와 '은/는'의 가장 큰 차이로 각각 주어와 화제(주제)를 표시한다는 점을 들고 있는 것으로 알고 있습니다. 하지만 한국어에 대한 직관이 없는 외국인 학습자가 주어와 화제를 구분하기는 쉽지 않을 것이라고 생각합니다. 또한 이해 가능한 충분한 맥락이 주어지지 않은 상황에서 구(舊) 정보와 신(新) 정보를 나타내기 위해 '이/가'와 '은/는'을 구분하여 사용한다는 내용도 학습자들이 이해하기 쉬운 것은 아닐 것입니다. 따라서 초급 과정에서는 '이/가'가 주어를 표시하고 신 정보를 나타내는 기능을 하는 데 반해, '은/는'은 화제를 표시하고 구 정보를 나타낸다는 정도의 차이를 예문으로 보여 주는 것이 바람직할 것입니다.

　또한 '은/는'에 대조나 강조의 의미도 있다는 정보도 추가하는 것이 초급 과정에 적절할 것으로 생각됩니다. 예를 들어 자기소개를 할 때 "제 이름이 ○○○입니다."라고 하는 것보다 "제 이름은 ○○○입니다."라고 하는 것이 더 자연스럽다는 것을 얘기해 주고, 여기에서 '제 이름은'은 '다른 사람이 아닌 자신의 이름'이라는 한정적 의미를 갖는다는 것, 즉 주제어로 사용된 것이라는 설명을 덧붙여 주면 좋을 것입니다.

KEY POINT ✎ 보조사 '은/는'과 주격조사 '이/가'의 특성

- 보조사 '은/는'
  - 명사문에서 주어에 초점이 있을 때를 제외하고는 '은/는'을 사용한다.
    예 저는 중국 사람입니다.
  - 사실에 대해 이야기할 때 사용한다.
    예 지구는 태양 주위를 돈다.
  - 이미 언급된 구(舊) 정보에 대해 이야기할 때 사용한다.
    예 지수가 우리 반 반장이에요. 지수는 아주 성실해요.
  - 둘 이상을 대조해서 이야기할 때 사용한다.
    예 지수는 운동을 좋아하지만 지수 동생은 싫어해요.
  - 이중주어문은 '은/는-이/가'의 구조를 이룬다.
    예 그 사람은 성격이 좋습니다.

- 주격조사 '이/가'
  - 형용사문이나 자동사문에서는 '이/가'를 사용한다.
    예 방이 깨끗하다. / 비가 온다.
  - 주어에 초점을 두고 묻거나 대답할 때 사용한다.
    예 언제가 방학이에요?
  - 새로운 사실이나 신(新) 정보를 표현할 때 사용한다.
    예 제가 이 가게의 주인입니다.
  - 내포절의 주어에는 '이/가'를 사용한다.
    예 요즘 지수가 배우는 운동은 수영입니다.
  - '-아/어서, -(으)면, (으)ㄹ 때'로 연결된 문장에서 선행하는 절과 후행하는 절의 주어가 다르면 선행하는 절의 주어에 '이/가'를 쓰고, 같으면 '은/는'을 쓴다.
    예 지수가 늦게 와서 영호가 화를 냈어요. / 지수는 공부할 때 음악을 들어요.

Q "철수도 사과는 먹었다."와 "철수는 사과도 먹었다."의 차이점은 무엇입니까?

A

보조사(특수조사)는 격조사와는 달리 문장의 성분을 나타내지 않고 말하는 사람의 의도를 보다 분명히 하고자 할 때 사용하며, 그 위치가 일정하게 정해져 있지 않습니다. 예를 들어, "철수도 사과는 먹었다."와 같은 문장에서는 '도'가 주어의 자리에, "철수는 사과도 먹었다."에서는 목적어의 자리에 쓰였습니다. 일반적으로 '도'는 '동일함'이나 '역시'라는 의미를 갖고, '는'은 '대조'의 의미를 갖는 보조사라고 할 수 있습니다. 즉, '철수도'라고 하면 철수도 다른 사람과 마찬가지로 사과를 먹었다는 의미를 내포하고, '사과도'라고 하면 다른 것과 함께 사과도 먹었다는 의미가 있습니다.

한편, '철수는'이라고 하면 다른 사람은 그렇게 하지 않았지만 철수는 사과도(또는 사과를) 먹었다는 의미이고, '사과는'이라고 하면 철수가 다른 것은 안 먹었지만 사과는 먹었다는 의미가 됩니다.

KEY POINT ✎ 보조사 '도'

- 보조사 '도'는 관형사를 제외한 각 품사에 두루 붙어 쓰인다. 특히 다음과 같이 두 가지 이상의 사물이나 사실을 나열할 때는 '~도 ~도'의 형태가 일반화되어 있다.
  예 가족도 친구도 다 귀찮다. / 높지도 낮지도 않다. / 노래도 부르고 춤도 추었다.
- '도'의 가장 일반적인 기능은 선행어에 '역시'라는 뜻을 더해 주는 것이다. 그러나 '도'는 다음과 같이 부정의 극성(極性, Polarity)을 띤 성분을 만드는 기능을 하기도 한다.
  예 한국 사람도 한국어를 틀릴 때가 있다. / 아무도 그 일은 하지 못할 것이다.

Q '(으)로/로서'의 차이를 설명해 보세요.

A

Q "눈물로서 호소하다."에 쓰인 조사의 오류를 수정해 보세요.

A

예시답변

　부사격조사 '(으)로'와 '(으)로서'는 의미가 유사하기 때문에 용법 측면에서도 서로 교체되어 쓰이는 경우가 많습니다. 그것은 '(으)로서'가 자격을 나타내는 '(으)로'에 존재의 뜻을 나타내는 보조사 '서'가 결합하여 이루어진 조사이기 때문인데, 이런 관점에서 보면 조사 '(으)로써'도 '(으)로'나 '(으)로서'와 혼동되는 부분이 있을 것입니다.

　먼저 '(으)로'와 '(으)로서'를 비교해 보면, 둘 다 어떤 자격이나 신분 또는 어디에 해당하는 것을 나타낼 때 쓰인다는 공통점이 있는데, 구어에서는 '서'가 붙지 않는 '(으)로'가 주로 쓰입니다. 반면 차이점도 있는데, '(으)로'는 어떤 방향이나 변화의 결과를 나타낼 때 또는 어떤 물건의 재료를 의미할 때도 쓰일 수 있지만 '(으)로서'는 그렇지 않습니다. 그리고 어떤 일의 방법이나 방식을 나타낼 때도 '(으)로서'는 쓸 수 없습니다.

　한편 '(으)로써'는 주로 도구·수단·재료의 뜻으로 쓰이고 선행어가 근거나 이유가 됨을 나타낼 때도 쓰입니다. 흔히 사람들이 "눈물로서 호소한다."라는 말을 사용하는데, 이때는 눈물이 호소의 도구나 수단이 되기 때문에 '눈물로' 또는 '눈물로써'라고 하는 것이 맞습니다.

KEY POINT ✏ **(으)로, (으)로서, (으)로써**

■ 어떤 물건의 재료나 원료를 나타낼 때는 '(으)로'나 '(으)로써'를 쓴다.
　예 흙으로/흙으로써 그릇을 만든다. (○)
　　 흙으로서 그릇을 만든다. (×)
■ 어떤 일의 수단·도구를 나타낼 때는 '(으)로'나 '(으)로써'를 쓴다.
　예 대화로/대화로써 오해를 풀었습니다. (○)
　　 대화로서 오해를 풀었습니다. (×)
■ 어떤 일의 방법이나 방식을 나타낼 때는 '(으)로'를 쓴다.
　예 그는 계약직으로 이 일을 시작하였다. (○)
　　 그는 계약직으로써 이 일을 시작하였다. (×)
■ 지위나 신분 또는 자격을 나타낼 때는 '(으)로'나 '(으)로서'를 쓴다.
　예 저도 한 사람의 직원으로/직원으로서 여기에 왔습니다. (○)
　　 저도 한 사람의 직원으로써 여기에 왔습니다. (×)

Q "그것은 너의 책이 아니다."에서 '의'의 쓰임과 교육 방법을 말해 보세요.

A

Q 작문에서 자주 발생하는 관형격조사의 오류는 무엇이 있습니까?

A

"그것은 너의 책이 아니다."라는 문장에서 '너의'에 쓰인 '의'는 '너'와 '책'이라는 두 명사를 더 큰 명사구로 묶어 주는 역할을 하는 관형격조사인데, 한국어에서는 '의'만이 관형격조사에 해당합니다. 관형격조사는 흔히 소유격조사나 속격조사라고도 하는데, 이것은 '의'가 그 다음의 명사가 그 앞의 명사의 소유물임을 나타내는 기능을 한다는 것을 의미합니다. 따라서 앞서 말한 문장에서도 '의'는 책이 '너'의 소유가 됨을 나타내는 조사로 쓰이고 있는 것입니다.

하지만 '의'는 꼭 그런 소유의 의미만을 나타내지는 않고, 두 명사를 수식어와 피수식어 관계로 묶어 주면서 '추억의 도시'나 '계절의 여왕'과 같이 다양한 의미로 사용될 수 있습니다. 이러한 관형격조사 '의'는 발음상 '에'와 유사하기 때문에 특히 작문에서 오류가 많이 나타남을 인지하고 발음은 '의'와 '에' 두 가지로 나타날 수 있지만 표기는 '의'로 해야 함을 지도해야 합니다.

KEY POINT 🖉 **한국어의 관형격조사**

- 관형격조사는 앞에 오는 명사나 명사 구실을 하는 말이 관형어의 기능을 하게 하는 조사이다. 즉, 명사가 뒤에 오는 명사를 꾸미게 하는 데 사용된다.
  예 추억의 도시 / 그것은 너의 책이 아니다.
- 관형격조사는 '의' 하나밖에 없다. 다만, 관형격조사 '의'가 인칭대명사 '나, 저, 너'와 결합하면 각각 '내, 제, 네'로 쓰인다.
  예 나의(내) 책 / 저의(제) 책 / 너의(네) 책
- 관형격조사는 소유주와 피소유주의 관계, 전체와 부분의 관계, 친족 관계를 나타내는 경우에 생략이 잘 되며, 비유적인 표현 또는 뒤에 오는 명사가 바로 앞에 다른 수식을 받는 경우, 수량을 나타내는 경우에는 '의'를 생략하기 어렵다.
  예 수의적인 경우: 민수(의) 책 / 서울(의) 거리
  　　필수적인 경우: 계절의 여왕 / 세 권의 책

Q "친구가 학교에서 있다."라는 표현의 오류를 수정해 보세요.

A

Q "학교로 와."와 "학교에 와."의 의미 차이를 설명해 보세요.

A

　'장소' 또는 그곳을 기준으로 한 이동을 나타내는 부사격조사로는 '에, 에서, (으)로' 등이 있습니다. 그중 먼저 '에'는 '있다, 없다'나 '많다, 적다' 등의 서술어와 결합하여 존재의 유무 등을 나타냅니다. 또한 '가다, 오다'류의 이동 동사와 결합하여 이동의 도착점을 나타내기도 합니다. 반면 '에서'는 이동의 출발점을 나타내는데, '살다, 머무르다, 체류하다' 등 '머무르다'류의 서술어와 함께 쓰일 때는 '에'와 대치가 가능합니다. '에'가 어떤 일의 원인이나 이유를 나타내거나 자격의 의미를 나타낼 때는 '(으)로'로도 교체가 가능합니다. 예를 들어 "오빠는 회사 일에 지쳤다."라는 문장에서 '회사 일'이 지친 것의 원인이 되기 때문에 '회사 일로'로 바꿔 쓸 수가 있고, "학생회장에 당선되었다."라는 문장의 경우에도 학생회장이라는 자격을 나타내는 '에' 대신에 '(으)로'를 쓸 수가 있을 것입니다. 그런데 '에'가 이동을 나타내는 서술어와 결합해서 쓰이는 경우 이것을 '(으)로'로 교체하게 되면, 이때 '(으)로'는 '에'와 같은 도착점이 아닌 방향의 의미를 가지게 됩니다. 예를 들어 "학교에 와."라는 문장에서 학교는 이동의 도착점 혹은 목적지가 되지만, "학교로 와."라고 말하면 학교는 이동의 방향을 나타내게 됩니다.

실제 기출 미리 보기

• "서울에/에서 살아요."는 가능한데 "운동장에 놀아요."는 왜 안 되는지 설명해 보세요.

KEY POINT 　✎ **이동을 나타내는 조사**

이동	에	• 이동 동사와 함께 쓰여 '이동'의 '도착'의 의미를 나타냄 예 소포를 우체국에 보내라. • 어디를 향하여 간다는 '낙착점'의 의미를 나타냄 예 봉투에 우표를 붙였다.
	에서	• 이동 동사와 함께 쓰여 '이동'의 '출발'의 의미를 나타냄 예 소포를 우체국에서 보내라. • 어디로부터 떨어져 나올 때 쓰이는 '분리'의 의미를 나타냄 예 봉투에서 우표를 뗐다.
	(으)로	• '이동'의 의미를 나타내는 '에'가 '가다, 오르다, 들어가다, 돌아오다' 등의 이동 동사와 결합하여 쓰일 때 '(으)로'의 교체가 가능함. 다만, 이때 '(으)로'는 '방향'의 의미가 강함 예 준희는 방에/으로 들어갔다.

Q "학교를 간다.", "소풍을 간다."에서 '을/를 가다'를 설명해 보세요.

A

Q "학교를 간다."와 "학교에 간다."의 의미 차이를 말해 보세요.

A

목적격조사도 주격조사와 마찬가지로 특수하게 쓰이는 경우가 있습니다. 예를 들면 "학교를 간다."나 "하루를 더 가야 한다."에서와 같이 장소를 나타내는 명사나 시간을 나타내는 명사, 또는 '해수욕, 등산, 낚시, 목욕' 등과 같이 이동의 목적이 되는 명사 뒤에 오는 '을/를'을 말합니다. 이러한 '을/를'의 특수한 쓰임을 목적격조사의 보조적 용법으로 볼 것인지, 아니면 목적격조사 '을/를'과는 별개의 보조용언으로 볼 것인지 아직 의견이 분분한 것으로 알고 있습니다.

그런데 중요한 것은 예를 들면 "학교를 간다."나 "소풍을 간다."의 '을/를'이 이동 동사 앞에 오는 '에'와 완벽히 동일한 것은 아니라는 사실입니다. "학교를 간다."라고 했을 때는 '학교'가 행위의 목적이 되기 때문에 목적을 달성하는 것, 즉 학교에 가는 그 자체가 중요한 것으로 생각됩니다. 하지만 "학교에 간다."라고 하면 '학교'는 행위의 도달점이 되기 때문에 그곳으로 이동해서 이루어지는 어떤 일이나 결과에 중요한 관심이 있는 것 같습니다. 이동의 목적을 나타내는 '을/를'과 결합해서 쓰일 수 있는 동사로는 '가다, 다니다, 걷다, 건너다, 날다, 오다, 떠나다, 지나다' 등이 있는데, 이들 중 몇몇 동사들은 오히려 '에'와 쓰이면 문장이 어색해지기도 합니다.

KEY POINT — '을/를, 에, (으)로'의 목적성과 방향성

한국어의 '을/를'은 '가다, 다니다, 오르다' 등의 동사 앞에서 그 행위가 이루어지는 장소를 나타내는 조사로 쓰일 수 있다. 그런데 부사격조사 '에'와 그 쓰임은 다소 다르다. 대체로 '을/를'은 한 장소 내에서 이동할 때 쓰이고, '에'는 한 장소에서 다른 장소로 이동할 때 쓰인다. 즉, "산을 오른다."는 산 안에 들어선 상태에서 위로 올라간다는 뜻이거나 어떤 목적을 가지고 산을 오른다는 뜻이다. 반면 "산에 오른다."는 산이 아닌 다른 장소에서 산으로 가서 오른다는 뜻을 나타낸다.

즉, '을/를'을 쓰게 되면 목적성이 두드러지고, '에'를 쓰게 되면 방향성이 두드러진다는 것이다. 그래서 일상적인 문장에서 이동성을 띤 서술어 앞에는 '을/를'보다 '에'가 더 일반적으로 사용된다. 또한 이동 동사와 결합하는 '에'는 다시 '(으)로'로 대치될 수도 있는데, '(으)로'가 쓰이면 '을/를'이나 '에'를 쓸 때만큼 앞에 오는 장소가 곧 목적지 또는 도착점이 된다는 의미가 강하게 드러나지 않고 단지 이동의 방향이 그 장소가 있는 쪽이라는 의미가 부각된다.

Q 형용사 '쉽다'의 활용에 대해 설명해 보세요.

A

　용언(用言)에서 변하지 않는 부분을 '어간'이라 하고, 어간 뒤에 붙어서 변하는 부분을 '어미'라고 합니다. 이처럼 어간 뒤에 어미가 번갈아 결합하는 것을 '활용'이라고 합니다. 그런데 용언이 활용될 때 어간과 어미의 모습이 달라지는 경우가 있는데, 이를 보편적인 현상이나 규칙으로 설명할 수 있을 때 '규칙 활용'이라 말하고 그렇지 못할 때를 '불규칙 활용'이라 말합니다. 불규칙 활용은 크게 어간이 바뀌는 경우, 어미가 바뀌는 경우, 어간과 어미가 모두 바뀌는 경우로 나눌 수 있는데, '쉽다'와 같은 'ㅂ' 불규칙은 어간이 바뀌는 경우에 속합니다.

　어간이 'ㅂ'으로 끝나는 용언 중 일부는 어미가 어간 뒤에 붙을 때 'ㅂ'이 '-오/우-'로 변하기도 하고 변하지 않기도 하여 어간의 형태가 불규칙하게 나타나는데, 이를 'ㅂ' 불규칙 활용이라고 합니다. 예를 들어 형용사 '쉽다'는 어간 '쉽-'이 자음으로 시작하는 어미 '-습니다, -지만, -고, -지' 등과 결합할 때는 어간의 모양이 변하지 않습니다. 그러나 모음으로 시작하는 어미 '-었-, -어도, -어서, -(으)면' 등이 뒤에 붙을 때는 어간 끝 'ㅂ'이 '-우-'로 변하여, 각각 '쉬웠어요, 쉬워도, 쉬워서, 쉬우면'과 같은 형태가 됩니다. 반면, '돕다'와 '곱다'는 예외적으로 'ㅂ'이 '-오-'로 변하여 '도와서, 고와서'의 형태로 바뀝니다.

갈래		조건	예	규칙 활용
어간이 바뀌는 경우	'ㅅ' 불규칙	'ㅅ' + 모음 → 'ㅅ' 탈락	붓- + -어 → 부어 낫- + -아 → 나아	벗- + -어 → 벗어 씻- + -어 → 씻어
	'ㄷ' 불규칙	'ㄷ' + 모음 → 'ㄷ'이 'ㄹ'로 바뀜	듣- + -어 → 들어 걷- + -어 → 걸어	묻[埋]- + -어 → 묻어 얻- + -어 → 얻어
	'ㅂ' 불규칙	'ㅂ' + 모음 → 'ㅂ'이 '-오/우-'로 바뀜 → '돕다, 곱다'만 '-오-'로 바뀜	돕- + -아 → 도와 줍- + -어 → 주워	잡- + -아 → 잡아 뽑- + -아 → 뽑아
	'ㄹ' 불규칙	'ㄹ' + '-아요/어요, -아서/어서, -았/었습니다' → 'ㄹ'의 모음 'ㅡ' 생략, 'ㄹ' 삽입	모르- + -아 → 몰라 흐르- + -어 → 흘러	따르- + -아 → 따라 치르- + -어 → 치러
	'ㅜ' 불규칙	'ㅜ' + 모음 → 'ㅜ' 탈락	푸- + -어 → 퍼	주- + -어 → 줘 두- + -어 → 둬
어미가 바뀌는 경우	'여' 불규칙	'하-' + '-아/어' → '-아/어'가 '-여'로 바뀜	공부하- + -어 → 공부하여	파- + -아 → 파
	'러' 불규칙	'ㄹ' + '-어' → '-어'가 '-러'로 바뀜	이르[至]- + -어 → 이르러 푸르- + -어 → 푸르러	치르- + -어 → 치러
	'오' 불규칙	'달/다-' + 명령형 어미 → 명령형 어미가 '-오'로 바뀜	달/다- + -어라 → 다오	주- + -어라 → 주어라
어간과 어미가 바뀌는 경우	'ㅎ' 불규칙	'ㅎ'으로 끝나는 어간 + '-아/어' → 'ㅎ' 탈락, 어미 바뀜	하얗- + -아 → 하얘 파랗- + -아 → 파래	좋- + -아 → 좋아 놓- + -아 → 놓아

실제 기출 미리 보기

- 동사의 현재형 활용을 설명해 보세요.
- 용언의 불규칙에 대해 모두 말해 보세요.
- 'ㄷ 불규칙'과 'ㄷ 규칙'을 설명하고 예를 들어 보세요.

Q '노랗다, 빨갛다, 파랗다' 등은 '노래, 빨개, 파래'라고 할 수 있지만, '초록색'은 '초래'라고 할 수 없는 이유를 설명해 보세요.

A

　한국어 중에서 색깔을 나타내는 고유어는 '하양, 깜장, 빨강, 파랑, 노랑' 등이 있습니다. 이들을 나타내는 색채 형용사 '하얗다, 까맣다, 빨갛다, 파랗다, 노랗다'는 모두 모음으로 시작하는 어미 '-아'와 결합할 경우 '하얗다'는 '하얘', '까맣다'는 '까매', '빨갛다'는 '빨개', '파랗다'는 '파래', 그리고 '노랗다'는 '노래'로 활용할 수 있습니다. 하지만 이 다섯 가지 색을 제외한 다른 색들은 그러한 색을 나타내는 형용사가 없기 때문에, '-아/어'와 같은 어미와 결합한 활용형도 없는 것입니다. 따라서 초록색을 나타내는 '초래'와 같은 활용형은 쓸 수가 없습니다.

KEY POINT ✎ **한글 맞춤법 제18항**

다음과 같은 용언들은 어미가 바뀔 경우, 그 어간이나 어미가 원칙에 벗어나면 벗어나는 대로 적는다.
3. 어간의 끝 'ㅎ'이 줄어질 적
　형용사의 어간 끝 받침 'ㅎ'이 어미 '-네'나 모음 앞에서 줄어지는 경우, 준 대로 적는다.
　다만, 어미 '-아/어'와 결합할 때는 '-애/에'로 나타난다.
　예 노랗다: 노라네(노랗네), 노란(노랗은), 노라니(노랗으니), 노래(노랗아), 노래지다(노랗아지다)
　　　허옇다: 허여네(허옇네), 허열(허옇을), 허여면(허옇으면), 허예(허옇어), 허예지다(허옇어지다)
　어간 끝에 'ㅎ' 받침을 가진 형용사 중 '좋다' 이외의 단어는 모두 이에 해당한다.

Q "창문을 열는 사람이 누구예요?"의 오류 지도 방법을 말해 보세요.

A

예시답변

　"창문을 열는 사람이 누구예요?"에서 '열는'은 잘못된 표현, 즉 오류입니다. '열다'의 '열-'은 그 뒤에 '-ㄴ, -ㅂ, -시-' 등과 같이 음운 'ㄴ, ㅂ, ㅅ'를 첫소리로 가지는 어미와 결합할 때, 어간 '열-'에서 말음 'ㄹ'이 탈락해 '연, 엽니다, 여십니다'와 같이 활용됩니다. 이를 'ㄹ' 탈락이라 하는데, 한국어에서 '울다, 살다, 놀다, 멀다' 등 어간 말음을 'ㄹ'로 하는 모든 용언은 이러한 규칙이 필수적으로 적용되기 때문에 이것을 불규칙 활용이 아닌 탈락, 즉 규칙 활용이라고 하는 것입니다.

실제 기출 미리 보기

- '날다'와 같은 'ㄹ 불규칙 용언'의 예를 들고 활용에 대하여 설명해 보세요.
- '만들은'과 '만든' 중에서 무엇이 맞습니까?

■ 'ㄹ' 탈락

불규칙 활용은 아니지만 어간의 형태가 변하는 것으로 'ㄹ' 탈락이 있다. 'ㄹ' 탈락은 'ㅡ' 탈락과 함께 한국어에서 규칙 활용이면서도 어간의 형태가 변한다. 이들을 규칙 활용이라고 하는 것은 예외 없이 모든 낱말에 적용되기 때문이다.

예 울- + -는 → 우는

'ㄹ'을 어간 말음으로 갖는 모든 낱말은 어미 '-는'과 결합하면 예외 없이 어간의 'ㄹ'이 탈락한다. 'ㄹ' 탈락의 환경은 불규칙 활용의 경우와는 다른데, 'ㄹ' 탈락은 어미의 종류가 달라지는 것이 아니라, 어미의 첫소리에 따라 달라져 다음과 같은 소리로 시작하는 어미가 오면 'ㄹ'이 탈락한다.

㉠ '-ㄴ'으로 시작하는 어미

예 울- + -는 → 우는 / 울- + -니 → 우니

풀- + -는 → 푸는 / 풀- + -니 → 푸니

㉡ '-(으)ㄴ'으로 시작하는 어미

예 울- + -(으)니까 → 우니까 / 울- + -(으)ㄴ → 운

풀- + -(으)니까 → 푸니까 / 풀- + -(으)ㄴ → 푼

㉢ '-(으)시-'로 시작하는 어미

예 알- + -시지요 → 아시죠

㉣ '-ㅂ니다, -ㅂ니까'가 붙는 경우

예 살다: 삽니다/삽니까

놀다: 놉니다/놉니까

울다: 웁니다/웁니까

㉤ '-(으)ㄹ'로 시작하는 어미

예 울- + -ㄹ / 풀- + -ㄹ / 널- + -ㄹ / 열- + -ㄹ

㉤의 경우는 발음이 불가능하지만 발음을 가능하게 하는 두 가지 방법이 있다. 하나는 다시 '으'를 살려 [울을 (일), 풀을 (문제), 널을 (빨래), 열을 (문)]처럼 발음하는 방법이고, 다른 하나는 두 'ㄹ' 중 하나를 없애 [울 (일), 풀 (문제), 널 (빨래), 열 (문)]처럼 발음하는 경우이다. 그러나 이미 전 단계에서 '으'가 탈락하기 때문에 후자의 경우를 표준 발음으로 한다.

■ 'ㅡ' 탈락

모음 탈락 중 가장 보편적인 것이 'ㅡ' 탈락이다. 'ㅓ/ㅏ' 탈락은 대체로 수의적으로 일어나지만, 'ㅡ' 탈락은 거의 모든 경우에 필수적으로 일어나기 때문이다. 특별히 용언의 어간과 어미가 결합할 때에는 불규칙 활용의 경우를 제외하고는 예외 없이 적용된다. 즉, 'ㅡ' 모음은 다른 모음을 만나면 항상 탈락하며 이것은 표기법에 반영된다.

㉠ 'ㅡ' 모음으로 끝나는 어간과 모음으로 시작하는 어미가 결합하는 경우

예 크- + -어/아 → 커, 쓰- + -어/아 → 써

㉡ 모음으로 끝난 어간과 'ㅡ' 계열의 어미가 결합할 때 어미의 모음 'ㅡ'가 탈락하는 경우

예 담그- + -어/아 → 담가, 따르- + -어/아 → 따라

㉢ 명사의 경우에는 다르다. 'ㅡ' 모음으로 끝난 명사는 뒤에 모음으로 시작하는 조사가 오더라도 'ㅡ' 모음이 탈락하지 않는다. 이것은 한국어의 명사는 불변화사라는 특징 때문이다. 즉, 한국어의 명사는 어떤 경우에도 형태가 바뀌지 않는다.

예 그 + 에게 → 그에게, 버스 + 에 → 버스에

바다 + (으)로 → 바다로, 위 + (으)로 → 위로

한국어 문형의 실현 1: 법(法)

Q 높임법의 유형을 말해 보세요.

A

Q 한국어는 높임법이 발달한 언어입니다. 학교 문법과 한국어 문법에서의 높임법 교육에 차이가 있다고 생각하십니까?

A

    한국어는 높임법이 발달한 언어이지만, 외국어로서의 한국어 교육 현장에서는 높임법이 학교 문법에서와 같이 그 중요성이 크지 않다고 생각됩니다. 특히 상대 높임법이 그러한데, 상대 높임의 등급을 세분화했을 때 '예사 높임'과 '예사 낮춤' 형태는 한국 사회에서 살아간다 해도 외국인으로서는 사용하거나 들을 기회가 별로 없기 때문입니다. 실제로 한국어 교육 과정이나 교재들도 일반적으로 1급에서 '아주 높임'에 해당하는 형태들을 제시하고 있고, 2급 후반부나 3급 전반부에서 '아주 낮춤'에 해당하는 형태들을 다루고 있을 뿐, '예사 높임'이나 '예사 낮춤'에 해당하는 형태는 고급 수준에서 문학 작품 등을 통해 간간히 접할 수 있는 것 외에는 거의 다루지 않고 있습니다. 따라서 한국어 교육 현장에서는 상대적으로 선어말어미 '-(으)시-'나 몇몇 조사와 어휘를 통해 실현되는 주체 높임법과 주로 특정한 동사를 통해 실현되는 객체 높임법이 주요 교육 내용이 된다고 할 수 있습니다.

KEY POINT — 높임법의 유형

■ **주체 높임법**: 문장에서의 주어에 대하여 높임의 태도를 나타내며, 주체를 높이는 대표적인 방법은 동사, 형용사, '명사 + 이다'의 어간 뒤에 높임의 선어말어미 '-(으)시-'를 붙이는 것이다. 주체 높임법은 주격조사에 의해서도 실현된다('이/가' → '께서').
  예 어제 할아버지께서 서울에 오셨습니다.

■ **객체 높임법**: 서술의 객체에 대해 높임의 태도를 나타내는 방법으로서, 주로 동사에 의해 실현된다.
  예 나는 그 책을 선생님께 드렸다.

■ **상대(청자) 높임법**: 화자가 특정한 종결어미를 사용하여 청자를 높이거나 낮추어 말하는 방법이다. 그 높임의 정도에 따라 다음과 같이 네 가지 등급으로 나눌 수 있다.
  예 선생님, 저는 책을 읽는 것을 좋아합니다.

등급	평서형	의문형	명령형	청유형	감탄형
아주 높임	합니다	합니까	하십시오	하십시다	합니다
예사 높임	하오	하오	하(시)오	합시다	하오
예사 낮춤	하네	하나/하는가	하게	하세	하네
아주 낮춤	한다	하느냐	해라	하자	하는구나

Q "사장님, 김 과장님은 외출하셨습니다."에 사용된 높임법의 유형을 설명해 보세요.

A

Q "할아버지, 아버지는 아직 안 들어왔습니다."에 사용된 높임법의 지도 방법을 말해 보세요.

A

　주체가 말하는 사람 편에서 보면 높여야 할 대상이더라도 듣는 사람이 주체보다 더 높은 사람일 경우에는 '-(으)시-'를 쓰지 않는 것이 원칙입니다. 예를 들어 할아버지에게 아버지가 아직 안 들어 왔다는 얘기를 전할 때, 행위의 주체가 되는 아버지는 화자인 내게는 높임의 대상이지만 내 얘기를 듣는 청자, 즉 할아버지에게는 그렇지 않기 때문에 "할아버지, 아버지는 아직 안 들어왔습니다."라고 말하는 것이 원칙적으로 맞습니다. 그러나 언중 사이에 쓰임이 많기 때문에 "할아버지, 아버지는 안 들어오셨습니다."라는 표현도 규범적으로 허용은 하고 있다고 알고 있습니다. 단, 이러한 원칙과 허용은 대화가 이루어지는 상황에 따라 차이가 있는데, 예를 들어 "사장님, 김 과장님은 외출하셨습니다."라는 말은 맞지만, "사장님, 김 과장님은 외출했습니다."라는 말은 틀린 문장으로 분류됩니다. 물론 주어로 등장하는 주체(김 과장)가 말하는 사람보다는 직위가 높고 듣는 사람보다는 직위가 낮지만, 직장에서는 비록 듣는 사람이 주어로 등장하는 주체보다 더 직위가 높을지라도 그 주체가 말하는 사람보다 직위가 높으면 듣는 사람과 관계없이 반드시 '-(으)시-'를 붙여 주체를 높여 주어야 하기 때문입니다.

KEY POINT 압존법

- 압존법은 문장의 주체가 청자보다 지위가 낮을 경우 주체에 대해 높임법을 사용할 수 없는 어법이다. 그러나 2011년에 국립국어원에서 발표한 '표준 언어 예절'에서는 주체가 청자보다 지위가 낮더라도 높여 부르는 것을 인정하였다. 이것은 압존법이 폐지된 것이 아니라 일상에서 자주 쓰이는 표현으로 인정한 것이다.
- 압존법은 가족이나 친·인척, 친한 사이에서는 사용하는 데 문제가 없지만, 직장이나 사회에서는 적용되지 않는다. 직장에서의 일반적인 높임 표현에서는 "사장님, 부장님이 오늘 출근을 안 하셨습니다."와 같이, 청자와 주체의 관계에 상관없이 '-님'이라는 호칭과 주체 높임의 선어말어미 '-(으)시-'를 모두 사용하는 것을 권장한다.

Q '계시다'와 '있으시다'의 차이를 예를 들어 설명해 보세요.

A

'계시다'와 '있으시다'는 모두 '있다'의 주체 높임 표현입니다. 주어의 소유물이나 가족 등 주어와 관련된 대상의 존재 여부를 선어말어미 '-(으)시-'를 사용해 주어를 간접적으로 높이는 표현은 '있으시다'이고, 주어를 직접 높이는 표현은 '계시다'입니다. 예를 들어 "아버지께서 집에 계십니다."라고 하면 주어인 '아버지'를 직접 높이는 것이고, "아버지는 약속이 있으십니다."라고 하면 아버지와 관계가 있는 '약속'에 대해 '-(으)시-'를 사용해 표현함으로써 주어인 아버지를 간접적으로 높이는 것입니다.

실제 기출 미리 보기

- 외국인에게 한국어의 경어법을 설명해 보세요.
- '주다'와 '드리다'의 차이점을 설명해 보세요.

Q 부정 표현 '안'과 '못'의 차이는 무엇입니까?

A

Q "점심에 안 식사했다."의 오류를 수정해 보세요.

A

　"점심에 안 식사했다."라는 문장은 "점심에 식사 안 했다."로 바꿔야 맞습니다. '식사하다'와 같이 '명사'와 '하다'의 결합 형태로 이루어진 동사들은 짧은 부정의 형태를 만들 때, '명사'와 '하다' 사이에 부정소(否定素, Negative Element) '아니(안)'나 '못'을 넣어야 합니다. 따라서 앞의 문장에서 식사를 한 행위를 부정하고 싶으면 "점심에 식사 안 했다."라는 짧은 부정으로 만들거나 혹은 긴 부정이라면 "점심에 식사하지 않았다."로 만들어 사용해야 합니다.

실제 기출 **미리 보기**

- "책을 안 읽다."와 "책을 못 읽다."의 차이는 무엇입니까?
- 왜 "못 알아요."는 안 되고, "알지 못해요."는 가능한 표현입니까?

KEY POINT ✎ **부정법**

- 한국어의 부정법은 부정어의 종류에 따라 '안' 부정법, '못' 부정법, '말다' 부정법 등으로 나뉜다. '안' 부정은 주어의 속성이나 의지에 의한 부정을 표현하고, '못' 부정은 주어의 능력이나 외부적 이유로 어떤 행위를 할 수 없음을 나타낸다. '말다' 부정법은 동사 어간에 '-지 말다'를 붙여 부정문을 만드는 방법으로, 명령문과 청유문을 부정할 때 쓰인다.
- '안' 부정법과 달리 '못' 부정법은 서술어가 '명사 + 이다'의 형태이거나 형용사, 상태 동사일 때는 쓰일 수 없고, 동작 동사하고만 성립이 가능하다.
  - 예 지수는 안 예쁘다. (○)
    지수는 못 예쁘다. (×)
    저는 못 선생님이에요. (×)
    가방이 못 비싸요. (×)
- 단, 서술어가 형용사일지라도 말하는 사람의 기대에 미치지 못함을 표현할 경우에는 '못' 부정이 가능하다.
  - 예 넉넉하다 → 넉넉하지 못하다
    우수하다 → 우수하지 못하다

Q 길이에 따른 부정법을 설명해 보세요.

A

Q "학생들이 다 가지 않았다."와 "학생들이 다 가지 못했다."의 차이를 설명해 보세요.

A

"학생들이 다 가지 않았다."와 "학생들이 다 가지 못했다."라는 문장은 모두 긴 부정의 형태입니다. '안' 부정법의 경우에는 '명사'와 '이다'가 결합하는 구조를 제외하고는 동사나 형용사의 어간 뒤에 '-지 않다'를 붙여 만듭니다. 그리고 '못' 부정법의 경우에는 동사나 형용사의 어간 뒤에 '-지 못하다'를 붙여 만듭니다. 그런데 짧은 부정이든 긴 부정이든 '안' 부정과 '못' 부정은 그 발화 의도나 문장의 의미에 차이가 있는데, 예를 들어 "학생들이 다 가지 않았다."라고 하면 학생들이 갈 의지나 의욕이 없어서 그러한 결과가 생겼다는 의미가 되고, 반면에 "다 가지 못했다."라고 하면 학생들이 설사 갈 의지가 있었더라도 갈만한 능력이 없거나 상황이 안 돼서 그러한 결과가 생겼다는 의미가 됩니다. 이렇게 '안' 부정법은 기본적으로 '자신의 의지에 따라 안 하기로 결정하다.'라는 의미가 내포되어 있기 때문에 '알지 않다, 견디지 않다, 깨닫지 않다'와 같이 자신의 의도와 상관없이 처한 상황을 나타내는 용언과는 함께 쓰일 수 없습니다.

KEY POINT 🖊 **부정 표현**

■ 길이에 따른 부정 표현

짧은 부정	긴 부정
'부정 부사 안/못 + 서술어' 형태 예 지수는 학교에 안 간다. 　　지수는 학교에 못 간다.	'서술어 + -지 않다, 못하다, 말다' 형태 예 지수가 집에 가지 않는다. 　　지수가 집에 가지 못한다.

■ 부정문에 '다, 모두'와 같이 수량을 나타내는 말이 있을 때에는 '전체 부정'과 '부분 부정'의 두 가지 의미로 해석이 가능하다.
　예 학생들이 다 안 갔다. (전체 부정)
　　　학생들이 다 가지(는) 않았다. (부분 부정)
　　　학생들이 모두 학교에 가지 않았다. (전체 부정)
　　　학생들이 학교에 모두 가지(는) 않았다. (부분 부정)

Q "철수가 집에서 밥을 먹지 않았다."를 중의적 표현으로 설명해 보세요.

A

　"철수가 집에서 밥을 먹지 않았다."라는 문장이 나타내는 의미는 발화 상황에 따라 네 가지로 해석될 수 있습니다. 먼저 첫 번째로는 '철수가 집이 아닌 다른 곳에서 밥을 먹었다.'라고 해석할 수 있는데, 이러한 해석은 '먹지 않았다'라는 부정의 범위가 문장의 부사어인 '집에서'에 걸린다고 본 결과입니다. 두 번째로 가능한 해석은 '철수가 집에서 밥이 아닌 다른 것을 먹었다.'라는 것입니다. 이 경우에는 서술어에 포함된 부정의 범위가 문장의 목적어인 '밥을'에 걸려 있다고 해석하고 있는 것입니다. 세 번째 해석은 '철수가 아닌 다른 사람이 집에서 밥을 먹었다.'라는 것인데, 이것은 부정의 대상을 문장의 주어인 '철수가'로 한정하고 있는 것입니다. 마지막 네 번째는 '철수가 집에서 밥을 먹은 게 아니라 다른 행동을 했다.'라고 해석하는 것으로서 서술어에 포함된 행위 자체를 부정하는 것으로 보는 해석이며, 이러한 중의성을 갖는 이유는 부정의 대상이나 범위를 앞의 모든 문장 성분으로 둘 수 있기 때문입니다.

실제 기출 미리 보기

• "나는 영수와 철수를 만나러 갔다."의 중의적 표현을 설명해 보세요.

Q 피동 표현을 설명해 보세요.

A

Q "아기가 엄마의 젖을 먹는다."를 피동문으로 바꿔 설명해 보세요.

A

문장에서 누가 동작이나 행위를 하느냐에 따라 능동문과 피동문으로 나눌 수 있습니다. 주어가 어떤 동작을 하는 주체가 되는 문장을 '능동문'이라 하고, 주어가 다른 사람이나 대상으로부터 어떤 행위의 작용을 받게 되는 문장을 '피동문'이라 합니다. 그런데 피동문 중에서는 "범인이 경찰에게 쫓긴다."와 "경찰이 도둑을 쫓는다."의 관계에서와 같이 거기에 대응되는 능동문이 존재하는 경우도 있지만, "날씨가 풀렸다."나 "구름이 걷히다."처럼 능동문을 상정하기가 어려운 경우도 있습니다. 동작이 주어의 의지와 관계없이 일어나는 경우나 인위적인 행동 영역 밖에 있을 때는, 앞의 문장처럼 피동문만 가능하고 능동문은 성립되기 어렵다고 생각합니다.

반대로 능동문만 가능하고 대응되는 피동문이 성립되기 어려운 경우도 있는데, 바로 "아기가 엄마의 젖을 먹는다."가 그러한 예가 될 수 있습니다. 이 문장을 피동문으로 바꾸려면 목적어인 '엄마의 젖'이 피동문에서 주어 자리로 가야 하는데, 피동문의 주어 명사구가 무정물일 때는 그것이 성립되지 않습니다. "철수가 밥을 먹었다."나 "영희가 책을 읽었다."라는 능동문에 대응되는 피동문, 즉 "밥이 철수에게 먹혔다."나 "책이 영희에게 읽혔다."가 성립되기 어려운 것도 그러한 이유에서입니다.

KEY POINT ✎ **피동문과 피동 접사**

- 피동문(被動文, Passive Sentence)은 문장에서 일정한 문법적 요소나 구성에 의하여 주어로 나타난 대상이 어떤 행위를 일으키는 입장이 아니라, 문장의 다른 성분에 속하는 대상에 의하여 어떤 행위나 작용을 받는 의미론적 관계에 놓여 있는 문장을 말한다. 이에 대하여 주어로 나타난 대상이 행위를 일으키는 의미론적 관계에 놓여 있는 문장을 능동문(能動文, Active Sentence)이라고 부를 수 있다. 능동문을 이루는 동사를 '능동사'라 하고, 피동문을 이루는 동사를 '피동사'라고 하는데, 피동사는 능동사에 '-이-, -히-, -리-, -기-'와 같은 피동 접사를 첨가함으로써 형성된다.

  예 보다 → 보이다, 잡다 → 잡히다, 열다 → 열리다, 감다 → 감기다

- 피동은 통사적 구성을 통해 실현되기도 하는데, 동사 어간에 '-아/어지다'를 결합한 형태가 거기에 해당한다. 또한 '동사 + -게 되다'의 형태가 피동의 성격을 띠는 경우도 있는데, '-게 되다' 표현을 진정한 피동 표현으로 볼 것인가에 대해서는 이견이 많다. 대부분의 피동문은 자동사의 형태를 취하는데, '결정하게 되다'와 같은 경우에는 타동사의 성격을 그대로 지니고 있기 때문이다.

Q 사동 표현을 설명해 보세요.

A

Q "아이가 밥을 먹는다."를 사동문으로 바꿔 설명해 보세요.

A

사동이란 어떤 행동의 주체가 다른 행동의 주체로 하여금 어떤 일을 하게 하는 의미론적 관계를 말합니다. 이에 대해서 어떤 행동의 주체가 다른 행동의 주체에게 행위를 시키지 않고 자신이 어떤 행위를 하는 것을 주동이라고 합니다. 한국어에서 사동문은 주동사에 접사 '-이-, -히-, -리-, -기-, -우-, -구-, -추-'를 붙여 만든 사동사에 의해 성립되기도 하고, 또 동사 어간에 '-게 하다'라는 통사적 구성을 결합해 만들기도 합니다.

예를 들어 "아이가 밥을 먹는다."라는 문장의 사동문은 주동사 '먹는다'에 접사 '-이-'를 넣어 '먹인다'로 바꾸어 만들 수도 있고, 아니면 주동사의 기본형 '먹다'에 '-게 하다'를 붙여 '먹게 한다'로 바꾸어 만들 수도 있습니다. 이처럼 사동문을 만들 때는 주동문에 없던 행동의 주체가 등장해야 하기 때문에 앞의 문장의 경우에는 "엄마가 아이에게 밥을 먹인다."나 "엄마가 아이에게 밥을 먹게 한다."라는 사동문이 성립될 수 있습니다.

그런데 같은 사동문이라고 해도 전자와 같이 접사를 넣어 만든 사동문, 즉 단형 사동의 경우에는 행동의 주체가 또 다른 행동의 주체에게 그 행위를 직접 해 줄 수도 있고, 또 단지 그 행위를 하도록 시키기만 한다는 의미일 수도 있어서 직접과 간접 두 가지로 해석이 되지만, '-게 하다' 구성의 장형 사동인 경우에는 그 행위를 하도록 시킨다는 간접 사동의 의미로만 해석됩니다.

KEY POINT ✏️ **사동문과 사동 접사**

■ 주어가 직접 동작하는 것을 주동이라 하고, 주어가 남에게 동작을 하도록 하는 것을 사동이라 하며, 주동과 사동이 문법적인 절차에 의해 표현된 문장을 각각 주동문과 사동문(使動文, Causative Sentence)이라고 한다.

■ 사동문을 만드는 방법

유형	사용법	용례	비고
단형 사동	용언의 어근 + '-이-, -히-, -리-, -기-, -우-, -구-, -추-'	속이다, 묻히다, 들리다, 맡기다, 지우다, 솟구다, 낮추다	시키다
	용언의 어근 + [이] + [ㅜ]	세우다, 재우다	
장형 사동	용언의 어간 + '-게 하다'	속게 하다, 묻게 하다, 들게 하다, 맡게 하다	
	단형 사동 + '-게 하다'	속이게 하다, 묻히게 하다, 들리게 하다, 지우게 하다	

Q 일부 피동 접사와 사동 접사는 외형이 같습니다. 어떻게 구분할 수 있는지 말해 보세요.

A

Q 피동문과 사동문의 문장 구조에 대해 설명해 보세요.

A

피동사와 사동사는 외형적으로 모양이 같은 경우가 있습니다. 예를 들어 "저 산이 너에게 잘 보이니?"라는 피동문의 '보이다'와 "이 책은 너에게만 보이겠다."라는 사동문의 '보이다'는 형태는 같지만, 각각 문장에서 피동과 사동으로서 다른 기능을 수행하고 있습니다. 또한 파생되기 전 기본형은 다르지만 피동과 사동으로 파생된 후 모양이 같아진 경우도 있습니다. 예를 들어 "가방을 들다."라는 문장의 '들다'를 사동사로 바꾸었을 때 '들리다'가 되는데, "음악을 듣다."의 '듣다'도 피동사로 바꾸면 '들리다'가 됩니다. 물론 이러한 경우에는 두 동사의 기본 의미 자체가 다르기 때문에 문장을 통해 쉽게 피동 또는 사동 여부를 확인할 수 있지만 '보이다'와 같은 경우에는 목적어의 유무를 통해 피동 또는 사동 여부를 확인할 수 있습니다. 일반적으로 사동문에는 목적어가 있지만, 피동문에는 목적어가 없기 때문입니다.

KEY POINT ✎ **피동문과 사동문의 문장 구조**

■ 능동문 → 피동문

ⓒ 경찰이 ㉠ 도둑을 ⓔ 쫓는다. → ㉠ 도둑이 ⓒ 경찰에게 ⓔ 쫓긴다.
　(주어)　(목적어)　(서술어)　　　(주어)　　(부사어)　(서술어)

– 목적어 '도둑을'이 주어인 '도둑이'로 바뀐다.
– 원래의 주어 '경찰이'는 '경찰에게'와 같이 부사어로 바뀐다.
– 능동사 '쫓는다'가 피동사 '쫓긴다'로 바뀐다.

■ 주동문 → 사동문

ⓒ 아이가 ⓒ 우유를 ⓔ 먹었다. → ㉠ 엄마가 ⓒ 아이에게 ⓒ 우유를 ⓔ 먹였다.
　(주어)　(목적어)　(서술어)　　　(주어)　　(부사어)　(목적어)　(서술어)

– 새로운 주어(행동의 주체) '엄마가'가 등장한다.
– 주동문의 주어 '아이가'가 부사어 '아이에게'로 바뀐다.
– 주동사 '먹었다'가 사동사 '먹였다'로 바뀐다.

Q 한국어에서 어미가 특히 중요한 이유는 무엇입니까?

A

Q 활용어미를 설명해 보세요.

A

활용어미는 어말어미와 선어말어미로 나눌 수 있습니다. 선어말어미는 주체 높임, 시제와 동작상, 또는 양태 등의 의미를 나타내고, 어말어미는 문장을 종결하는 기능을 하는 종결어미와 비종결어미로 나뉩니다. 그중 종결어미는 그 유형에 따라 문장을 평서문, 감탄문, 의문문, 명령문, 청유문 등으로 실현하는 기능을 수행하고, 또한 그 사태에 대한 화자의 심리적 태도를 나타내는 문법 범주, 이른바 서법(Mood)을 실현하기도 합니다. 그리고 어말어미 중 비종결어미에 속하는 것으로는 앞뒤의 말을 연결해 주는 연결어미와, 용언이 다른 품사의 기능을 수행하게 하는 전성어미가 있습니다.

선어말어미는 항상 동사의 어간과 어말어미 사이에 나타나기 때문에 그 자체로 서술어를 완성할 수는 없습니다. 선어말어미의 의미 기능은 용언의 어간과 어말어미 사이에서 주로 높임이나 시제, 양태와 같은 문법적 의미를 표시합니다. 이처럼 교착어인 한국어는 용언의 어간에 시제나 서법 등을 나타내는 문법 형태들이 규칙적으로 덧붙어서 갖가지 문법 기능을 수행하고 있습니다. 또한 영어 등의 굴절어와는 달리 문법형태소들이 실질형태소와 뚜렷이 구분되어 결합하기 때문에 한국어 어미를 바르게 이해하고 사용하는 것이 더욱 중요하다고 생각합니다.

KEY POINT ✎ 한국어의 어미 체계

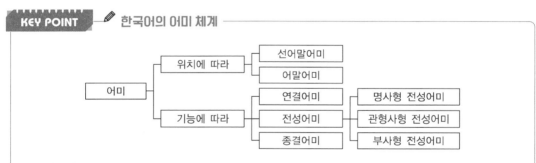

- 선어말어미: 어말어미 앞에 나타나는 어미로서, 높임을 나타내는 '-(으)시-', 공손을 나타내는 '-옵-', 시제를 나타내는 '-(으)ㄴ-, -는-, -았/었-, -겠-' 등이 있다.
- 어말어미: 제일 뒤에 나오는 어미로서, 선어말어미를 제외한 모든 어미가 여기에 속한다.
- 연결어미: 용언의 어간에 붙어 다음 말을 연결하는 구실을 하는 어미를 말하는데, 이러한 연결어미는 앞뒤의 말을 어떤 의미 또는 기능적 관계로 연결하느냐에 따라 대등적 연결어미, 보조적 연결어미, 종속적 연결어미로 나눌 수 있다.
- 전성어미: 용언의 어간에 붙어 용언이 다른 품사의 기능을 수행하게 하는 어미인데, 어떤 기능을 수행하게 하느냐에 따라 명사형 전성어미, 관형사형 전성어미, 부사형 전성어미로 나눌 수 있다.
- 종결어미: 한 문장을 끝맺는 어말어미로서, 종결어미에 따라 문장의 유형(평서문, 감탄문, 의문문, 명령문, 청유문)이 결정된다.

Q 선어말어미 '-았/었-'의 기능을 설명해 보세요.

A

Q "우리 학교가 우승을 했어."와 "우리 학교가 우승을 했었어." 두 문장의 차이는 무엇입니까?

A

예시답변

　문장의 서술어에서 과거 시제는 선어말어미 '-았/었-'에 의해 실현되는데, 그 행위의 결과 상태나 행위가 일어난 시간에 대한 화자의 인식에 따라 '-았/었-'의 중복 형태인 '-았었/었었-'이 사용되기도 합니다. 이 형태는 주로 과거의 사건이나 사실이 현재와 다르거나, 말할 때보다 훨씬 오래전에 일어나 현재와는 시간상 거리가 멀어 단절되어 있음을 표현하기 위해 사용된다고 할 수 있습니다. 예를 들어 "아까 전화가 왔었어요."라고 하면, 과거에 전화가 온 적이 있으나 현재 전화가 와 있는 상태는 아니라는 사실을 나타내고, "전화가 왔어요."라고 하면 현재 전화가 와 있다는 것을 나타낸다고 생각합니다. 또 다른 예로 "나는 어제 친구를 만나러 부산에 갔었다."라고 말하면, 지나간 시간에 부산에 간 경험이 있으나 현재는 부산에 있지 않음을 나타내고, "지수는 어제 친구를 만나러 부산에 갔다."라고 하면 '지수'가 부산에 가서 현재 여기에 없다는 의미를 나타내는 것입니다.

　마찬가지로 "우리 학교가 우승을 했었어."라는 말은 과거에 우승한 적이 있지만 현재까지 그 우승의 영향이나 결과가 남아 있지는 않다는 것을 나타내고, "우리 학교가 우승했어."라는 말은 발화시점 당시나 혹은 그 시점에서 가까운 과거에 우승했기 때문에 그 영향이나 상태를 유지하고 있다는 것을 나타내는 것으로 생각됩니다.

KEY POINT 　✎ **선어말어미 '-았/었-'의 기능**

- 과거 시제를 나타내는 선어말어미이다.
  선어말어미 '-았/었-'은 과거 시제를 나타내는 시간 부사어의 존재와 관계없이 항상 과거를 나타낸다.
  예 나는 아까 이 책을 읽었어요.
  　나는 이 책을 읽었어요.
- 현재 상황을 기술한다. (과거에 이루어진 사태의 결과가 현재에 남아 있는 상황)
  예 철수가 왔습니다. → 철수가 와 있습니다.
  　돈이 많이 남았다. → 돈이 많이 남아 있다.
- 앞으로 일어날 일인데도 그 행위의 확실성을 강조하고자 할 때 사용한다.
  예 우리는 이제 큰일 났다.
  　(선생님이 오시는 것을 보고 있으면서) 선생님 오셨어!
- 단순한 과거가 아니라, 사건이 완결된 것을 표현하기도 한다.
  예 철수는 학교에 가다가 돌아왔다. → 중단의 의미
  　철수는 학교에 갔다가 돌아왔다. → 완료의 의미

실제 기출 미리 보기

• 과거 시제를 활용하여 문장을 만들어 보세요.

Q '-(으)ㅁ'과 '-기'에 대해 설명해 보세요.

A

'-(으)ㅁ'과 '-기'는 모두 동사나 형용사가 명사와 같이 주어나 목적어의 기능을 하도록 만들어 주는 명사형 전성어미입니다. 이 중 '-(으)ㅁ' 명사절은 글로 표현할 때는 '관형사형 전성어미 + 것'으로 대체되는 경우가 많습니다. 따라서 대부분의 '-(으)ㅁ' 명사절은 '관형사형 전성어미 + 것' 명사절로 바꿔 쓸 수가 있습니다. 그러나 '-(으)ㅁ'과 '-기'는 서로 바꿔 쓸 수 없는 경우가 많습니다. 이러한 차이는 두 어미가 갖는 의미 차이 때문이기도 하지만 이 명사절들을 안은 문장에 나타난 서술어의 차이에 의한 경우가 많습니다. 두 명사절과 결합하는 서술어들의 차이를 분명하게 구별하기는 어렵지만, 대체로 '-(으)ㅁ'과 잘 어울리는 서술어는 '보다, 듣다, 알다, 옳다, 중요하다' 등과 같이 특정 상황에 대한 인식과 관련된 동사나 형용사인 반면, '-기'와 잘 어울리는 서술어는 인식과는 다소 거리가 먼 동사 또는 형용사입니다.

또한 '-(으)ㅁ'과 '-기'는 높임을 나타내는 '-(으)시'와 함께 쓰일 수 있습니다. 그런데 '-(으)ㅁ'은 시제를 나타내는 어미와도 함께 쓰일 수 있는 반면, '-기'는 시제를 나타내는 어미와 함께 사용되면 어색한 경우가 많습니다. 이것은 '-(으)ㅁ'이 이미 일어난 사실이나 알고 있는 사실을 나타낼 때 사용되는 데 반해, '-기'는 의미상으로 아직 결정되지 않는 일이나 동작의 과정, 방법을 나타내는 일에 많이 사용되기 때문입니다.

Q "이것은 내가 보던 책이다."에 사용된 관형사형 전성어미는 어떤 의미로 해석할 수 있는지 말해 보세요.

A

Q '읽던, 읽은, 읽을, 읽는'의 차이를 설명해 보세요.

A

　　하나의 문장을 관형절로 만들 때에는 관형사형 전성어미를 이용하는데, 관형사형 전성어미는 앞에 동사와 형용사 중 어떤 것이 오는지에 따라, 또 어떤 시제를 나타내는지에 따라 사용하는 형태가 다릅니다. 먼저 동사의 경우에는 시제가 현재일 때는 '-는', 과거일 때는 '-(으)ㄴ, -던, -았/었던'을, 미래 혹은 추측을 나타낼 때는 '-(으)ㄹ'을 사용합니다.

　　그런데 같은 과거라고 해도 "이것은 내가 보던 책이다."라는 문장에서와 같이 '-더'가 포함된 '-던'을 사용하면, 과거에 일정 기간 지속한 바 있는 행위를 회상해서 표현하는 의도가 드러난다고 할 수 있습니다. 또한 이러한 '-던'이나 '-았/었던'은 학교 문법이나 학문 문법의 관점에서는 관형사형 전성어미라고 할 수 없지만, 한국어 교육에서는 교수-학습의 능률을 고려하여 '-(으)ㄴ/ㄹ/는'과 동일한 선상에서 하나의 형태로 제시하는 것이 일반적이라고 생각합니다.

　　형용사의 경우에는 시제가 현재일 때는 '-(으)ㄴ', 과거일 때는 '-던, -았/었던'을 사용합니다. 그런데 형용사로 분류되는 어휘들의 의미적 특성상 시제에 있어 미래를 표현하기는 힘들기 때문에 형용사는 미래가 아닌 추측을 나타내는 어미로서 '-(으)ㄹ'이 '-(으)ㄹ 것이다'와 같은 형태로 주로 사용됩니다.

실제 기출 미리 보기

- '놀던 곳'과 '논 곳'의 차이를 말해 보세요.
- "산 곳이다."와 "살았던 곳이다."의 차이점을 설명해 보세요.

- 명사형 전성어미: 용언의 어간에 결합하여 용언이 명사와 같은 기능을 수행하게 하는 어미로서, '-(으)ㅁ, -기'가 여기에 속한다. 또한 관형사형 전성어미와 의존 명사 '것'이 결합된 형태인 '-(으)ㄴ/는 것'도 문장에서 명사형 전성어미와 같은 기능을 수행할 수 있다. 그러나 이러한 명사형 전성어미가 결합하더라도 문장성분에서 명사의 기능을 하는 것이지, 품사 자체가 명사로 바뀌는 것은 아니다.

  예 그가 항상 우리 곁에 있음을 기억합시다. (있- + -음)

  옳고 그름을 잘 판단해야 한다. (그르- + -ㅁ)

  나는 다른 사람 일에 간섭하기 싫어. (간섭하- + -기)

  일찍 자는 것이 건강에도 좋다. (자- + -는 것)

- 관형사형 전성어미: 용언의 어간에 결합하여 용언이 관형어와 같은 기능을 하게 하는 어미로서, 현재형과 과거형·미래형이 있는데 동사와 형용사의 쓰임이 조금 다르다.

과거	동사	-(으)ㄴ, -던, -았/었던	예 네가 산 선물을 보고 싶다.
	형용사	-았/었던	예 유난히 작았던 학생으로 기억하지.
현재	동사	-는	예 밥을 먹는 사람이 누구예요?
	형용사	-(으)ㄴ	예 정말 예쁜 구두를 봤어요.
미래	동사	-(으)ㄹ	예 내일이면 끝날 일입니다.
	형용사	미래 시제는 없고 '-(으)ㄹ 것이다' 등의 추측 표현이 쓰인다.	

- 부사형 전성어미: 용언의 어간에 결합하여 용언이 부사와 같은 기능을 하게 하는 어미로서, 부사형 전성어미로 볼 것인지 아니면 종속적 연결어미로 볼 것인지에 대한 의견이 분분하다. 부사형 전성어미에는 '-듯이, -도록, -게' 등이 있다.

  예 땀이 비 오듯이 흐른다. (오- + -듯이)

  눈이 빠지도록 기다렸는데 안 왔어요. (빠지- + -도록)

  선생님은 항상 부드럽게 말씀하신다. (부드럽- + -게)

Q 한국어의 단문과 복문을 구분할 수 있는지 말해 보세요.

A

한국어의 단문은 주어와 서술어 구성이 한 번으로 이루어진 문장이고, 복문은 두 개 이상의 절이 이어져 있거나 한 개의 절이 다른 절 속에 하나의 성분으로 들어가 있어 여러 층위로 이루어진 문장을 말합니다. 예를 들어 "아이가 웃는다."라는 문장은 주어 하나와 서술어 하나로만 이루어진 단문에 해당하며, "봄이 가고 여름이 왔다."와 "동생이 일하는 모습이 안쓰럽다."는 모두 둘 이상의 주술 관계를 포함하고 있는 복문에 해당합니다.

단문과 복문 각각의 유형을 좀 더 세분화해 보면, 먼저 단문은 세 가지 유형으로 나눌 수 있습니다. 주어와 서술어로 구성된 것, 주어·목적어·서술어로 구성된 것, 그리고 주어·보어·서술어로 구성된 것, 이렇게 세 가지입니다. 다음으로 복문은 크게 접속문과 내포문으로 나눌 수 있으며, 접속문은 다시 대등적인 것과 종속적인 것으로 구분됩니다. 대등적 접속문은 "세상은 넓고 지구는 둥글다."와 같이 선후행절의 의미가 독립적이며 위치가 바뀌어도 의미 차이가 발생하지 않는 문장 형태이고, 종속적 접속문은 "늦게 가면 수업을 들을 수 없다."와 같이 한 문장이 다른 문장에 종속되어 있는 문장 형태입니다. 한 문장이 다른 문장의 성분이 되어 직접구성요소가 되는 내포문은 접속문에 비해 조금 더 복잡한 양상을 보이는데 모문에 안겨 있는 내포문의 형태에 따라 명사절 내포문과 관형절 내포문, 부사절 내포문, 그리고 인용절 내포문으로 그 유형을 나눌 수 있습니다.

실제 기출 미리 보기

• 부사절과 종속적 접속절의 차이를 설명해 보세요.

Q 종결어미 `-데`와 `-대`의 차이를 말해 보세요.

A

Q 한국어 종결어미에 대해 말해 보세요.

A

먼저 종결어미 '-데'는 과거 어느 때에 직접 경험하여 알게 된 사실을 현재의 말하는 장면에 그대로 옮겨 와서 말할 때 사용되는 종결어미입니다. 즉, 과거에 화자가 직접 경험한 사실을 나중에 발화 상황에서 생생히 보고하듯이 말할 때 쓰이는 말로서, 예를 들어 "몸은 늙어도 마음은 변하지 않았데."와 같이 얼마 전에 만난 어떤 사람이 만났을 당시 그런 상황 혹은 상태였다는 것을 현재의 발화에서 청자에게 전달할 때 사용합니다.

다음으로 종결어미 '-대'는 어떤 사실에 대한 의문, 또는 놀라거나 못마땅하게 여김을 나타내는 종결어미로서, '-다고 해'가 줄어든 말입니다. 즉, 어떤 사실을 주어진 것으로 치고 그 사실에 대한 의문을 나타내는 종결어미인데, 예를 들어 "그 사람 왜 이렇게 불만이 많대?"와 같이 그 사람이 불만이 많다는 것을 전해 듣거나 해서 알게 된 후 그 사실에 대해 의문이나 못마땅함을 나타낼 때 사용합니다. 앞서 말한 '-데'가 화자가 직접 경험한 사실을 나중에 전달할 때 쓰이는 것이라면, '-대'는 직접 경험한 사실이 아니라 남이 말한 내용을 간접적으로 전달할 때 쓰이는 것이라 할 수 있습니다.

KEY POINT 🖊 **종결어미**

종결어미는 문장을 종결하면서 동시에 문장의 종류를 나타내고, 상대 높임의 정도를 표시하는 기능을 수행한다. 종결어미는 일반적으로 이것이 실현하는 문장의 유형에 따라 분류되는데, 이에 따라 평서형 어미, 의문형 어미, 명령형 어미, 청유형 어미, 감탄형 어미 등으로 나누어 볼 수 있다.

- 평서형 어미: -다, -는다 / -아 / -지 / -네 / -오 / -아요 / -습니다
- 의문형 어미: -니 / -냐, -느냐 / -아 / -지 / -나, -은가 / -오 / -아요 / -습니까
- 명령형 어미: -(아)라 / -아 / -지 / -게 / -오 / -아요 / -ㅂ시오
- 청유형 어미: -자 / -아 / -지 / -세 / -ㅂ시다 / -아요
- 감탄형 어미: -구나, 는구나 / -군 / -구료, -는구려

Q "오늘 바빠서 내일 만납시다."의 잘못된 부분을 바르게 고쳐 보세요. 그리고 잘못된 부분을 어떻게 가르칠 것인지 말해 보세요.

A

Q "배가 아팠어서 병원에 다녀왔어요."의 오류를 학생들에게 어떻게 설명하겠습니까?

A

'-아/어서'는 선행하는 절과 후행하는 절의 행위를 순차적으로 연결해 주거나 원인과 결과의 관계로 연결해 주는 의미 기능을 수행하는 연결어미인데, 다른 연결어미들에 비해 문장에서 제약이 많다고 할 수 있습니다. 특히 시제를 나타내는 선어말어미와의 결합에서 그 제약이 더욱 두드러집니다. '-아/어서'는 앞 문장의 사건이 말하는 현재 시점보다 더 앞서 일어난 일을 나타낼지라도 '-았/었-'과 함께 쓰이지 못합니다. 예를 들어 "배가 아팠어서 병원에 다녀왔다."에서 '다녀왔다'를 통해 과거 시제가 나타나므로 '아팠어서'는 '아파서'라고 하는 게 맞습니다.

또한 '-아/어서'는 문장의 종류에도 제약이 있어서 명령문과 청유문에서 사용할 수 없고, 약속이나 허락을 나타내는 평서문에서도 사용할 수 없으며, 의문문의 경우도 그 의미가 제안·허락을 구하는 것일 때에는 사용할 수 없습니다. 따라서 "오늘 바빠서 내일 만납시다."와 같은 청유문은 성립할 수 없고, '바빠서'를 '바쁘니까'나 '바쁜데'로 고쳐 써야 합니다.

실제 기출 **미리 보기**

- '-아/어서'와 '-(으)니까'의 공통점과 차이점을 설명해 보세요.
- "비가 와서 우산을 들고 가세요."의 오류를 설명하고, 가르치는 방법을 말해 보세요.

Q "배가 아팠느라 저녁을 안 먹었어요."라고 오류를 범하는 학습자를 어떻게 지도할 것입니까?

A

'−느라(고)'는 동사에 붙어서 앞 문장이 뒤 문장에 대한 원인이나 이유가 됨을 나타내는 연결어미인데, 주로 해야 할 일을 하지 못했거나 부정적인 결과가 나왔을 때 그 이유나 핑계를 대기 위해 사용합니다. 예를 들어 "드라마를 보느라 공부를 제대로 하지 못했다."라고 하면, 공부를 했어야 했는데 공부할 시간에 드라마를 보았기 때문에 하지 못했다는 의미가 됩니다. 또한 "요즘 취업 준비를 하느라고 정신이 없다."라고 하면 '정신이 없다'라는 부정적인 상태나 감정의 원인이 취업 준비에 있음을 나타내는 것입니다.

이처럼 '−느라(고)'는 무엇을 하지 못했거나 부정적인 결과가 나온 이유가 보통 '그 시간 또는 기간에 다른 어떤 행위나 일을 했기 때문에'라고 말할 때 쓰이는 어미입니다. 따라서 '배가 아팠느라' 처럼 형용사 뒤에는 '−느라(고)'를 사용할 수 없으며, 배가 아파서 병원에 갔다거나 쉬었다거나 하는 2차적인 어떤 행위를 하느라 저녁을 안 먹었다고 하는 것이 맞는 문장이라고 지도할 것입니다.

실제 기출 미리 보기

- '−느라고'를 사용하여 문장을 만들고 설명해 보세요.
- '−느라고'와 '−아/어서'의 차이점을 설명해 보세요.

■ 한국어에서 문장과 문장을 연결하여 하나의 문장으로 만들고자 할 때는 연결어미를 이용하는데, 그 의미 범주 또한 다양하다. 그중에서 이유와 원인을 나타내는 연결어미로는 '-아/어서, -(으)니, -(으)니까, -(으)므로, -느라고' 등이 있다. 또한 명사형 전성어미인 '-기'와 명사 '때문', 조사 '에'가 결합하여 만들어진 '-기 때문에'라는 형태도 한국어 교육에서는 대체적으로 연결어미의 연장선상에서 다루고 있다.

> 예 너무 힘들어서 더 이상 걸을 수가 없어.
>
> 이 옷은 작으니까 큰 것으로 바꿔 주세요.
>
> 그렇게 잠만 자니까 살만 찌지.
>
> 이 물건은 부피가 크지 않으므로 휴대하기 쉬울 겁니다.
>
> 늦잠을 자느라고 지각을 하고 말았다.

■ '-아/어서, -(으)니까, -기 때문에'는 주어에 대한 제약이 없다.

> 예 네가 잘못해서 벌을 받는다. / 네가 잘못해서 영희가 벌을 받는다.
>
> 네가 잘못하니까 벌을 받는다. / 네가 잘못하니까 영희가 벌을 받는다.
>
> 네가 잘못했기 때문에 벌을 받는다. / 네가 잘못했기 때문에 영희가 벌을 받는다.

■ '-아/어서, -(으)니까, -기 때문에'는 선행하는 절과 후행하는 절에 있는 서술어의 품사에 대한 제약이 없다.

> 예 학교가 가까(워서, 우니까, ㅂ기 때문에) 걸어 다닌다.
>
> 짜증을 내(서, 니까, 기 때문에) 민다.
>
> 비가 안 오(아서, 니까, 기 때문에) 걱정이다.

■ 시제를 나타내는 선어말어미와의 결합에서 '-아/어서'는 제약이 심하다.

> ㉠ 밥이 타겠어서 불을 껐다. (×)
>
> 밥이 타겠으니까 불을 껐다. (○)
>
> 밥이 타겠기 때문에 불을 껐다. (×)
>
> ㉡ 배가 아팠어서 결석을 했다. (×)
>
> 배가 아팠으니까 결석을 했다. (○)
>
> 배가 아팠기 때문에 결석을 했다. (○)

■ '-더'는 '-아/어서, -(으)니까, -기 때문에'와 모두 결합할 수 없다.

> 예 날씨가 춥더서 얼음이 얼었다. (×)
>
> 날씨가 춥더니까 얼음이 얼었다. (×)
>
> 날씨가 춥더기 때문에 얼음이 얼었다. (×)

■ '-(으)니까'는 문장 종류에 제약이 없으나 '-아/어서, -기 때문에'는 문장 종류에 대한 제약을 받는다.

> ㉠ 날씨가 좋아서 사람들이 외출한다.
>
> 날씨가 좋으니까 사람들이 외출한다.
>
> 날씨가 좋기 때문에 사람들이 외출한다.
>
> ㉡ 철수가 원해서 내가 양보하마. (×)
>
> 철수가 원하니까 내가 양보하마. (○)
>
> 철수가 원하기 때문에 내가 양보하마. (○)
>
> ㉢ 너를 믿어서 가도 좋다. (×)
>
> 너를 믿으니까 가도 좋다. (○)
>
> 너를 믿기 때문에 가도 좋다. (○)

일반적인 평서문에서는 '-아/어서, -(으)니까, -기 때문에'의 쓰임이 모두 자연스럽다. 그러나 예문 ㉡과 ㉢에서는 '-아/어서'를 쓰면 비문이 된다. 예문 ㉡과 ㉢은 평서문이지만 그 내포적 의미를 보면 ㉡은 약속을, ㉢은 허락을 나타낸다. '-(으)니까, -기 때문에'는 모든 평서문에서 사용될 수 있는 반면에 '-아/어서'는 일반적인 진술을 하는 평서문에서는 쓸 수 있지만, 약속이나 허락을 나타내는 평서문에서는 쓸 수 없다.

- 의문문에서는 '-아/어서, -기 때문에'의 쓰임이 자연스럽지만 허락을 구하는 의문문이나 제안을 하는 의문문에서는 쓸 수 없다.

  ㉠ 바람이 불어서 낙엽이 지지요?
  바람이 부니까 낙엽이 지지요?
  바람이 불기 때문에 낙엽이 지지요?

  ㉡ 비가 와서 우산을 살까요? (×)
  비가 오니까 우산을 살까요? (○)
  비가 오기 때문에 우산을 살까요? (×)

  ㉢ 피곤해서 좀 쉴까요? (×)
  피곤하니까 좀 쉴까요? (○)
  피곤하기 때문에 좀 쉴까요? (×)

- 명령문과 청유문에서는 '-아/어서, -기 때문에'를 쓰면 틀린 문장이 된다. 이에 반해, '-(으)니까'의 사용은 자연스럽다.

  ㉠ 아이가 자서 조용히 해. (×)
  아이가 자니까 조용히 해. (○)
  아이가 자기 때문에 조용히 해. (×)

  ㉡ 배가 아파서 병원에 가자. (×)
  배가 아프니까 병원에 가자. (○)
  배가 아프기 때문에 병원에 가자. (×)

- '-아/어서'와 '-느라고'는 '-았/었-'이나 '-겠-'을 함께 쓸 수 없다.

  예 편지를 보내 주었어서 고마워. (×)
  네가 편지를 보내 주겠어서 고마울 거야. (×)

- '-느라고'는 앞 문장과 뒤 문장의 주어가 같아야 한다. 그리고 '-느라고'의 주어는 반드시 사람이나 동물이어야 한다.

  예 네가 떠드느라고 내가 선생님한테 혼났잖아. (×)
  비가 오느라고 우리는 버스를 탔다. (×)

- '-느라고'는 동사와만 어울려 쓸 수 있을 뿐 형용사나 '이다'와 함께 쓰일 수 없다.

  예 누나는 예쁘느라고 매일 정신이 없다. (×)
  삼촌은 사업가이느라고 항상 늦으신다. (×)

- 위에서 살펴본 바와 같이 '-아/어서, -(으)니까, -기 때문에'는 주어에 대한 제약이 없는 것이나 선행하는 절과 후행하는 절에 있는 서술어의 품사에 대한 제약이 없다는 점에서는 공통적인 특성을 지닌다. 또한 선어말어미와의 결합에서 '-더-'와 같은 선어말어미와는 모두 결합할 수 없으며 '-아/어서'는 '-(으)니까, -기 때문에'보다 선어말어미와의 결합에 있어서 더욱 심한 제약을 받는다.

- 통사적인 측면에서 '-아/어서, -(으)니까, -기 때문에'가 가장 큰 차이를 보이는 부분은 문장의 종류이다. '-(으)니까'는 모든 종류의 문장에서 사용할 수 있는 데 반해, '-아/어서, -기 때문에'는 명령문과 청유문에서 사용할 수 없다. 또한 '-아/어서'는 약속이나 허락을 나타내는 평서문에서 사용할 수 없으며, '-아/어서, -기 때문에'는 제안·허락을 구하는 의문문에서 사용할 수 없다. 서법에 대한 이러한 차이는 학습자들이 '-아/어서, -(으)니까, -기 때문에'를 선택하는 데 영향을 준다.

Q "친구를 만나서 영화를 봤어요."와 "친구를 만나고 영화를 봤어요."의 차이를 설명해 보세요.

A

Q 동작(행위)의 순서를 나타내는 연결어미를 설명해 보세요.

A

　연결어미 '-고'와 '-아/어서'가 선행하는 절과 후행하는 절을 연결할 때, 그 의미 기능에 차이가 있습니다. 먼저 '-고'는 앞뒤 행위나 상태의 개연성이나 순서에는 상관없이 두 행위를 연결해 주지만, '-아/어서'는 반드시 선행하는 절의 행위가 후행하는 절의 행위보다 앞서 일어나며, 두 행위 사이에 밀접한 관련이 있을 때만 사용할 수 있습니다. 예를 들어 "친구를 만나서 영화를 봤어요."라고 하면, 영화를 본 것이 친구를 만난 것에서 파생된 행위이기 때문에 친구를 만난 후에 친구와 함께 영화를 봤다는 의미가 성립됩니다.

　그러나 "친구를 만나고 영화를 봤어요."라고 하면 앞서 말한 의미일 수도 있고, 친구를 만난 것과 영화를 본 행위가 각각 별개의 동기에 의해 서로 관련 없이 이루어졌다는 의미가 될 수도 있습니다. 즉, 친구를 만난 뒤에 친구와 헤어져 혼자 영화를 봤다는 의미일 수도 있고, 혹은 친구를 만난 것과 영화를 본 것이 순차적으로 이루어진 행위가 아닌 것으로 해석될 수도 있습니다.

KEY POINT ✎ '-고'와 '-아/어서'

- '-고'의 용법
  - 선행하는 절을 후행하는 절에 병렬적으로 연결할 때 사용한다. 일반적으로 선행하는 용언이 동사일 경우 그 행위가 완료되었고, 후행하는 동사의 행위보다는 시간적으로 앞선다는 것을 나타낸다.
    [예] 친구를 만나고 영화를 봤어요.
    　　 세수를 하고 아침을 먹었어요.
  - 시제 선어말어미와의 결합이 비교적 자유롭다.
    [예] 친구는 집으로 갔고 나는 학교로 갔다.
- '-아/어서'의 용법
  - 서로 밀접한 관련이 있는 일들이 순차적으로 이루어짐을 나타낼 때 사용하며, 선행하는 절의 행위가 후행하는 절의 행위보다 앞서 이루어진다. 이때 선행하는 절과 후행하는 절의 서술어는 동사이며, 주어는 같다.
    [예] 친구를 만나서 함께 영화를 봤어요. (○)
  - 시제 선어말어미와 함께 사용될 수 없다.
    [예] 친구를 만났어서 함께 영화를 봤어요. (×)

Q "저는 예쁘려고 살을 빼요."의 학습자 오류를 수정해 보세요.

A

Q "저는 한국의 대학교에 가서 한국에 왔어요."의 학습자 오류를 수정해 보세요.

A

'-(으)려고'는 앞선 행위가 이어질 행위의 목적이나 의도가 될 때 사용하는 연결어미입니다. 또한 '-(으)려고'는 '-(으)려고 하다'의 형태로 쓰이면서 뒤에 또 다른 행위가 뒤따르지 않고 단순히 의도만을 나타내기도 합니다. 이러한 연결어미 '-(으)려고'는 동사 뒤에만 붙을 수 있다는 결합 제약이 있습니다. 따라서 "저는 예쁘려고 살을 빼요."라는 문장은 형용사에 '-(으)려고'가 바로 결합한 '예쁘려고' 대신에 '예쁘다'에 '-아/어지다'가 결합한 '예뻐지려고'를 써야 맞는 문장이 됩니다.

KEY POINT 🖊 '-(으)려고'와 '-기 위해(서)'

- ■ -(으)려고
  - 동사에 붙어 어떤 행위의 의도를 나타내거나 곧 일어날 행위를 나타내는 연결어미이다.
    - 예 나는 선생님이 되려고 공부한다.
      - 철수는 시간만 나면 놀려고 한다.
  - '-(으)려고'는 형용사에 쓸 수 없다. 그러나 형용사에 '-아/어지다'가 붙어 동사가 되면 '-(으)려고'와 함께 쓸 수 있다.
    - 예 저는 착하려고 노력하고 있어요. (×)
      - 저는 착해지려고 노력하고 있어요. (○)
- ■ -기 위해(서)
  - 동사에 붙어 목적이나 의도를 나타내는 표현으로, 어미 '-기'와 동사 '위하다'의 활용형 '위해(서)'가 결합한 형태이다.
    - 예 친구를 만나기 위해서 시내에 나갔다.
      - 버스를 타기 위해서 30분이나 기다렸다.
  - '-기 위해(서)'는 형용사에 쓸 수 없다. 그러나 형용사에 '-아/어지다'가 붙어 동사가 되면 '-기 위해(서)'와 함께 쓸 수 있다.
    - 예 저는 예쁘기 위해서 살을 빼요. (×)
      - 저는 예뻐지기 위해서 살을 빼요. (○)

Q "학교에 가는데 갑자기 비가 내리기 시작했다."에 사용된 연결어미의 문법적 기능을 설명해 보세요.

A

Q 연결어미 '-(으)ㄴ/는데'의 기능을 설명해 보세요.

A

　　연결어미 '-(으)ㄴ/는데'는 다른 연결어미들에 비해 비교적 다양한 의미 기능을 수행하고 있다고 생각됩니다. 먼저 '-(으)ㄴ/는데'는 "저도 시내로 가는데 같이 타고 갈까요?"처럼 선행하는 절이 후행하는 절의 사실에 대한 배경이 됨을 나타낼 때 사용합니다. 그런데 여기에서 "저도 시내로 갑니다."라는 사실은 "같이 타고 갈까요?"라고 제안하는 데 대한 배경이자 이유가 될 수 있기 때문에, 이러한 '-(으)ㄴ/는데'의 용법을 원인 또는 이유로 분류하는 견해도 있습니다.

　　다음으로 '-(으)ㄴ/는데'는 "학교에 가는데 갑자기 비가 내리기 시작했다."와 같이 어떤 행위가 일어날 때의 상황을 묘사하는 경우에도 쓰입니다. 그런데 이때 상황이라는 것이 어떻게 보면 앞서 첫 번째 용법으로 설명했던 '배경'이 될 수도 있기 때문에, 본질적으로 이상의 두 용법은 결국 '후행하는 절에 대한 배경 제시'라는 것으로 묶일 수 있지 않을까 하는 생각이 듭니다.

　　이뿐만 아니라 '-(으)ㄴ/는데'는 "오빠는 일찍 들어오는데 언니는 늦게 들어와요."라는 문장에서와 같이 선행하는 절과 후행하는 절이 서로 대조적인 의미 관계에 있는 경우에도 사용됩니다.

KEY POINT 　✎ **연결어미 '-(으)ㄴ/는데'**

선행하는 절과 후행하는 절을 종속적으로 연결하는 연결어미로서, 동사 뒤에는 '-는데', 형용사 뒤에는 '-(으)ㄴ데'가 결합하며 그 구체적인 용법은 다음과 같다.

■ 선행하는 절이 후행하는 절의 사실에 대한 배경이 되어서 발화의 도입 역할을 하는 경우
　예 저도 퇴근하는데 같이 나가실래요?
　　　날씨가 좋은데 산책이나 합시다.

■ 선행하는 절이 후행하는 절의 행위가 일어날 때의 상황을 묘사하는 경우
　예 운전을 하는데 계속 전화가 왔습니다.
　　　집이 좁은데 남편이 손님을 많이 데리고 왔어요.

■ 선행하는 절과 후행하는 절이 의미상 서로 대조적인 관계를 이루는 경우
　예 저는 시험공부를 하는데 동생은 하루 종일 텔레비전만 봐요.
　　　그 서점에는 소설책은 많은데 만화책은 별로 없습니다.

Q '-다 보니까'와 '-다 보면'의 차이를 설명해 보세요.

A

Q "살다 보니까 익숙해질 거예요."라는 문장이 틀린 이유를 학생에게 어떻게 설명하겠습니까?

A

'-다(가) 보니(까)'는 어떠한 행위나 일이 지속되는 중 알게 된 사실, 즉 처음부터 그러한 결과를 예측한 것은 아니고 어떤 것을 계속하는 도중에 어떠한 결과가 나타났다는 의미입니다. 예를 들어 "계속 먹다 보니까 좋아하게 되었다."라고 하면 처음에는 별로 좋아하지 않았지만, 먹는 행위를 여러 번 경험하고 반복해 결과가 달라지게 되었다는 의미가 됩니다.

이에 비해 '-다(가) 보면'은 이후 반복될 어떠한 행위나 일의 결과를 추측할 때 사용하는 표현으로, 의미상 후행절에는 완료시제를 쓸 수 없으며 일반적으로 '-(으)ㄹ 것이다'와 같이 미래 혹은 추측을 나타내는 말이 옵니다. '-다(가) 보면'은 어떤 행동을 계속하면 나타날 결과를 예상해서 말하는 것이기 때문에 "살다 보니까 익숙해질 거예요."에서 '살다 보니까'를 '살다 보면'으로 바꾸거나, '익숙해질 거예요'를 '익숙해졌어요'로 바꿔야 맞는 문장이 됩니다.

KEY POINT — 🖉 연결어미 '-다가'

어떤 행위나 상태가 지속되는 도중에 또는 그것이 끝나고 다른 행위나 상태로 바뀜을 나타내는 연결어미로서, 아래 예문에서와 같이 용언이나 '이다'의 어간 또는 선어말어미 '-(으)시-', '-었-' 뒤에 붙어 사용된다.

예 친구가 웃다가 갑자기 화를 냈다.
　　낮에는 날씨가 따뜻했다가 저녁이 되자 추워졌다.
　　형은 회사원이었다가 이제 식당 사장님이 되었어요.
　　내일은 학교에 갔다가 쇼핑하러 가려고 해요.

일반적으로 '-다가'의 선행절과 후행절은 주어가 같아야 하며, '-다가'는 '-다'로 줄여 쓸 수 있다. 또한 보조사 '는'과 결합해 '-다가는'의 형태로 쓰이기도 하며, '-다가 보니(까)'나 '-다가 보면'과 같이 뒤에 '보다'가 와서 좀 더 확장된 다양한 의미를 나타내기도 한다.

Q '-든지'와 '-던지'를 구분해서 설명해 보세요.

A

'-든지'는 어떤 것이 선택되어도 차이가 없는 둘 이상의 일을 나열하는 연결어미의 역할을 합니다. 예를 들어 "주말에 만나면 영화를 보든지 밥을 먹든지 하자."라고 하면 영화 관람과 식사 중 하나를 선택해서 하자는 의미이며 또한 어느 쪽을 선택해도 상관없다는 뜻을 나타냅니다. 이와 달리 '-던지'는 과거의 일을 회상하거나 추측하여 그것을 후행절의 이유나 근거로 제시할 때 사용하는 연결어미입니다. 예를 들어 "선생님의 수업이 얼마나 재미있던지 수업 시간이 끝난 줄도 몰랐다."라고 하면 과거 어느 시점에 선생님의 수업이 재미있어서 수업이 끝난 줄도 몰랐다는 의미를 나타내게 됩니다.

실제 기출 미리 보기

• '-하든지'와 '-하던지'의 의미 차이를 설명해 보세요.

한국어 문형의 실현 3: 보조용언과 양태

Q '-아/어 있다'와 '-고 있다'의 차이를 설명해 보세요.

A

Q "철수는 지금 양말을 신고 있다."의 의미를 설명해 보세요.

A

먼저 '-아/어 있다'는 일반적으로 목적어를 가질 수 없는 자동사 중 일부와 결합해서 "저 사람은 몇 시간째 저기 앉아 있어요."처럼 동작이 완료된 상태가 지속됨을 나타냅니다. 또한 '놓여 있다, 닫혀 있다, 열려 있다, 걸려 있다' 등 동사의 피동형과 자주 결합하여 쓰이기도 합니다.

'-고 있다'는 자동사나 타동사와 두루 어울려 쓰일 수 있는데, 선행 동사에 따라서 "지금 밥을 먹고 있어요."와 같이 단순한 동작의 진행을 나타내기도 하고 "저는 은행에 다니고 있어요."와 같이 지속적인 행위를 나타내기도 합니다. 또한 "버스를 타고 있다."나 "안경을 쓰고 있다, 치마를 입고 있다."의 경우에는 '-아/어 있다'와 마찬가지로 결과 상태의 지속을 나타내는데, '-아/어 있다'가 동작의 상태가 그대로 이어짐을 나타내는 데 비해, '-고 있다'는 동작을 한 후의 상태가 그대로 지속됨을 나타낸다고 할 수 있습니다. 그리고 둘 다 사람인 주어를 높이는 경우에는 높임말로 '-아/어 계시다'와 '-고 계시다'를 쓸 수 있습니다.

KEY POINT ✏ '-아/어 있다'와 '-고 있다'

- ■ -아/어 있다
  - 자동사의 일부와 결합해서 결과 상태의 지속을 나타낸다.
  - '-고 있다'와 달리 '-아/어 있다'에는 그것 자체에 지속 의미는 없고 지속성이 있는 동사와 결합하면 선행 동사의 속성이 계속 남아 있게 된다.
  - 동작 과정의 완료에서의 결과 상태를 나타내고 따라서 주어는 동작주가 아니라 피동문 또는 자동문이 되는 것이 보통이다.
- ■ -고 있다
  - 타동사나 자동사의 일부와 결합하여 진행 또는 결과 상태의 지속을 나타낸다.
  - 몸에 부착하는 의미를 가진 동사(안다, 업다, 잡다, 쓰다, 입다 등)와 결합하면 진행과 동시에 결과의 상태를 나타낼 수 있다.
  - '-는 중이다'와 '-는 중에 있다'로 교체 가능하다.

※ '기다리다, 알다'는 어떤 행동이 끝난 시점을 상정할 수 없으므로 '-아/어 있다'는 쓰지 못한다.
  예 여기서 기다리고(*기다려) 있겠습니다.

Q '-아/어하다'에 대해 설명해 보세요.

A

'기뻐하다, 어려워하다, 무서워하다' 등과 같이 형용사 뒤에 '-아/어하다'가 와서 결합되면, 앞말이 의미하는 그러한 느낌을 가지고 있음을 나타냅니다. 이때 '-아/어하다'와 결합하는 형용사는 주로 감정이나 심리, 느낌을 나타내는 것이며, "동생이 수학을 어려워한다."와 같이 문장의 주어로는 다른 사람이 오는 것이 자연스럽습니다.

또한 '-아/어하다'는 단어가 아닌 구와 결합하기도 하는데, '가고 싶다'나 '마땅치 않다' 등의 구 뒤에 '-아/어하다'가 올 때에는 띄어 적고, 형용사와 결합하여 품사를 동사로 바꾸는 기능을 하는 경우에는 '예뻐하다, 슬퍼하다'와 같이 붙여 적습니다.

Q "나는 웃었다."와 "나는 웃어 버렸다."의 차이를 설명해 보세요.

A

연결어미 '-아/어'와 동사 '버리다'가 결합한 '-아/어 버리다'는 동사에 붙어 어떤 행위를 완전히 혹은 이미 끝냄을 나타내는 보조용언이고, '-았/었-'은 문장이 나타내는 상황이나 사건이 일어난 때가 과거임을 나타내는 시제 선어말어미입니다. 예를 들어 "나는 웃었다."와 "나는 웃어 버렸다."라는 두 문장만 보면 모두 '웃다'라는 행위의 '완료'를 나타내지만, "회의 시간에 나는 웃음을 참지 못하고 그만 웃어 버렸다."와 비교해 보면 두 문장이 동일한 의미를 전달하지 않는다는 것을 알 수 있습니다. 마지막 문장을 만약 "회의 시간에 나는 웃음을 참지 못하고 그만 웃었다."라고 하면 어색한 문장이 됩니다. 이 문장에서 핵심은 "내가 웃었다."라는 사실 자체에 있는 것이 아니라, '내가 웃은' 이후의 어떤 상황이나 결과가 이제 돌이킬 수 없게 된 데에 대한 화자의 심리에 있기 때문입니다. 또한 이러한 사실은 서술어 앞에 쓰인 부사어 '그만'을 통해 드러나는 의미로도 짐작할 수 있다고 생각됩니다.

KEY POINT ✎ **'-아/어 버리다'**

- 주로 동사와 결합하며, 동사 '버리다'의 뜻과 관련되어 동작의 완료와 함께 그로 인한 화자의 심리를 표현하는 보조용언이다.
- 심리적 부담의 제거에서 오는 시원함, 기대에 어긋남에서 오는 섭섭함이나 안타까움, 그리고 동작의 강조 등을 나타낸다.
   예 골치 아픈 일을 다 끝내 버렸습니다.
   늦잠을 자서 기차 시간을 놓쳐 버렸어요.
   모두 졸업해 버리고 나면 학교가 텅 비겠네요.

Q "먹을 거예요."와 "먹을게요."를 비교하여 설명해 보세요.

A

Q "나는 커피를 마시겠어요."와 "나는 커피를 마실 거예요."의 차이가 무엇인지 설명해 보세요.

A

　'-(으)ㄹ게요'는 보통 상대방의 요구나 제안에 대해 어떤 수긍이나 부정 또는 약속을 하는 의미가 있기 때문에, 예를 들면 "먹을게요."는 상대방으로부터 "이것 좀 드실래요?"와 같은 제안을 받은 후 그것을 받아들여 먹겠다는 의미로 사용됩니다. 하지만 '-(으)ㄹ 거예요'는 '-(으)ㄹ게요'에 비해 더 자발적이고, 어떤 행위를 한다는 강한 의지나 의사, 주관적 소신 등을 나타낸다고 할 수 있습니다. 따라서 "먹을 거예요."라고 하면 상대방의 제안이나 질문이 없었어도 먹을 것이라는, 화자의 보다 주관적인 결정과 의지를 나타낸다고 생각합니다. 또한 '-(으)ㄹ 거예요'는 '-(으)ㄹ게요'와 달리 추측의 의미도 나타낼 수 있기 때문에 발화에 생략된 주어나 문맥에 따라 '아마 먹을 것'이라는 추측의 의미로도 해석될 수 있을 것입니다.

　한편 '-겠-'도 전후 문맥에 따라 추측과 의지로 모두 해석이 가능한데, "나는 커피를 마시겠어요."처럼 1인칭 화자의 의지를 나타낼 때에는 "마실 거예요."라고 말하는 것보다 화용적으로 좀 더 공손하게 받아들여지는 경향이 있습니다. 즉, 듣는 사람의 감정이 상하지 않도록 완곡하고 부드럽게 표현한다는 뜻입니다. 그래서 첫 만남의 자리에서 "처음 뵙겠습니다."라고 하거나, 음식을 대접받을 때 "잘 먹겠습니다."라고 하는 것처럼 '-겠-'은 관용적인 인사말 등에 많이 사용됩니다.

KEY POINT 🖊 **화자의 의지**

- **-(으)ㄹ 것이다**
  - 평서문에서는 화자의 의지를 나타내는데, 앞으로 어떤 행위를 한다는 강한 의지나 의사, 주관적 소신 등을 나타낸다.
  - 의문문에서는 듣는 이의 의사를 물어보게 되는데, 입말에서는 '-(으)ㄹ거야, -(으)ㄹ 거예요'의 형태로 많이 쓰인다.
  - 어떤 상황이나 사실에 대한 전망·추측을 나타내기도 한다.
    예 한 시니까 수업이 끝났을 거예요.
- **-(으)ㄹ게요**
  청자에게 약속하는 의미로 쓰이고, 이렇게 쓰일 때는 화자의 행동이 청자에게 도움이나 이익이 되는 등 긍정적인 의미로 다가가야 한다. 이런 의미에서 '-(으)ㄹ게요'는 다른 의지 표현들보다 청자를 가장 많이 의식한다고 할 수 있다.
- **-겠-**
  - 1인칭 주어(특히 행위의 주체일 경우)와 사용될 때는 '화자의 의도'를 나타낸다.
    예 나는 그 여자를 만나겠다.
  - 미래 시제를 나타내는 경우
    예 동생이 내년에는 졸업하겠다.
  - '추정'의 의미를 나타내는 경우(미래, 과거, 현재)
    예 그 사람이 내일 떠나겠구나.

Q "눈이 오다."를 추측의 표현으로 만들어 보세요.

A

Q "사람이란 누구나 그럴 수 있다."에 사용된 양태 표현을 설명해 보세요.

A

한국어에서 추측의 의미를 실현하는 양태 표현으로는 '-겠-'과 '-(으)ㄹ 것이다' 외에도 '-(으)ㄴ/ㄹ/는 것 같다'나 '-(으)ㄴ가/나 보다, -(으)ㄴ/ㄹ/는 모양이다, -(으)ㄹ걸' 등 여러 가지가 있습니다. 그중에서 '-(으)ㄴ/ㄹ/는 것 같다'는 다른 추측 표현들에 비해 인칭이나 시제, 서법의 제약 없이 비교적 자유롭게 쓰일 수 있기 때문에 '눈이 온/올/오는 것 같다'는 문장이 성립될 수 있습니다.

그러나 '-(으)ㄴ가/나 보다'와 '-(으)ㄴ/ㄹ/는 모양이다'의 경우에는 시제나 서법상의 제약이 따르고, 추측의 상황에 있어서도 화자의 의심이나 회의적 태도가 동반되어야 한다든지 또는 문장에서 다른 성분들과의 결합에 제약이 따른다든지 하기 때문에 그 상황에 따라 사용이 적절치 못할 수도 있다고 생각합니다.

그리고 '-(으)ㄹ걸'은 화자의 불확실한 추측을 나타내는 구어체적인 표현인데, 발화 시 상향조의 억양만을 가지며 의문문으로는 쓰일 수 없다는 제약이 있습니다. 그래서 만약 "눈이 올걸."이라고 하면 "눈이 올 거예요."에 비해 확신의 정도가 약하기 때문에, 눈이 안 올지도 모른다는 가능성을 어느 정도 열어 두고 있는 표현이라고 할 수 있습니다.

■ 양태(Modality)는 일반적으로 '명제에 대한 화자의 태도나 견해'를 의미하는 것으로서, 전통적인 양태 범주로는 가능성, 개연성, 필연성, 추론, 의도, 의향, 계획, 약속, 희망, 회의, 의무 등이 있다.
■ 한국어에서 양태의 실현 방식은 어미나 접사를 통한 형태론적인 실현이나 어순을 통한 통사론적인 실현 또는 어휘적 실현 등 매우 다양하게 나타난다. 『외국인을 위한 한국어 문법 1』(국립국어원, 2007)에서는 한국어의 양태 표현을 다음과 같이 구분하고 있다.

양태 범주		의미
추측		−겠−, −(으)ㄹ걸, −(으)ㄹ 것이다, −(으)ㄴ/ㄹ/는 모양이다, −(으)ㄴ/ㄹ/는 것 같다, −나 보다, −(으)ㄴ/ㄹ/는 듯하다, −(으)ㄴ/ㄹ/는 듯싶다, −기가 쉽다, −(으)ㄹ 텐데, −(으)ㄴ/ㄹ/는지도 모르다, −(으)ㄴ/ㄹ/는 줄 알다, −나 싶다, −기는 틀렸다 등
바람		−(으)면 좋겠다, −아/어야 하다, −아/어야 좋다, −(으)면 안 되다, −고 싶다, −고 싶어 하다, −기 바라다 등
판단	새로 인식	−네, −는구나/구나 등
	인식 전제	−지 등
	가능성	−(으)ㄹ지도 모르다, −(으)ㄹ 수 있다, −(으)ㄹ 리가 없다 등
	당연함	−(으)ㄴ/는 법이다, −기/게 마련이다 등
	정도	−(으)ㄴ/는 셈이다, −(으)ㄴ/는 편이다 등
행동 지시	허락	−아/어도 좋다, −(으)ㄹ 수 있다, −(으)렴 등
	금지	−(으)면 안 되다, −(으)ㄹ 수 없다 등
	당위	−아/어야 하다, −아/어야 되다 등
	제안	−는 게 좋겠다, −(으)ㄹ까 등
의도 · 의지 표현	의도	−(으)려고 하다, −(으)ㄹ까 보다, −(으)ㄹ까 하다, −(으)ㄹ까 싶다 등
	의지	−겠−, −(으)ㄹ게, −(으)ㄹ래, −(으)ㄹ 것이다 등
	시도	−아/어 보다, −고 보다 등
	완료	−아/어 버리다, −고 말다 등
	가장	−(으)ㄴ/는 척하다/체하다 등
	봉사	−아/어 주다, −아/어 드리다 등
	준비	−아/어 놓다, −아/어 두다 등
능력		−(으)ㄹ 수 있다/없다, −(으)ㄹ 줄 알다/모르다 등

Q 합성어와 파생어의 차이에 대해 설명해 보세요.

A

예시답변

　두 개 이상의 형태소로 이루어진 단어를 복합어라고 하는데, 복합어를 구성하고 있는 형태소의 성격이 무엇이냐에 따라 합성어와 파생어로 구분합니다. 먼저 합성어는 체언이나 용언과 같이 실질적인 의미를 가지는 형태소끼리의 결합, 즉 실질적 의미를 가진 언어 형식을 직접 성분으로 하는 단어를 말합니다. 따라서 어간의 직접 성분이 실질적 의미를 가지는가를 고려하여 합성어 여부를 판단할 수 있으며, 이러한 합성어에는 '앞뒤'와 같은 합성명사, '오르내리다'와 같은 합성동사, 그 외에도 합성형용사와 합성부사, 합성관형사가 있습니다.

　이와 달리 파생어는 실질형태소에 형식형태소가 결합된 것입니다. 즉, 어근이나 기존의 단어에 파생접사가 결합하여 새로 만들어진 단어를 파생어라고 하는데, 파생접사가 결합되는 위치에 따라 파생어를 접두사에 의한 파생과 접미사에 의한 파생으로 구분하기도 합니다. 또 합성어와 마찬가지로 파생된 단어의 성격에 따라 '웃음'과 같은 것은 파생명사로, '운동하다'와 같은 것은 파생동사로, 그 밖의 것들은 파생형용사, 파생부사 등으로 구분할 수 있습니다.

실제 기출 미리 보기

• 한국어 단어의 형성 원리에 대해 말해 보세요.
• 외국인 학습자에게 '옷걸이'를 가르칠 때 적절한 어휘 교수법을 말해 보세요.
• '먹이'와 '먹었다'의 차이점을 외국인 학습자에게 어떻게 설명하겠습니까?

복합어와 합성어에 대한 서술어 사용의 구분: 복합어와 합성어의 층위에 대해 문법학자 간의 견해가 일치하지는 않습니다. 어떤 경우는 위와 정반대로 합성어를 상위 개념으로 설정하고 그 하위 개념으로 복합어와 파생어를 설정하는 견해도 있는데, 학교 문법에서는 복합어의 하위 개념으로 합성어와 파생어를 설정하고 있습니다. 또한 어떤 단어가 단일어인가 복합어인가를 구분할 때, 용언의 활용어미는 이 구분에서 제외됩니다. 즉, 용언의 경우 어간의 구성 성분만을 따져서 단일어와 복합어를 구분하게 되는 것입니다.

Q '살다'와 '죽다'를 단어의 의미 관계 측면에서 설명해 보세요.

A

예시답변

상반되는 의미가 있는 단어를 반의어라고 하는데, 반의어는 정도 대립어, 상보 대립어, 방향 대립어로 구분할 수 있습니다. 정도 대립어는 대립적인 자질 사이에 중간 단계가 있고 정도에 따라 분류되는 것으로서, 예를 들어 '크다'와 '작다'가 여기에 속합니다. 상보 대립어는 '살다'와 '죽다'처럼 대립적인 자질 사이에 중간 단계가 없고 양 극단의 대립 관계에 있는 어휘들을 가리킵니다. 특히 '살다'와 '죽다'는 상보 대립의 평가 기준이 절대적인 반의 관계라고 할 수 있습니다. '살다'의 부정은 '죽다'이며 그 두 단어 사이에는 중간 상태를 나타내는 단어가 존재할 수 없기 때문입니다. 이와 같이 한쪽을 부정하면 그것의 반의어인 쪽과 동의 관계를 이루는 것을 상보적 관계에 있다고 합니다. '참'과 '거짓', '있다'와 '없다' 등도 같은 관계에 있는 반의어의 예가 되겠습니다. 마지막으로 방향 대립어는 관계나 이동의 측면에서 대립을 이루는 경우를 말하는데, '위'와 '아래'가 여기에 속합니다.

실제 기출 미리 보기

- 반의어에 대해 설명해 보세요. '뜨겁다, 차갑다'와 '참, 거짓'은 똑같은 반의어입니까?
- '맑다'와 '흐리다'의 차이는 무엇입니까?

Q 유의어의 예를 들어 보고, 동의어와의 관계에 대해 말해 보세요.

A

예시답변

　유의어는 의미가 비슷한 다른 어휘를 일컫는 말인데, 어휘 교육에서 이러한 유의어와 함께 반의어를 이용한 어휘 교수 방법이 가장 널리 사용되어 왔다고 할 수 있습니다. 한국어 교육에서 다룰 만한 유의어들의 예로는 '거의'와 '대부분', '걱정'과 '근심', '곳'과 '장소', '까지'와 '조차·마저', '끝'과 '마지막', '나다'와 '생기다', '부끄럽다'와 '창피하다' 등이 있습니다. 이 예들을 통해 알 수 있는 것처럼 유의어는 의미는 비슷하지만 단어의 성격 등은 다른 특성을 지니는 경우도 있습니다. 예를 들어 "얼굴에 여드름이 생기다."에서 '생기다'는 '나다'로 대체할 수 있지만, "아르바이트를 해서 돈이 생기다."에서 '생기다'는 '나다'로 대체할 수 없는데, 이것은 곧 '생기다'와 '나다'가 의미 속성상 유사점도 있지만 서로 다른 점도 지니고 있다는 것을 나타냅니다. 이러한 유의어는 고급 과정으로 갈수록 의미 차이를 구별하기 어렵기 때문에 단순히 어휘를 암기하는 방법에는 한계가 있다고 생각합니다. 따라서 상황과 문맥 속에서 교육하는 것이 유의어의 사용 능력을 신장시키는 데 효과적일 것입니다.

　한편 동의어는 어휘들 사이에서 어형은 다르지만 어휘적 뜻이 같거나 비슷한 말로서, '책'과 '서적', '해'와 '태양', '뛰다'와 '달리다' 등을 예로 들 수 있는데, 완전하게 같은 어휘는 드물기 때문에 엄격한 의미에서 동의어 또한 유의어의 일부라고 말할 수 있습니다. 이러한 특성은 특히 고유어가 한자어 또는 외래어와 대응을 이루는 동의 관계에서 많이 나타납니다. 예를 들어 "내일 옷을 사러 갈 거예요."라는 문장에서 고유어 '옷'의 쓰임은 자연스럽지만, 이것을 동의 관계에 있는 한자어 '의상'으로 교체하면 일상적인 발화에서는 어색하게 느껴집니다. 즉, 동의어에 속하는 것끼리 의미가 같다는 것은 동일한 지시 대상을 가리킨다든가 가장 중심적인 기본 의미가 같다는 것이지, 모든 문장에서 자유롭게 바꾸어 써도 전혀 어색하지 않다는 뜻은 아닙니다.

Q '틈'과 '겨를'의 차이를 설명해 보세요.

A

우선 '틈'은 명사나 의존 명사로서의 기능을 모두 가지고 있는데, 사전적 의미를 보면 명사로서는 '벌어져 사이가 난 자리, 모여 있는 사람의 속, 어떤 행동을 할 만한 기회', 그리고 '사람들 사이에 생기는 거리' 등의 의미를 가지는 것으로 되어 있습니다. 의존 명사로서는 '어떤 일을 하다가 생각 따위를 다른 데로 돌릴 수 있는 시간적인 여유'라는 의미로 정의되어 있는데, '틈'이 문장에서 이러한 의존 명사로 사용됐을 때 '겨를'과 바꾸어 쓸 수 있습니다.

'겨를'은 '틈'과 달리 보통 어미 '-(으)ㄹ' 뒤에서 의존 명사로만 사용되며, 사전적 의미는 의존 명사로서의 '틈'의 의미와 일치합니다. 따라서 '틈'이 "창문 틈으로 바람이 들어온다."나 "사람들 틈에서 구경하고 있는 동생을 발견했다."처럼 명사로 사용되었을 경우에는 '겨를'로 대체될 수 없지만, "너무 바빠서 쉴 틈이 없다."에서와 같이 시간적인 사이를 나타내는 의존 명사로 사용되었을 경우에는 '겨를'로 바꾸어 쓸 수 있습니다.

> **여기서 잠깐!**
>
> 함께 생각해 볼 유의야 문장에서 그 쓰임에 따라 '틈'이나 '겨를'과 대체할 수 있는 어휘들의 사전적 정의 중 관련 의미를 살펴보면 다음과 같습니다.　　　　　　　　　　　　　　　　　　　　〈표준국어대사전〉
> - 말미
>   일정한 직업이나 일 따위에 매인 사람이 다른 일로 말미암아 얻는 겨를
> - 짬
>   – 어떤 일에서 손을 떼거나 다른 일에 손을 댈 수 있는 겨를
>   – 두 물체가 마주하고 있는 틈. 또는 한 물체가 터지거나 갈라져 생긴 틈
> - 사이
>   – 한곳에서 다른 곳까지. 또는 한 물체에서 다른 물체까지의 거리나 공간
>   – 한때로부터 다른 때까지의 동안
>   – (주로 '없다'와 함께 쓰여) 어떤 일에 들이는 시간적인 여유나 겨를

Q 다의어의 예를 들어 보고, 지도 방법을 설명해 보세요.

A

　다의어는 하나의 어휘 형태에 둘 이상의 의미가 있는 말로서, 새로운 의미를 표현하기 위하여 모든 어휘를 새로 만들 수는 없기 때문에 그 역할이 매우 크다고 할 수 있습니다.

　특히 외국어로서의 한국어 교육에서는 새로운 어휘를 계속해서 가르치는 것보다 다의어의 다양한 의미와 쓰임을 가르치는 것이 학습에 효과적이라고 생각합니다. 대표적인 예로 '손'을 들 수 있는데, 손은 '신체, 일손, 도와줌'이나 '교제·관계·인연, 수완·꾀, 소유·권력의 범위' 그리고 '힘·능력·역량, 솜씨, 버릇' 등과 같이 하나의 어휘 형태에 여러 의미가 있습니다. 이런 점에서 다의어는 학습자들의 한국어 수준에 맞추어 중심 의미에서 주변 의미로 확대하며 단계별로 가르치는 것이 필요하고, 또한 분명하게 구분되는 의미 항목들은 실제적인 예를 통해 하나하나 독립적으로 가르칠 필요가 있습니다.

실제 기출 미리 보기
- 동음이의어와 다의어에 대해 말해 보세요.
- 동음이의어와 다의어를 외국인에게 어떻게 설명할지 말해 보세요.

Q 동음이의어의 예를 들어 보세요.

A

　동음이의어는 의미가 다른 여러 개의 어휘들이 형태를 같이하는 경우를 말하는데, 한국어에는 한자어가 한글로 표기되면서 생기는 동음이의어가 다수 존재합니다. 한자어는 뜻글자라는 특성이 있어서 표기만으로도 구별할 수 있지만, 한글 전용이 이루어지는 환경에서 동음이의어는 한국어 학습자들에게 혼동을 줄 수 있습니다. 예를 들어 '먹는 배, 타는 배, 신체의 배', '신체의 눈과 내리는 눈', '타는 말, 수량으로서의 말, 입으로 하는 말', 그리고 '시간상의 밤과 먹는 밤', '하늘에 뜨는 해와 날짜의 해' 등이 그러한 경우에 속합니다. 이러한 동음이의어에 접근할 때는 문맥 속에서 의미를 구별하는 연습이 필요하다고 생각합니다. 예를 들어 '달다'라는 어휘를 가르칠 때 그 의미가 '맛이 달다, 메주를 달다, 무게를 달다, 몸이 달다' 등 여러 가지이기 때문에 목록과 의미를 제시하고 문맥 속에서 어떤 의미의 어휘를 사용한 것인지 찾을 수 있도록 지도하는 것이 바람직할 것입니다. 물론 이러한 통합적인 접근이 있기 전에 학습자들의 한국어 수준에 맞게 단계별로 하나하나의 의미를 제시하고 익히도록 하는 과정이 선행되어야 합니다.

여기서 잠깐!

동음이의어와 다의어 구분: '동음이의어'와 '다의어'는 둘 다 소리는 같고 뜻은 다르다는 점에서 유사합니다. 그러나 '동음이의어'는 단지 소리만 같을 뿐 그 어휘의 기원이 다르기 때문에 각각 다른 의미를 나타내게 된 것이며, '다의어'는 하나의 낱말의 의미가 확장되어 여러 의미를 나타내는 것입니다.

Q 연어 표현에 대해 예를 들어 설명해 보세요.

A

예시답변

둘 이상의 단어가 긴밀하게 결합되어 어떤 의미를 나타낼 때 그 단어들의 관계를 가리켜 연어 관계(Collocational Relation)라고 합니다. 또 그 구체적 내용을 가리킬 때는 연어 구성이라고 부르고, 어떤 단어와 결합하는 단어를 연어라고 부릅니다. 연어 구성은 기본적으로 두 단어의 통사적인 결합을 전제로 하는데, 이러한 점에서 둘 이상의 어휘 단위가 결합하여 하나의 어휘 단위로 기능하는 관용구와는 구별된다고 할 수 있습니다. 예를 들어 "옷을 입다, 모자를 쓰다, 양말을 신다"는 정상적인 연어 구성이지만, "옷을 신다, 모자를 입다, 양말을 쓰다"는 정상적인 연어 구성이 아니라는 사실은 한국어 모어 화자에게는 당연한 것으로 인식됩니다. 그러나 한국어에 대한 직관이 없는 학습자들은 관용구와 연어 표현을 구분하기 쉽지 않을 것입니다. 게다가 영어에서는 '입다, 쓰다, 신다'를 모두 'WEAR'로 표현하는 것처럼 연어 구성은 언어에 따라서 그 대응 양상이 달라지기 때문에, 외국어 학습이나 기계 번역 등에서는 이러한 연어에 관한 포괄적인 정보가 요구된다고 생각합니다.

또한 연어 구성에 어휘적 의미를 지니지 않고 문법적 기능만을 지니는 요소가 관여하는 경우에는 문법적 연어라고 하여 어휘적 연어와 구분하기도 합니다. 어휘적 연어는 "나이가 들다, 물구나무를 서다, 깜빡 잊다" 등과 같이 명사, 동사, 형용사, 부사와 같은 내용어들이 통사적 관계를 표시해주는 조사나 어미를 매개로 긴밀한 공기 관계를 형성하는 구성을 말합니다. 이와 달리 문법적 연어는 어절의 결합이 통사적 요인에 의한 구성을 말하는데, 예를 들어 '결코 –(으)ㄹ 수 없다, 단지 –일 뿐이다, 만약에 –(으)면, 왜냐하면 –기 때문이다' 등이 문법적 연어에 속합니다.

Q "원 별말씀을 다."라는 말을 쓸 수 있는 상황을 제시하고, 그것의 화용론적인 명칭을 말해 보세요.

A

"원 별말씀을 다."와 같은 말은 상대방으로부터 감사의 인사나 칭찬을 들었을 때 그것을 최소화하고자 하는 표현입니다. 예를 들어 내가 준 선물에 대해 상대방이 감사를 표했을 때나 상대방이 내 실력을 칭찬했을 때, "원 별말씀을 다."라고 하거나 또는 "별말씀을요, 별말씀을 다 하시네요." 등으로 대답하는 것은 겸양의 의미를 전달하고자 하는 것입니다.

의사소통 상황에서 사용되는 언어의 기능은 크게 둘로 나누어 볼 수 있는데, 하나는 정보 전달의 기능이고 다른 하나는 대화 참여자 사이의 상호 관계를 증진시키기 위한 기능입니다. 이때 정보 전달의 기능을 충실히 하는 데 사용되는 것은 협력의 원리(Cooperative principle)이고, 청자와의 관계를 증진시키기 위해 쓰이는 것은 공손의 원리(Politeness principle)라 할 수 있습니다. 그리고 "원 별말씀을 다"와 같은 말로 자신에 대한 칭찬을 최소화하거나 혹은 자신에 대한 비난을 최대화하고자 하는 경우, 리치(G.Leech, 1983)는 공손 원리의 하위 격률 중 하나인 '겸양의 격률(Modesty maxim)'이 작용하게 된다고 했습니다.

KEY POINT ✏️ 공손(성)의 원리

리치(G.Leech, 1983)는 상대방에게 정중하지 않은 표현은 최소화하고 정중한 표현은 최대화할 것을 담고 있는 정중어법으로서 공손성의 원리를 제안했다. 또한 이러한 공손성의 원리는 다음의 다섯 가지 하위 격률을 통해 실현된다고 설명하고 있다.

요령의 격률 (Tact maxim)	상대방에게 부담이 되는 표현은 최소화하고 이익이 되는 표현은 최대화할 것 예 볼펜 좀 잠깐 빌릴 수 있을까요?
관용의 격률 (Generosity maxim)	화자 자신에게 혜택을 주는 표현은 최소화하고 자신에게 부담을 주는 표현은 최대화할 것 예 제가 부족해서 결과가 이렇게 된 것 같습니다.
칭찬/찬동의 격률 (Approbation maxim)	다른 사람에 대한 비난의 표현은 최소화하고 칭찬은 최대화할 것 예 나영 씨는 참 대단해요. 이 정도 하는 게 쉬운 일이 아니잖아요.
겸양의 격률 (Modesty maxim)	화자 자신에 대한 칭찬은 최소화하고 비난은 최대화할 것 예 제가 아직 배울 게 많습니다. 잘 부탁드립니다.
동의의 격률 (Agreement maxim)	상대방과 불일치하는 표현은 최소화하고 일치하는 표현은 최대화할 것 예 맞아. 네 말을 듣고 보니까 정말 그렇겠네.

04 | 한국어 교수법 및 적용

Q 언어 영역에는 어떤 기능들이 있는지 구체적으로 말해 보세요.

A

예시답변

언어 영역은 표현 영역과 이해 영역으로 구분하는데, 표현 영역은 말하기와 쓰기, 이해 영역은 읽기와 듣기를 가리킵니다. 교수 과정에서는 각 영역을 연계해서 가르치는 통합 교육 방법이 효과적이라고 생각합니다.

먼저, 표현 영역의 말하기는 상호 작용 속에서 자신의 의사를 명확히 표현하고, 상대방의 의사를 이해하며, 상황에 맞게 즉각적으로 대처하고, 자신이 필요로 하는 정보를 요구하거나 알아낼 수 있는, 즉 인간관계를 원활하게 유지하는 데에 필요한 의사소통의 수단이라고 할 수 있습니다. 말하기와 함께 표현 영역에 속하는 쓰기는 학습자가 글을 쓰는 과정을 이해하고 완전한 글을 만들어 가도록 이끌며, 쓰는 과정과 결과를 균형 있게 추구하고, 학습자들이 다양한 구조를 이용하여 일련의 생각을 나타낼 수 있도록 하는 것을 과제의 목표로 삼는 것이 바람직합니다.

다음으로 이해 영역의 듣기는 언어의 네 가지 기능 중 가장 먼저 습득할 수 있는 능력이며, 다른 언어 능력의 기초가 됩니다. 이러한 듣기 능력을 향상시키기 위한 활동은 학습자가 각각의 단어보다는 전체 의미를 파악하는 데 초점을 맞출 수 있도록 구성해야 할 것입니다. 또 다른 이해 영역인 읽기는 학습자가 많은 정보를 이해하고 습득함과 동시에 어휘력과 독해력을 신장시키는 데 큰 비중을 차지하는 기능이라고 할 수 있습니다. 따라서 학습자가 구(句)나 문장에 담긴 뜻을 생각하도록 지도해야 하며, 작자의 주제와 독자에 대한 태도, 텍스트를 통한 소통의 광의적 목적을 고려·예측할 수 있도록 하는 것이 중요하다고 봅니다.

Q 인지와 초인지 학습 전략에 대해 설명해 보세요.

A

예시답변

인지 전략이란 학습자의 학습 과정에 영향을 미치는 정보의 획득과 조직, 저장과 활용 등의 정신적 조작을 가리키며, 메타인지 또는 상위인지라고도 불리는 초인지 전략은 그러한 인지 전략들을 계획, 선택하고 과제를 수행하는 동안 이해정도를 점검하거나 스스로 학습을 평가하는 것을 가리킵니다. 즉 장기기억을 높이는 주의집중이나 시연, 부호화 등 학습자들이 사용하는 다양한 정보 처리 방식들이 인지 전략에 해당하며, 어떤 정보에 주의를 기울여야 하는지, 시연을 사용할 것인지, 어떤 부호화 전략을 활용할지 등을 조절하고 결정하는 것이 초인지 전략에 해당합니다.

특히 초인지 전략은 독해력과 독해 전이의 향상이라는 측면에서 읽기 영역에서 그 필요성이 강조되어 왔을 뿐만 아니라, 학습 과정 전반에서 학습자가 초인지 전략을 적극적으로 활용할 때 학습 효과도 증대될 것이라는 주장이 많은 연구를 통해 증명되고 있습니다. 따라서 학습 현장에서는 학습자들이 초인지 전략을 학습의 전 과정을 인지하고 점검 및 통제, 조절하는 것으로서 효과적으로 활용할 수 있도록 돕는 것이 중요할 것입니다.

⊘PLUS ONE

초인지(메타인지) 전략 중 하나인 'SQ4R 모델'에 대해 설명해 보세요.

'SQ4R 모델'에서 S에 해당하는 '개관하기(Survey, Preview)'는 학습자료를 훑어보고 제목에 대해서 생각해 보는 정보 처리의 첫 번째 단계입니다. 다음의 Q는 학습 자료에 대해 묻는 '질문하기(Question)' 단계이고, 4R은 '읽기(Read), 숙고하기(Reflect), 암송하기(Recite), 검토하기(Review)'의 순서로 이루어집니다. 앞선 단계에서 학습 자료에 대한 질문을 만들었으면, 그 질문에 답을 하기 위해 자료를 읽는 과정이 이어지며, 자료를 읽으면서 학습 내용을 숙고하고 새로운 아이디어를 기존 지식에 관련 짓는 활동이 이루어지게 됩니다. 이렇게 숙고하는 단계까지 끝나면 다음으로는 만들어 놓았던 질문에 답을 해 보고, 또 그 과정에서 발견한 정보들을 제목과 연관 짓는 단계를 거치게 됩니다. 그리고 나서 학습한 정보들을 조직하고 또 이해되지 않은 부분은 다시 학습하는 검토의 단계에 이르면, 'SQ4R 모델'을 활용한 초인지 과정이 마무리됩니다.

Q 스키마 이론을 활용한 읽기 수업에 대해 설명해 보세요.

A

　스키마 이론에서는 학습에 있어서 도입 활동을 중요시하면서 이를 강화하도록 하고 있습니다. 만일 학생들이 글 내용에 적절한 스키마, 즉 배경지식을 갖추고 있지 못하다고 생각될 때는 도입 활동을 통해 글의 이해에 필요한 지식을 갖추도록 도와주어야 합니다. 특히 읽기 전 활동으로서 학습자들의 기존 스키마를 활성화하는 것이 읽기 학습에서 매우 효과적이기 때문에, 도입 단계에서 교사는 학습자들이 기존 스키마를 활성화하도록 돕는 한편 글 이해에 필요한 스키마 중에 학습자들에게 부족한 것들을 보충해 주어야 할 것입니다. 그렇게 하기 위해서 교사는 새로운 글이나 단원을 교수-학습하고자 할 때, 무엇보다 먼저 학습자들의 기존 스키마에 대해 잘 파악하고 있어야 하며, 학습자들이 스키마를 통해 텍스트 속에 언급되지 않은 내용이나 사건 전개 방향 등을 추론해 갈 수 있도록 지도해야 합니다. 스키마를 활용한 추론 활동은 제시된 글의 내용을 보다 명료하게 이해하는 데 도움이 될 뿐만 아니라, 이해한 내용을 기억하는 데에도 도움이 된다고 합니다. 또한 학습자의 지역적, 문화적 특성을 고려해서 가급적 그들의 배경지식과 적극적으로 연계될 수 있는 읽기 자료를 제시하여야 하며, 학습자의 스키마 활성화에 도움을 줄 수 있는 읽기 자료의 제목이나 삽화에 대해서도 보다 세심한 교육적 배려가 요구된다고 할 수 있습니다.

ⓥ PLUS ONE

읽기 교육의 활동 유형을 단계별로 말해 보세요.

- 읽기 전 단계(Pre-reading): 제목 보고 내용 유추하기, 중요 내용 및 문제점 등에 대한 질문을 제시하여 토론하기, 시청각 자료 활용하기, 담화 표지에 대한 정보를 제공하여 글의 구조적 패턴 파악하기 등
- 읽기 단계(While-reading): 대강 읽기(Skimming), 훑어 읽기(Scanning), 집중적으로 읽기(Intensive Reading), 확인하기(빈칸 채우기, 일치하는 문장 고르기, 참/거짓 가리기, 주제문 고르기, 순서대로 나열하기 등) 등
- 읽기 후 단계(Post-reading): 내용 확인 및 정리, 토론·쓰기 과제·역할극 등과 같은 통합 활동

Q 읽기 학습에서의 상향식 모형과 하향식 모형에 대해 설명해 보세요.

A

예시답변

상향식 모형(Bottom-up Model)은 입력되는 정보를 처리해야 할 일종의 자료로 보고 있습니다. 이러한 관점은 자료를 가장 작은 단위부터 더 큰 단위로 이해하며 더 나아가 기계적인 과정을 통해 입력되는 정보를 습득합니다. 그에 반해 하향식 모형(Top-down Model)은 입력되는 정보가 받아들이는 사람의 기대나 목적, 이해 과정에 의해 통제되면서 적절한 추론을 통해 그 정보를 습득한다고 보고 있습니다. 따라서 하향식 모형에서는 이해에 가장 중요한 영향을 미치는 것으로 독자 혹은 청자의 배경지식을 꼽습니다.

읽기 학습에서의 상향식 모형 역시 읽은 한 글자에서 출발하여 한 단어, 문장, 문단, 글까지 차례로 이해해 가는 기계적인 과정이며 텍스트 자체의 정보에 집중합니다. 따라서 읽기의 과정이 자료 주도적이고 선형적이며, 독자의 역할은 수동적이라고 할 수 있습니다. 하지만 하향식 모형의 읽기에서는 의미 형성이 글 자체에 의한 것이라기보다는 글에 대한 독자의 적극적인 가정이나 추측에서 비롯된 것이라 보며, 읽기는 가정을 검증해 나가는 과정이라고 봅니다. 따라서 독자는 능동적인 의미 생산자로서의 역할을 수행하게 되고, 읽기의 과정은 의미 주도적인 것이 됩니다.

Q 쓰기 교육을 한다면 어떻게 교육을 진행할 것입니까?

A

　쓰기의 영역은 문자를 배우기 위해 따라 쓰는 것부터 듣기 자료를 듣고 똑같이 적는 것, 표현 학습을 위한 쓰기, 느낌이나 생각을 기록하는 쓰기, 자신의 의견을 피력하는 쓰기, 학문적 글쓰기, 소설이나 대본 등의 창의적 글쓰기까지 아주 넓다고 할 수 있습니다. 이렇게 본다면 먼저 초급에서의 쓰기 교육은 따라 쓰기부터 시작해서 자신이 생각하는 바를 적는 것으로 넘어가야 할 것입니다.

　그리고 중급 이후에는 학습자들이 효과적인 글쓰기를 위한 능력을 키울 수 있도록 한국어 쓰기의 규약에 관한 학습을 진행하고 자신의 의견을 논리정연하게 펼칠 수 있도록 교육하는 것이 중요할 것입니다. 특히 글은 전달되고 나면 수정이 어렵기 때문에 말하기보다 정확성이 더 중요하게 여겨집니다. 이로 인해 학습자들이 부담을 더 크게 느낄 것이라고 생각합니다. 그렇기 때문에 쓰기 학습을 할 때는 학습자들에게 쓸 내용을 구성할 수 있는 시간을 충분히 주고, 오류에 대한 두려움도 줄일 수 있도록 격려해 주는 것이 필요합니다.

Q 과제를 통해 수행하는 쓰기 활동에 대해 어떻게 생각합니까?

A

쓰기는 문장을 만드는 것에서 시작하여 작문으로 연결되는 의사소통 활동 중 하나라고 할 수 있습니다. 자신의 의사를 글로 표현하기 위해서 맞춤법은 물론 문어의 특징을 이해하여 이에 맞는 글을 구성하고 쓰는 연습해야 할 것입니다. 하지만 수업 내에 글을 쓰기에는 시간이 부족하기도 하고, 학생들이 쓰기 위주로 이루어지는 수업을 지루해하거나 어려워하기도 합니다.

따라서 실제 수업에서 쓰기가 소홀하게 다루어지거나 과제로만 부과되는 경우가 있는데, 학생들이 과제를 해 오는 것만 가지고 쓰기 능력의 향상을 기대하거나 학생들의 성취도를 가늠하는 것은 힘들다고 생각합니다. 쓰기 역시 의사소통을 위한 중요한 기능이고 초급에서 중급, 그리고 중급에서 고급으로 올라가기 위한 필수 요소인 만큼, 수업 내에서도 적절한 쓰기 과정이나 활동이 제시되어야 하고 여기에 과제가 병행되는 것이 바람직할 것입니다. 또한 과제의 경우에는 그 결과물에 대해 학생들에게 개별적이고 구체적인 피드백이 제공되어야 효과가 있을 것입니다.

실제 기출 미리 보기

- 쓰기 활동 시 교사의 역할은 무엇입니까?
- 쓰기 수업을 진행한다면 어떻게 할 것입니까?
- 특정 주제를 가지고 과정 중심 쓰기 교육을 어떻게 진행하겠습니까?

Q 장르 중심 쓰기 교육에 대해 설명해 보세요.

A

예시답변

장르 중심 쓰기 교육에서는 장르의 유형, 사회적 기능, 형식과 내용을 가르치는 것을 쓰기 교육의 목표로 삼고 있습니다. 이렇게 함으로써 다양한 상황 맥락 내에서 전개되는 텍스트의 언어적 형식과 특징을 자유자재로 다룰 수 있도록 하는 것입니다. 여기에서 말하고 있는 텍스트는 형식적인 요소가 강조된 전통적 개념의 것이 아니라, 사회적인 맥락과 다양한 유형의 상호 작용 속에서 형성되는 가변적인 것입니다.

물론 종래의 과정 중심 쓰기 교육 역시 텍스트의 형식적인 요소보다는 전략을 강조하는 측면이 강하고, 글을 쓰는 과정에서의 문제 해결 행위를 강조하지만 '내용'에 초점이 있는 것은 아닙니다. 즉, 전략이 활용될 수 있는 상황과 맥락에 대한 고려는 부족하다는 것입니다. 이에 비해 장르 중심의 쓰기 교육은 상황적인 측면을 먼저 고려하고 그 상황에서 어떤 전략이 필요한지에 관심을 가짐으로써 글쓰기의 맥락성과 텍스트 요인을 강조하고 있습니다.

✓ PLUS ONE

결과 중심 쓰기와 비교하여 과정 중심 쓰기에 대해 아는 대로 설명해 보세요.

과정 중심 쓰기는 글을 쓰는 과정을 중시하는 쓰기 지도 방식입니다. 반면 결과 중심 쓰기는 학생들의 작문이 편지를 쓰는 것이든, 스토리를 만드는 것이든, 보고서를 쓰는 것이든, 마지막 결과물이 모범적인 작문에 얼마나 근접했는지 또는 얼마나 정확하게 문법을 구사하고 그 구조가 짜임새가 있는지를 근거로 학생들의 작문 능력을 평가하는 교육 방식입니다. 따라서 의사소통 능력의 향상이라는 관점에서 보면 결과에 초점을 두는 방식보다는 과정 중심 쓰기가 더 유용하다고 할 것입니다. 그러나 과정 중심 쓰기 지도라고 해서 그 결과물의 중요성이 감소하는 것은 아닙니다. 다만 그 결과가 결과 중심 쓰기에서와는 달리 발표나 토론 등 다른 기능으로 확장되어 나타날 수 있다는 차이가 있는 것입니다.

Q 듣기 수업의 구성을 말해 보세요.

A

　　외국어 교실에서 가장 일반적으로 사용되고 있는 듣기 수업의 모형은 Underwood(1989)가 제안한 3단계 구성이라고 알고 있습니다. 첫 단계인 '듣기 전 단계'는 학습자들에게 듣기의 목적을 제시하고 그에 대한 동기와 흥미를 유발하는 단계입니다. 이 단계에서는 학습자들의 배경지식, 즉 스키마를 활성화시키기 위한 시각적 보조 자료들이 많이 활용되기도 합니다. 다음 단계는 듣기 수업에서 가장 본질적인 단계인 '듣기 단계'입니다. 이 단계는 듣기 활동 자체가 중심이 되는 단계로 다른 단계에 비해 통합적인 활동을 줄이고 듣기 활동에 온전히 집중하도록 지도해야 합니다. 따라서 듣는 동안 이루어질 수 있는 활동은 간단히 메모를 하거나, ○와 × 등을 표시할 수 있는 정도일 것입니다. 마지막 단계는 '듣기 후 단계'인데, 들은 내용의 이해 여부를 점검하고 강화하는 단계로서 듣기 외에도 쓰기 및 읽기, 말하기 등 다른 언어 기능과의 통합 교육이 이루어져야 하는 단계입니다.

⊘ PLUS ONE

듣기 교육의 활동 유형을 단계별로 말해 보세요.

- 듣기 전 단계: 제목으로 내용 유추하기, 시청각 자료 활용하기, 관련 어휘 학습하기, 배경지식과 관련한 사전 질문하기, 듣기 내용과 관련된 자료 읽기나 말하기 등
- 듣기 단계: 내용에 맞는 그림 선택·배열·그리기, 표나 차트 완성하기, 괄호 채우기, 참/거짓 문제, 오류 찾기, 메모하기, 내용 관련 질문에 대답하기 등
- 듣기 후 단계: 내용 요약하기, 문법이나 어휘 점검하기, 토의하기, 문제 해결하기, 역할극 하기, 들은 내용을 참고하여 이야기 만들기, 말하기 활동과 연계하기 등

Q 역할극 활용의 장점과 단점을 말해 보세요.

A

학습자들의 의사소통 능력 향상을 위해서는 실제 혹은 그와 비슷한 의사소통 상황을 제공해 줄 수 있는 게임과 역할극을 적절히 이용하는 것이 바람직합니다. 특히 대화 참여자들에게 흔히 발생할 수 있는 어떤 사건이나 문제 상황을 제시해 주고, 목표어를 사용해 자발적으로 그 문제를 해결해 보도록 하는 역할극은 의사소통에 사용되는 실제적인 언어 능력을 개발할 수 있다는 점에서 매우 효과적인 말하기 활동이 될 수 있습니다. 따라서 다른 활동에 비해 학습자들이 더욱더 적극적으로 활동에 참여할 수 있게 되고, 다른 유형의 연습이나 활동에서는 경험하기 어려운 문제 해결 상황을 경험해 볼 수 있다는 점이 큰 장점으로 작용합니다.

반면 역할극의 단점, 즉 의사소통 활동으로써 역할극을 활용할 때 나타날 수 있는 부작용도 있습니다. 첫 번째로 다른 활동에 비해 꽤 긴 시간의 진행이 필요한 활동이다 보니, 학습자들의 언어 수준이나 분위기, 태도 등을 고려했을 때 사용하기 적절치 않은 경우 시간 낭비는 물론이고 학습에 부정적인 영향을 줄 수도 있습니다. 또한 역할극이 목표어의 실제적인 사용을 경험해 보도록 하기 위한 수단으로 여겨지지 않고, 그 자체가 목표가 된다면 효과적이지 않을 수 있습니다.

⊘ PLUS ONE

말하기 교육을 위한 활동 유형을 말해 보세요.

말하기 교육의 활동으로는 질문에 대답하기, 인사하기, 자기소개를 비롯한 가족이나 고향 소개하기, 이야기하기, 발표하기, 토론하기 등이 있으며, 말하기와 듣기 또는 읽기와 말하기를 병행하는 방식으로 다른 기능과 연계해 교육할 때 효과가 큽니다. 또한 활동하기에 앞서 학습자들의 수준에 맞는 교육의 목표와 내용, 방법, 평가 등을 설정해 놓고, 거기에 맞는 부교재 및 학습 자료를 만들어 학습자 중심의 교육이 되도록 해야 할 것입니다.

Q 교원 자격증을 취득한 후 정식으로 한국어 수업을 하게 된다면 다양한 교수법 중 어떤 교수법을 사용하는 것이 가장 효율적이라고 생각합니까?

A

교수법이란 교육 목표, 학습 내용, 학습의 주체인 학생의 수준 및 특성, 그 밖에 여러 가지 교육 환경이나 여건 등과 밀접한 관계가 있으므로 한국어 수업에 있어서도 적절한 교수법을 하나로 제시하기는 어렵다고 생각합니다. 그렇기 때문에 여러 교수법의 특성과 학습자의 지적·정서적·문화적 배경 및 요구 등을 파악한 후에, 그 수업에 적절한 교수법을 적용하는 것이 가장 효율적이라 할 수 있겠습니다. 물론 그 때에도 한 가지 교수법만을 고집하기보다는 수업의 단계별·내용별 특성에 따라 다양한 교수법을 통합적으로 연계해서 적용하는 것이 더욱 효과가 좋을 것이라고 생각합니다.

⊘ PLUS ONE

언어 교수법의 유형을 설명해 보세요.

- 문법–번역식 교수법: 언어의 문법 규칙을 숙지하게 하여 다른 문장을 접했을 때 그 지식을 응용할 수 있도록 훈련합니다.
- 직접식 교수법: 모국어를 전혀 사용하지 않고 목표어만을 사용하여 가르치며 구어에 치중합니다.
- 청화식 교수법: 구어에 대한 집중적 훈련과 단계적이고 체계적인 내용 전개, 모방, 반복, 문형 연습을 특징으로 합니다.
- 의사소통 접근법: 언어의 구조·의미·기능에 대한 학습을 강조하고, 실제 언어 사용의 관점에서 학생 중심의 수업이 이루어져야 합니다.
- 자연적 접근법: 모국어를 배우듯이 외국어를 습득하자는 것으로서, 듣기를 먼저 하다 보면 말하기는 저절로 할 수 있게 된다고 보고 의사소통 연습을 위해 모든 수업 시간을 사용합니다.
- 이외에 전신 반응 교수법, 침묵식 교수법, 인지주의적 교수법, 과제 중심 교수법 등이 있습니다.

Q 하임즈가 말한 의사소통 능력이 무엇인지 설명해 보세요.

A

예시답변

　하임즈는 촘스키가 '언어 능력'과 '언어 수행'을 구분한 것을 제한적 관점으로 보고, 그에 대한 반발로 '의사소통 능력'이라는 개념을 제안했습니다. 촘스키는 언어 능력을 언어 구조에 대한 지식으로 보았으며 언어 능력이 상황에 따라 사용되는 것을 언어 수행으로 보았는데, 언어학은 이 두 가지 중 언어 능력에 초점을 맞춰야 한다고 주장했습니다. 그러나 하임즈는 언어 습득에 있어서 그 언어의 문장을 구성하는 방법뿐만 아니라, 문장을 사용하는 일련의 방법들에 대한 지식도 습득해야 한다고 하면서 내용을 해석하고 전달하며 상호 협의할 수 있는 의사소통 능력에 언어학의 초점이 맞춰져야 한다고 반박했습니다.

　즉, 하임즈가 말한 '의사소통 능력'이란 언제 어디에서 어떻게 말해야 하는지 아는 능력으로서, 학습자가 문법을 이해하고 응용할 수 있는 능력뿐만 아니라 잘못된 발화를 수정하고 어떻게 적절한 발화를 할 수 있는지 판단할 수 있는 능력까지를 포함하는 것입니다. 사실 촘스키는 언어학 그 자체를 구분하는 데 중심을 두었지만 하임즈는 교육과 학습이라는 측면에서 접근한 것이라 입장이 달랐다고도 할 수 있습니다. 따라서 하임즈에 의하면 어떤 배경에서 누구에게 말을 해야 하는지, 신분이나 역할이 다른 사람에게는 말을 어떻게 해야 하는지, 또는 여러 가지 상황에서 적절한 비언어적 행동은 무엇인지 등 의사소통 차원에 관련된 모든 것에 대한 지식과 기대가 언어 학습 내용에 포함되어 있어야 합니다.

Q TPR 교수법이 무엇이며, 어떤 학습자에게 적합하다고 생각하는지 말해 보세요.

A

　TPR(Total Physical Response), 즉 전신 반응 교수법은 청취 이해력을 강조하는 이해력 교수 이론을 기본 원리로 하며, 외국어를 학습할 때 학습자가 주어진 외국어에 대하여 신체적으로 반응함으로써 대상 외국어를 터득하는 교수 기법입니다. 즉, 교사는 학습자가 알아들을 수 있는 정도의 목표어를 사용하여 지시나 명령을 하고, 이 지시나 명령을 받은 학생이 말로 반응을 하는 대신 행동으로 반응을 보이게 함으로써 목표어를 가르치는 방법입니다. 전신 반응 교수법은 다양한 움직임과 게임 등을 활용하기 때문에 이 교수법을 사용하면 학습 분위기를 활발하게 만들 수 있고, 동작 동사 및 필수적인 사물의 명칭을 가르칠 때 효과를 볼 수 있습니다. 따라서 초급 학습에 적절한 교수법이라고 할 수 있고, 읽기와 쓰기에 비해 듣기 능력이 부족한 학습자에게 효과적인 교수법이라고 생각합니다.

⊘ PLUS ONE

전신 반응 교수법의 장단점을 설명해 보세요.

- 장점
  - 교사의 지도에 따라 학생들이 실제 행동으로 반응하므로 듣기를 위한 집중력과 장기 기억력을 기를 수 있습니다.
  - 학습자의 긴장감을 해소하여 학습을 용이하게 할 수 있습니다.
- 단점
  - 신체적 활동으로 학습 분위기가 소란스러워질 수도 있습니다.
  - 듣기 연습에 치중하다 보면 학생들이 금방 지루함을 느껴 학습에 흥미를 잃기 쉽습니다.

Q 직접식 교수법의 특징을 말해 보세요.

A

Q 직접식 교수법을 이용하여 수업을 진행할 때 목표어에 대한 학습자의 이해 능력이 부족하다면 어떻게 하는 것이 좋다고 생각하는지 말해 보세요.

A

직접식 교수법(Direct Method)은 문어(文語)보다 구어(口語)에 집중하여 목표어로 직접 생각하고 표현하며 이해하는 능력을 기르는 데 목적이 있습니다. 처음부터 모국어를 전혀 사용하지 않고 목표어만을 활용하기 때문에 단어나 문법 중심이 아닌 상황 속에서 문장과 표현 중심의 수업을 하게 되므로 의사소통 능력의 신장에 도움을 주는 교수법입니다. 또한 소규모의 교실에서 교사가 미리 철저하게 준비한 계획에 따라 질의·응답을 하면서 수업이 진행되기 때문에 말하기 능력을 향상시키는 데 매우 효과적인 교수법이라 할 수 있습니다. 다만, 구어 중심이다 보니 체계성이 떨어지고 목표어를 이해하지 못하는 학습자, 특히 초급 학습자들이 이해하는 데 어려움이 있어 학습의 참여도가 떨어질 우려가 있습니다. 이와 같이 목표어에 대한 학습자의 이해 능력이 충분하지 않을 경우 교사는 유의어나 상·하위어 등을 최대한 적절하게 사용하여 학습자가 이해할 수 있는 수준으로 설명을 제시할 수 있도록 해야 할 것입니다. 즉, 한 가지 의미를 여러 가지 표현으로 구사하면서 질문하고 설명하는 과정을 통해 학습자들이 차츰차츰 목표가 되는 어휘나 문형 등을 이해할 수 있도록 하는 것이 중요하다고 생각합니다.

⊘ PLUS ONE

직접식 교수법이 실제 교실에서 어떻게 적용되는지 설명해 보세요.

• 수업의 실제
  - 직접식 교수법의 교실 수업에서는 학습자의 모어를 절대 사용하지 않습니다.
  - 수업 내용은 주로 일상생활에서 사용하는 어휘와 문장으로 이루어집니다.
  - 문법은 귀납적인(Inductive) 방법으로 가르칩니다.
  - 발음과 문법의 정확성을 강조합니다.
  - 교사는 학생들에게 읽기 자료를 직접 제시하거나 교과서에 제시된 읽기 자료를 이용하며, 읽기 자료의 내용을 나타내는 그림을 수업 보조 도구로 사용합니다.
  - 그림을 이용한 목표어로의 문답을 통해 교사는 어휘, 발음, 교재의 내용 등을 학습시킵니다.
  - 마지막으로 교사는 학생들이 배운 것을 측정하기 위하여 여러 가지 다양한 문제들, 예를 들어 빈칸 채우기나 받아쓰기 등을 실시합니다.

Q PPP 교수법과 TTT 교수법을 비교·대조하여 설명해 보세요.

A

과거에 문법을 설명(Presentation)하고 연습(Practice)하는 활동이 언어 교육의 주가 되었던 시기가 있었는데, 점차 이러한 형태적 설명과 연습만으로는 언어를 유창하게 구사하기 어렵다는 인식이 확대되면서 등장한 것이 바로 PPP 교수법입니다. PPP 교수법을 적용한 수업은 '제시(Presentation)-연습(Practice)-산출(Production)'의 형태로 이루어지는데, 이 중 학습자들이 제시된 언어 요소를 사용하여 자유롭게 발화하도록 하는 산출 단계가 가장 중요한 단계입니다. 산출 단계의 초기에는 교사가 어느 정도 가이드라인을 주고 통제하면서 방향을 잡아주는 것이 필요하지만, 나중에는 학습자들이 자유롭게 발화할 수 있도록 도와주어야 합니다. PPP 교수법은 산출에 있어 유창성보다는 정확성에 초점을 두고 있기 때문에 의사소통 능력의 향상이라는 목표 달성을 위해서는 대안이 필요했고, 그러한 요구로 등장한 것이 TTT 교수법입니다.

TTT 교수법은 과제 중심 모형(Task-based Model)으로 이 모형이 적용된 수업은 '과제(Task)-교수(Teach)-과제(Task)'의 형태로 이루어집니다. TTT 교수법은 PPP 교수법과 달리 정확성보다는 유창성에, 형태 학습보다는 의미에 중점을 두는 교수법으로서, 이 교수법을 적용한 수업에서 교사는 학습자들의 의미 전달 과정 가운데 나타나는 오류들을 지켜보며 보다 원활한 의사소통을 하도록 지도하고자 합니다. 또한 학습자가 배경지식이 없다는 전제에서 출발하는 PPP 교수법과는 달리, TTT 교수법은 학습자가 이미 배경지식이 있으며 할 수 있는 것이 있다는 전제를 가지고 있기 때문에 이 교수법을 적용했을 때 초급 학습자의 경우에는 다소 어려움을 겪을 수도 있습니다.

- 귀납적 교수법과 연역적 교수법을 설명하고 각각의 장단점을 말해 보세요.
- PPP 모형의 제시 단계에서 '-(으)면서'의 형태와 의미를 제시해 보세요.

⊘ PLUS ONE

의사소통 중심 교수법의 학습 활동을 예를 들어 설명해 보세요.

- 정보의 공백(정보차 활동): 둘 또는 그 이상의 학습자들 사이의 의사소통을 촉진하기 위한 대표적인 학습 활동으로서, 서로 다른 정보를 갖고 있는 학습자들이 상대방이 갖고 있는 정보를 알지 못한 채 질의-응답 등 의미 있는 상호 작용을 통하여 주어진 과업을 수행하는 것입니다.
  예 두 학습자가 서로 다른 지도를 갖고 있으며, 상대방에게 질문을 하여 자기가 가고자 하는 곳의 위치를 찾아낸다.
- 역할극(Role-play): 학생들에게 어떤 특정 상황, 예를 들어 물건 사기나 여행 중 기차표 사기 등의 상황을 가정하게 한 후, 그 상황에서의 어떤 인물의 역할을 맡아 다른 역할을 맡은 학생과 대화를 하게 하는 것입니다.
  예 여행하는 상황을 설정하고, 학생 A와 학생 B의 상황과 수행해야 할 역할을 분명하게 제시한 후 여행에 필요한 문의나 예약 등을 해 보게 한다.

Ⓠ 문법 번역식 교수법의 특징과 효과를 설명해 보세요.

Ⓐ

　문법 번역식 교수법(Grammar-translation Method)은 외국어로 쓰인 문학 작품 등에 대한 독해 능력의 개발이나 지적인 훈련이 목적이 되는 교수법으로서, 어휘 암기, 목표어로 된 문장의 번역, 문장의 의미 이해, 언어의 문법 규칙 숙지, 지식 응용의 절차로 수업이 이루어집니다. 따라서 읽기와 쓰기 능력의 향상이 주된 목표이고, 말하기와 듣기에는 거의 관심을 두지 않는다고 할 수 있습니다. 또한 문법이나 어휘는 대개 모국어로 해석이 되어서 학습자에게 제시되고, 학습자들은 여러 번 쓰고 연습하는 과정을 거쳐 문법과 어휘를 암기하게 됩니다.

　문법 번역식 교수법에서는 교수 및 학습이 문장 단위로 이루어지기 때문에 한 단락이나 전체적인 글의 맥락은 크게 중요시되지 않습니다. 그 결과 학습자들에게 유창성보다는 정확성을 강조하게 되고, 학습은 연역적(Deductive)으로 이루어지게 됩니다. 이러한 특징을 지니는 문법 번역식 교수법의 교실에서는 모국어가 수업 내용의 전달 수단이 되기 때문에 교사의 입장에서 보면 매우 편한 교수법이라고도 할 수 있습니다.

　또한 문자언어 운용 능력인 읽기와 쓰기를 가르치는 데에는 어느 정도 효과적이라고 생각합니다. 하지만 듣고 말하는 능력의 향상을 기대하는 학습자들이나 보다 통합적인 의사소통 능력의 신장을 목표로 하는 학습자들에게는 적절치 못한 교수법이 될 것입니다.

Q 청화식 교수법이 적합한 학습 단계와 학습 효과를 말해 보세요.

A

청화식 교수법(Audio-lingual Method)은 언어 교정에 초점이 있기 때문에 구(句)나 문장, 짧은 대화의 모방을 반복해 암기하게 하고, 학생이 문장 구성에서 오류를 범하지 않고 기본적인 문장 구조를 정확하게 기계적으로 구사할 수 있도록 하는 것을 목표로 합니다. 이러한 점에서 청화식 교수법은 초·중급 단계 과정과 말하기·듣기 영역에 효과적이며, 초급 단계에서는 발음·억양을 가르칠 때 사용하면 효과적이라고 생각합니다. 그러나 실제의 맥락을 무시하고 형태의 반복 학습, 즉 개별 문장의 문형 연습에만 초점을 두기 때문에 실제 의사소통에 어려움이 따를 수 있습니다. 이럴 경우 문장과 문장이 좀 더 유기적으로 사용되는 방식의 문형 연습을 해서 보완할 수 있을 것입니다. 즉, 청화식 교수법은 보통 한 문장 내에 있는 언어 구조를 익히기 위해서 해당 어휘를 바꾸어 가면서 반복 학습 활동으로 진행되는 것이 일반적이지만, 초급의 학습자가 아닐 경우에는 인과 관계 또는 시간적 순서대로 말하는 여러 문장의 예를 제시하여 어휘를 바꾸면서 활동하는 변형된 방법을 사용할 수 있습니다.

⊘ PLUS ONE

시청각 교수법과 청화식 교수법의 차이점을 말해 보세요.

시청각 교수법은 청화식 교수법의 원리에 근거하나 음성 자료만 사용하는 것이 아니라, 시각 자료와 시청각 자료 및 컴퓨터를 이용한 교수 자료를 모두 사용한다는 점이 청화식 교수법과 다르며, 그림·사물·행동·영화·비디오·인터넷 등을 사용하는 교육 방법이므로 학습자들의 집중도가 떨어질 때 학생들의 흥미를 유발한다는 점에서 효과적입니다. 그러나 모든 학생의 흥미를 유발하는 것은 아니기 때문에 컴퓨터를 이용한 인터넷 검색 등의 방법을 통해 학생들의 자발적인 참여를 유도하는 것이 바람직합니다.

실제 기출 미리 보기

- 청화식(청각구두식) 교수법과 의사소통 중심 교수법을 비교해서 설명해 보세요.
- 청화식(청각구두식) 교수법의 특징과 이 교수법을 언제 사용하면 좋을지 말해 보세요.
- 문법 번역식 교수법과 청화식(청각구두식) 교수법의 공통점과 차이점을 각각 설명해 보세요.

Q 과제 중심 교수법에 대해 장단점을 들어 설명해 보세요.

A

과제 중심 교수법(Task-based Language Teaching)은 문법 중심의 교수법과 같은 전통적인 방법 대신 언어의 형식과 의미 모두에 집중하도록 하는 교육적 과제와 실제적 과제를 중심으로 수업을 진행하며, 이러한 과제를 해결하는 동안 목표 언어로 어떻게 의미와 의도를 전달하는지 체득하게 된다는 것을 강조하는 교수법입니다.

의사소통을 가장 중요하게 생각하는 과제 중심 교수법에서는 상대적으로 학습자들에게 실제적이고 유의미한 언어 사용의 기회가 많이 부여되고, 교과서뿐만 아니라 각종 인터넷 자료와 잡지 등 과제를 수행할 수 있도록 하는 다양한 자료가 활용되기 때문에 학습 동기부여에도 효과적이라는 장점이 있습니다. 반면 그러한 특성 때문에 초급 수업에서 기초적인 수업 방식으로 활용되기는 어렵고, 언어 교실에서 쉽게 찾을 수 있는 교과서와 관련 자료들 이외에 다양한 자원이 요구된다는 단점이 있습니다. 과제 중심의 수업에서는 객관적인 평가나 측정이 어려울 수 있다는 단점도 가지고 있습니다. 수업에 반영된 실제성에 대한 기준이나 그 반영 여부에 대한 판단이 불투명해질 수 있기 때문입니다.

실제 기출 미리 보기

- 교육적 과제와 실질적 과제를 설명해 보세요.
- 의사소통 중심 교수법과 과제 중심 교수법의 차이점에 대해 말해 보세요.

Q 자연(적) 교수법에 대해 설명해 보세요.

A

자연(적) 교수법 혹은 자연적 접근법(Natural Approach)은 스페인어 교사였던 테럴(Terrell)과 응용언어학자 크라셴(Krashen)의 제2언어 습득 이론이 접목되어 이루어진 교수법입니다. 이 교수법에서는 외국어 학습도 모국어 습득처럼 무의식적이고 비공식적인 상태의 자연스러운 상황에서 가능하다고 보고 있으며, 따라서 초보자가 목표 언어를 사용하는 환경에서 의사소통을 하면서 자신의 역할을 수행할 수 있도록 지도합니다.

또한 외국어를 자연스럽게 습득하도록 하기 위해서는 올바른 종류의 이해 가능한 입력(i + 1)이 제공되어야 한다는 것을 강조하고 있기 때문에, 글이나 그림 같은 자료를 적극적으로 활용하고 목표 언어 자체를 가능한 한 많이 접촉하도록 합니다. 더불어 의사소통 능력의 향상을 위해 말하기보다는 듣기에 더 많은 비중을 두어 목표 언어 습득을 유도하고, 유의미한 의사소통의 경험을 통해 학습자들이 심리적인 부담감을 낮출 수 있도록 하는 교수법입니다. 그러한 맥락에서 학습자들의 오류에 대해서도 의사소통에 결정적인 영향을 주지 않는 한 지적을 삼가면서, 반면 올바른 수행에 대해서는 칭찬과 격려를 아끼지 않는 것이 특징입니다.

⊘ PLUS ONE

크라셴(Krashen)이 말한 '습득-학습 가설'에 대해 말해 보세요.

크라셴은 습득과 학습을 완전히 다른 것으로 보고 있습니다. 심지어 습득 활동과 학습 활동이 이루어지는 뇌의 위치나 각각의 발달 정도도 다르며, 언어는 습득하는 것이지 학습하는 것이 아니라고 보고 있습니다. 특히 말하기는 습득의 결과이며, 학습의 역할은 틀리지 않도록 도와주는 것이기 때문에 문법과 같이 규칙과 정확성에 있어서만 제 역할을 한다고 말합니다. 그러므로 크라셴은 습득의 중요성을 훨씬 더 강조하며, 언어를 습득할 때에만 유창하게 말할 수 있다고 주장합니다.

Q 평가의 종류 중 성취도 평가와 숙달도 평가에 대해 설명해 보세요.

A

먼저 성취도 평가는 교육 과정에 따라 일정 기간 일정 내용을 가르친 뒤, 학습자들이 학습 목표를 얼마나 성취했는지를 측정하는 평가로서 월말고사, 중간고사, 기말고사 등이 여기에 속합니다. 교사는 성취도 평가를 통해 학습자가 학습 내용을 얼마나 이해했고, 실력이 어느 정도 향상되었는지를 점검할 수 있습니다. 또 그 점검 결과에 따라 교사 자신의 교수법이나 교재 등을 수정할 수도 있습니다.

이에 비해 숙달도 평가는 학습자의 능력이 전체 교육 과정에서 어떤 단계 혹은 위치에 도달해 있는가 하는 것을 측정하는 평가입니다. 다시 말해서 학습 과정에서 익숙하게 통달한 정도를 말하며, 평가의 특성상 배치 및 선별의 목적으로 사용되기도 합니다. 또한 숙달도 평가는 정해진 기준에 도달했는가 못 했는가, 도달했다면 그 정도는 어느 정도인가를 평가하는 데에 사용되며, 한국어 토픽(TOPIK)과 같은 각종 자격시험이 여기에 해당됩니다.

실제 기출 미리 보기
- 타당도에 대해 설명해 보세요.

평가의 유형에는 어떤 것이 있는지 설명해 보세요.

평가는 그 기준에 따라 여러 유형으로 구분됩니다. 먼저 평가를 분리 평가와 통합 평가로 나누어 볼 수 있는데, 분리 평가는 언어의 세부적 요소에 대한 지식 정도를 측정하는 것으로서 문법 구조, 어순, 음운 구조나 발음 등을 분리해서 측정하게 됩니다. 이에 반해 통합 평가는 학습자의 다양한 언어 능력을 종합적으로 평가하는 것으로서, 규칙 빈칸 메우기(Cloze Test)와 받아쓰기 등이 그 예가 됩니다. 또한 이러한 통합 평가는 학습자들이 얼마나 성공적으로 의사소통을 하는지 알아보는 데에 초점을 둡니다. 다음으로 평가를 준거 지향 평가와 규준 지향 평가로도 구분할 수 있습니다. 준거 지향 평가는 목표 지향 평가라고도 하며, 학습 목표 등의 준거에 비추어 학습자들의 성취 정도를 확인하는 절대 평가로서 토픽(TOPIK)도 이 유형에 속합니다. 그러나 규준 지향 평가는 학습자들의 성취도를 평가집단 내에서 상대적으로 비교하는 상대 평가로서, 학습자들의 능력을 비교하기 위한 평가입니다. 이 밖에도 평가는 주관식 평가와 객관식 평가, 성취도 평가와 숙달도 평가로 구분할 수도 있습니다. 그리고 교육 과정 중 어느 시기에 실시하느냐에 따라 형성 평가와 총괄 평가로 구분할 수도 있고, 평가 목적과 방법에 따라 진단 평가나 배치 평가, 직접 평가 또는 간접 평가 등으로도 유형화할 수 있습니다.

Q 컴퓨터를 활용한 말하기 평가의 장단점에 대해 설명해 보세요.

A

 CBT(Computer Based Testing, 컴퓨터 기반 평가)나 IBT(Internet Based Testing, 인터넷 기반 평가) 등 컴퓨터를 활용한 말하기 평가는 기존 면대면 인터뷰 방식에 비해 평가 실시에 따르는 비용을 절감하고 문항 제작부터 성적 처리까지의 전 과정을 효율적으로 관리할 수 있다는 장점이 있습니다. 또한 평가에 있어 컴퓨터를 활용하게 되면 한 번 제작된 평가 문항을 지속적으로 활용할 수 있기 때문에 실용성을 높일 수 있고, 음성이나 동영상과 같은 멀티미디어적 요소를 활용해 더 다양하고 유연한 평가 문항을 개발할 수도 있습니다. 더불어 평가자의 주관성이 개입될 여지가 없기 때문에 상대적으로 높은 신뢰도를 확보할 수 있습니다.

 반면 컴퓨터 활용 평가는 개인정보 처리의 문제나 평가 프로그램 설치 문제, 시스템 접속 시 오류 발생의 가능성 등을 고려하여 평가 전 필요한 환경이나 시설의 조건을 꼼꼼히 갖추고 점검해야만 가능하다는 한계도 가지고 있습니다. 물론 초기 단계의 시스템 설계 및 개발에 상당한 비용이 요구된다는 점도 컴퓨터 활용 평가의 단점으로서 간과할 수 없을 것입니다. 또한 일부 연구에서는 컴퓨터를 활용한 말하기 평가 시 면대면 평가에서보다 실제적인 유창성이 낮게 평가될 수 있다는 문제가 제기되기도 했는데, 이러한 측면에서 볼 때 컴퓨터 활용 평가가 수험자의 언어 능력을 정확하게 추론하는 데 방해가 될 수 있다는 사실도 고려되어야 합니다.

실제 기출 미리 보기

• 말하기 시험 채점 시 넣어야 할 항목에는 무엇이 있습니까?

Q 한국어 어휘 중 한자어가 많은 비중을 차지하는데, 한자 교육은 어떻게 할 수 있을지 말해 보세요.

A

거의 반세기에 이르는 동안 한글 전용 정책 등의 영향으로 생활 주변에서 한자로 표기되는 사례가 많이 줄어들기는 했지만, 대부분의 인명과 지명의 표기는 여전히 한자를 바탕으로 하고 있고, 한국어 어휘의 다수가 한자어라고 할 수 있습니다. 그렇기 때문에 생활 회화 이상의 한국어 능력을 습득하고자 한다면 한자 교육이 꼭 필요하다고 생각합니다. 그러한 관점에서 교육 내용을 선정하고자 할 때 고려해야 할 점은 대상 학생들이 한자 문화권의 사람들이냐 아니냐 하는 것입니다. 한자 문화권의 학생들에게는 독음만 지도하면 될 테지만, 현재는 한·중·일의 한자가 중국의 간체자, 일본의 약자 때문에 일치하지 않는 부분이 많이 있어서 한자 교육 시 이를 극복할 수 있는 방법을 모색해야 할 것입니다.

한자의 지도 방법 역시 한자권의 학생이냐 아니냐에 따라 각기 달리 적용되어야 한다고 생각합니다. 일본이나 중국과 같은 한자권 학습자의 경우 한자 어휘의 학습과 교육은 발음과 표기, 의미에 차이를 두고 학습하면 좋을 것이고, 비한자권 학습자의 경우에는 한자 어휘의 형태와 음, 그리고 뜻을 효과적으로 알고 구별하도록 교육하는 것이 좋습니다.

Q 한국어를 전혀 모르는 초급 수준의 학생을 가르칠 때는 어떻게 가르치는 것이 좋다고 생각하는지 말해 보세요.

A

　한국어를 전혀 하지 못하는 초급 수준의 학생들에게는 우선 자모를 읽고 쓰는 법을 가르치되, 일단 자음의 이름은 가르칠 필요가 없다고 생각합니다. 그리고 자모를 가르칠 때는 우선 모음 중 단모음을 먼저 가르치고, 다음으로 평음에 해당하는 기본 자음을 가르치는 것이 좋습니다. 그 후에 격음과 경음을 제시하고 마지막으로 이중모음을 가르친 뒤, 각 모음과 자음을 결합하면서 쓰고 발음하는 연습을 한 다음에 받침 교육으로 들어가면 됩니다. 이렇게 자모를 가르치는 단계에서는 교사가 단어를 읽고 써 주며, 그림이나 몸짓으로 묘사할 수 있는 간단한 단어들로 뜻과 발음을 함께 가르치기도 합니다. 학습자가 잘 따라 하지 못하면 발음 기호로 설명하기보다는 조음 기관의 단면 그림을 보여 주면서 해당 자모를 발음할 때 조음 기관이 어떻게 움직이는지 지도할 필요가 있습니다. 그렇게 학습자가 발음을 전부 익히고 나면 간단한 문장과 문형부터 학습시키도록 합니다.

실제 기출 미리 보기

- 의사소통 중심으로 초급 학생들에게 무엇을 가장 먼저 가르칠 것입니까?
- 초급 학습자에게 적당한 교수법은 무엇입니까?

한국어 초급에서 교사가 유의해야 할 점으로는 어떤 것이 있는지 말해 보세요.

우선 초급 학습자일수록 쉬운 언어를 사용해야 하며, 특히 교사의 언어는 간결하고 정확하게 제시되어야 합니다. 또한 판서 역시 간결하고 정확한 것이 좋은데, 초급에서라면 되도록 교사가 직접 판서를 하는 것이 효과적이고 한 글자 한 글자 판서를 통해 어법뿐 아니라 발음까지 정확하게 할 수 있도록 신경 써야 할 것입니다. 그리고 초급 학생들에게는 우선 정확하게 쓰고, 문법이나 문형을 익히는 과정이 필수적이기 때문에 한국어 초급 수업의 경우에는 문법도 귀납적 접근 방법이 아닌, 연역적 접근 방법으로 제시하는 것이 좋습니다.

Q 수업 중에 교사가 학습자의 모국어를 사용하는 것에 대해 어떻게 생각하는지 말해 보세요.

A

예시답변

한국어로 한국어를 가르칠 때 가장 중요한 것은 교사가 쓰는 한국어의 수준이 학습자의 수준에 알맞은지에 대한 것이라고 생각합니다. 이해하기 어려운 수업은 당연히 학습자에게 도움이 되지 않습니다. 그리고 한국어를 학습자의 모국어로 설명하면서 가끔 한국어로 이야기를 해 주는 수업은 학습자들에게 한국어 입력 자료가 충분히 제공되지 않아서, 특히 학생들의 듣기 능력을 배양하고 한국어로 과제를 수행하게 하는 데 큰 도움이 되지 않을 것입니다. 따라서 학습자의 목표와 한국어 능력 수준에 따라 한국어와 학습자의 모국어를 적절하게 병용하는 것이 바람직하며, 무엇보다도 학습자가 낯선 한국어 발화의 특성을 자연스럽게 이해하고 가능한 한 거기에 빨리 익숙해지도록 하는 방안을 찾아내는 것이 중요합니다.

한국어 수업에서 교사가 발화 시 유의해야 할 점은 무엇인지 말해 보세요.

한국어 수업에서는 특히 학습자들의 한국어 수준과 관련된 개념이 매우 중요하기 때문에, 교사가 수업 시간에 하게 되는 발화 수준의 적절성에 더욱 신경을 써야 합니다. 종종 교사들이 쉬운 것을 가르치고 설명하면서 목표 내용보다 더 어려운 표현을 쓰는 오류를 범하게 되는데, 국어 수업과는 다르게 한국어 수업에서는 교사의 발화가 학습자에게 일종의 교재 역할을 한다는 점을 잊어서는 안 될 것입니다. 또한 언어 수업이란 일차적인 목적이 학습자의 목표어 실력을 향상시키는 데에 있으므로, 교사는 자신의 발화를 철저하게, 그러나 자연스럽게 수업에 연관시켜 미리 학습자의 상황이나 수업 상황까지도 예측할 수 있는 의도된 발화로 만들고, 그 발화를 통해 학습자에게 목표어로 말할 수 있는 기회를 제공할 수 있도록 해야 합니다.

Q 짝 활동이나 그룹 활동 시 유독 한 학생이 부정적인 모습을 보인다면 어떻게 하겠습니까?

A

　수업에서 모든 수준의 학생들이 자신의 학습 경험을 질적으로 향상시킬 수 있도록 하기 위해서는 활동 수행 능력 및 흥미도 등과 관련된 격차로 인해 발생할 수 있는 문제를 명확히 알아야 합니다. 활동에 대해 부정적인 모습을 보이는 학생이라면 이전 학습에서 짝 활동이나 그룹 활동 등을 경험해 본 적이 없는 경우가 많을 것입니다. 이러한 차이를 효과적으로 극복할 수 있도록 지도하지 않는다면, 다음 단계의 학습으로 발전하는 것 자체가 어려워질 수도 있고 수업 중 관련 경험이 많은 학생들이 해당 활동을 독점하는 결과가 생길 수도 있습니다. 따라서 제한적이기는 하지만 이러한 문제를 해결하기 위해 두 가지 정도의 방법을 사용할 수 있을 것입니다.

　첫 번째는 활동의 방법과 과정 등을 차별화해서 적용하는 것입니다. 동일한 목표를 가진 활동들을 좀 더 다양한 형태로 제시하고, 활동에 대해 부정적인 모습을 보이는 학생이 포함된 그룹에는 상대적으로 친밀하고 간단한 유형의 것을 진행하도록 함으로써 일단 활동에 대한 진입 문턱을 낮춰 주는 것이 필요하다고 봅니다.

　두 번째는 짝 활동이나 그룹 활동에서 해당 학생의 역할을 제한하는 것입니다. 필요하다면 활동 과정에 교사가 개입해서 해당 학생이 불편한 감정 없이 자연스럽게 자신의 역할을 수행할 수 있도록 돕는 조력자가 될 수도 있습니다. 이렇게 하다 보면 활동에 대한 학생의 태도나 생각도 점차 긍정적으로 변화할 것입니다.

Q 학교 또는 기관에서 한국어 교육을 시작하는 단계에서 가장 먼저 고려해야 할 것으로 무엇이 있는지 말해 보세요.

A

예시답변

　학교 또는 기관에서 한국어 교육을 시작할 때 가장 먼저 고려해야 할 것은 교육 과정이라고 할 수 있습니다. 흔히 새로운 과정을 시작할 때는 교재의 선정, 교수법 등을 먼저 생각하게 되지만 이러한 고민은 교육 과정을 체계적으로 설계함으로써 해결될 수 있다고 생각합니다.

　교육 과정은 교육 목적 및 목표를 설정하고 이를 달성하기 위한 언어 교육 계획을 실천하며, 교육 정도를 확인하고 평가하는 총체적인 과정이기 때문입니다. 교육 과정은 다양한 요소를 고려하여 설계하는데 J. D. Brown(1989)은 교육 과정의 구성 요소로 요구 분석(Needs Analysis)과 목표(Objectives), 시험(Testing), 교재(Materials), 교수법(Teaching) 그리고 평가(Evaluation) 이렇게 여섯 가지를 제시한 바 있습니다.

⊘ PLUS ONE

교육 과정을 계획할 때 요구 분석을 하는 이유는 무엇인지 말해 보세요.

요구 분석은 학습자들이 무엇을 배우고 싶어 하는가, 어떻게 배우고 싶어 하는가 등에 대한 요구를 조사하고 분석하는 일입니다. 최근 언어 교육이 의사소통의 필요성에 근거해야 한다는 요구가 많아지면서 학습자 중심 교육 과정의 필요성이 높아지고 있습니다. 이렇듯 학습자가 흥미를 느끼고 필요와 관심에 따라 배울 수 있도록 하기 위해서는 학습자의 요구에 따라 교육 내용과 교재를 구성하고 교수법을 선정해야 하는데, 바로 그러한 과정의 기초를 제공하는 정보가 요구 분석이라고 할 수 있습니다. 또한 요구 분석은 학습자 이외에도 교사나 학부모, 프로그램 담당자, 교육 전문가 등을 대상으로 하기 때문에 교육 과정을 설계하는 데 있어서 중요한 출발점이 됩니다.

Q 교수요목이란 무엇인지, 또 교수요목이 필요한 이유는 무엇인지 말해 보세요.

A

교수요목(Syllabus)은 교육 과정의 계획을 좀 더 구체화해서 교수-학습 계획을 세분화한 것으로서, 정해진 시간 내의 교수 내용을 선정하고 조직한 것입니다. 즉, 교수요목은 교육 과정 내에 주어진 교과의 전 과정에 대한 학습 항목을 배열하여 구체화해 놓은 계획으로, 교육 과정의 근간을 이루는 필수적인 것이라고 할 수 있습니다. 전통적 교수요목에는 단순히 교육 내용만 포함되었으나, 과정 중심의 교수요목이 등장하면서 교육 내용뿐만 아니라 교육 방법까지 포함되었습니다. 결국 교수요목은 무엇을 어떻게 가르칠 것인가를 구체화해 놓은 교육 과정의 설계도이기 때문에, 교육 과정의 목적과 목표의 실현은 교수요목 구성을 통해 이루어진다고 할 수 있습니다.

⊘ PLUS ONE

교수요목의 유형을 설명해 보세요.

교수요목은 크게 결과 중심과 과정 중심으로 나눌 수 있습니다. 먼저 결과 중심 교수요목은 학습 내용을 중시하는 교수요목으로서, 교육 내용, 언어기술, 목표를 자세히 기술합니다. 이러한 결과 중심 교수요목에 속하는 것으로는 문법 중심, 상황 중심, 개념-기능 중심, 화제 중심 교수요목이 있습니다.
과정 중심 교수요목은 학습자에게 목표어를 통째로 제시해 주면 학습자가 규칙을 인지하고 언어가 변화하는 방식에 대한 지식을 얻는, 즉 분석적 접근 방식의 교수요목으로서, 난이도와 구조가 다른 언어를 대량으로 접하게 됩니다. 여기에 속하는 것으로는 절차 중심과 과제 중심 교수요목이 있습니다.

Q 다문화 가정 자녀를 위한 효과적인 한국어 교육 방향을 말해 보세요.

A

예시답변

　최근 다문화 사회에 대한 인식이 대두하면서 다문화 가정과 다문화 가정 자녀에 대한 다양한 지원과 정책이 쏟아져 나오고 있습니다. 다문화 가정의 자녀들이 한국 학교와 사회에 적응하여 사회 구성원으로서의 의무를 다하고 권리를 누리려면 무엇보다도 한국어 교육이 우선시돼야 하는데, 체계적인 한국어 학습의 기회 없이 일상생활 속에서 한국어를 터득하는 경우가 많아 대부분의 다문화 가정 자녀들이 한국어 구어 능력에 비해 문어 능력이 많이 부족한 상황입니다. 그러므로 다문화 가정의 자녀를 교육할 때에는 문어 능력과 구어 능력을 동시에 향상시킬 수 있도록 하고, 국어와 사회·도덕 등 학습에 꼭 필요한 기초 교과 내용을 중심으로 한국어 수업을 구성하는 게 좋다고 생각합니다. 구어 교육에 있어서도 다문화 가정의 자녀들이 한창 또래 집단에 적응하고 다른 구성원들과 조화를 이루는 것이 중요할 때이므로, 그러한 점을 반영하여 학습 내용을 선정하는 것이 바람직할 것입니다. 또한 다문화 가정의 자녀를 위한 한국어 및 문화 교육과 함께 일반 학생들을 대상으로 다문화 사회를 이해하기 위한 교육도 실시한다면 일반 학생들이 다문화 사회에 대해 바르게 이해하고 다문화 가정 자녀들과 서로 존중하며, 좋은 교우 관계를 맺을 수 있을 것입니다. 이는 다문화 가정 자녀들이 한국 사회와 학교생활에 적응하는 데 큰 도움을 줄 수 있을 것이라고 봅니다.

Q 현재 결혼 이주민 여성들의 한국어 교육은 어떻게 이루어지고 있는지 말해 보세요.

A

예시답변

　현재 결혼 이주민 여성들이 한국어를 배울 수 있는 방법으로는 교실 교육 방식과 방문 교육 방식이 있습니다. 우선 교실 교육의 경우, 출석하는 학습자 집단의 연령이나 국적, 한국어 구사 능력 등이 다양하기 때문에 반 편성이나 교재의 선택, 수업 진행 등에 어려움이 있다는 것이 단점입니다. 반면 교실 교육의 장점으로는 한국어 외적인 부분들, 예를 들어 문화적 측면 등을 학습할 수 있다는 점과 동료 학습자들과 서로 연습할 기회를 많이 가질 수 있다는 점, 서로에 대한 활발한 이해와 정보 교환을 통해 학습 효과를 높인다는 점 등을 들 수 있습니다. 이와 달리 방문 교육은 앞서 말한 교실 교육의 장점이 단점이 되고, 단점이 장점이 된다고 할 수 있습니다.

　또한 결혼 이주민 여성들의 한국어 교육에서 중요한 비중을 차지하고 있는 것이 바로 한국어 교재인데, 이 교재의 가장 큰 문제는 학습자가 혼자 공부하기에는 어렵다는 것입니다. 결혼 이주민 여성들의 특성상 규칙적으로 출석해야 하는 수업에 못 나오거나, 또는 교사의 방문을 받을 수 없는 상황들이 생기기 쉬울 것입니다. 그래서 교재에 의지해 혼자 공부해야 하는 경우가 많을 텐데, 현재의 교재들은 자습서로서의 충분한 조건을 갖추고 있지 않다고 생각합니다. 따라서 결혼 이주민 여성들의 한국어 학습에 보다 효율적인 교재를 만들기 위해 학습자의 요구 분석과 환경에 대한 분석도 면밀히 시행하고, 그 결과에 따라 교재 내용을 구성해야 할 것입니다.

Q 말하기 지도 시 오류 수정을 어떻게 해야 하는지 설명해 보세요.

A

오류(Error)란 학습자가 그 언어에 대해서 정확하게 몰라서 잘못 표현하는 것을 말하는데, 특히 말하기 수업에서 생기는 다양한 오류를 교사가 어느 정도까지 어떻게 수정해 주어야 할지는 늘 어려운 문제라고 생각합니다. 일반적으로 말하기에서 학습자가 범하게 되는 오류는 발음이나 어휘, 문법, 담화 등의 언어적인 오류와 기능 수행 오류, 사회 문화 오류 등으로 유형화할 수 있습니다. 그중에서 발음 오류, 담화 오류, 사회 문화 오류 등은 의사소통을 방해하는 오류로서, 화석화되지 않도록 우선적으로 수정하는 것이 바람직할 것입니다. 또 문장의 기본 구조가 잘못되어 의사소통에 크게 방해가 되며 의미 전달을 어렵게 하는 전체적 오류는 더 꼼꼼하고 정확하게 지도해야 합니다. 그러나 의사소통에 크게 방해되지 않고 의미 이해에도 별로 영향을 주지 않는 국소적 오류를 교사가 너무 즉각적으로 지적하고 수정해 주면 역효과가 날 수도 있을 것입니다. 그렇게 하면 학습자가 수정된 발화를 시도하기보다는 오히려 발화에 부담감을 느끼고 소극적인 태도를 보일 수 있기 때문입니다.

학습자 발화에서 나타나는 오류와 실수의 차이점이 무엇인지 설명해 보세요.

오류(Error)와 실수(Mistake)를 구분하는 것은 쉬운 작업이 아닙니다. 실제 학습자의 쓰기나 말하기 활동 시 어디까지 오류에 포함시켜야 하는지 그 개념과 기준이 모호하기 때문입니다. Corder(1967)는 오류와 실수의 개념을 구분 지으면서, 외국어 학습자의 오류는 단순히 제거해야 하는 대상이 아니라 그 외국어에 대해 학습자가 얼마나 알고 있는지를 알려 주는 정보라고 했습니다. 또한 실수는 어쩌다가 일어나는 것이며 학습자가 그것이 잘못되었음을 깨닫고 필요하면 고칠 수가 있는 반면, 오류는 체계적이고 반복적이며 학습자가 그것이 틀렸음을 인식하지 못한다고 설명한 바 있습니다. 이렇게 본다면 오류에는 학습자의 언어 지식이 구조화되어 나타난다고 할 수 있을 것입니다. 그러나 학습자들의 언어가 오류와 실수로 항상 구별이 가능한 것이 아니므로 오류를 결정하는 데 연구자나 교사의 주관적 판단이 개입될 가능성이 높고, 또한 학습자의 자기 수정이 일어나지 않으면 오류와 실수를 구별하기 어렵게 되기도 합니다.

Q 하임즈(Hymes)의 의사소통 능력 중 '사회언어학적 능력'이 무엇인지 설명해 보세요.

A

1960년대 촘스키가 언어 능력의 기준으로서 '그 언어를 완벽하게 아는 화자가 문법적으로 정확한 문장을 만들어내는 능력'을 주장한 이후로, 1970년대 하임즈가 '사회언어학적인 면에서의 지식이 강조된 의사소통 능력'이라는 언어 능력에 대한 새로운 기준을 제공하면서, 언어학습에서 사회언어학적 요소의 중요성은 점점 더 커져 왔다고 할 수 있습니다. 즉 하임즈가 강조한 사회언어학적 능력이란 그 언어의 규칙성을 분석하고 습득하는 데서 나아가, 언어 사용을 통해 생산되는 메시지에 해석의 틀을 제공하는 사회적, 문화적인 의미를 분석하고 습득하는 능력까지도 포함하고 있는 것입니다.

⏱ PLUS ONE

의사소통 능력 중 '전략적 능력'을 설명해 보세요.

여러 학자들에 의해서 지속적으로 넓혀져 온 의사소통 능력의 개념은 Swain(1985)에 의해 네 가지 하위 부류(문법적, 사회언어학적, 담화적, 전략적 능력)로 정리되었는데, 이후 사회언어학적 능력과 더불어 전략적 능력이 독립된 하나의 부분으로서 부각되기 시작하였습니다. 전략적 능력은 의사소통 상황에서 학습자가 아직 목표어를 적절하게 선택하여 표현하지 못할 때, 이를 보상하기 위해서 또는 보다 더 효과적인 의사소통을 위해서 필요한 언어적 자료들을 선택해 사용할 줄 아는 학습자의 자율성과 관계된 능력이라고 할 수 있습니다.

Q 비대면 수업의 유형에 대해 설명해 보세요.

A

　교사와 학습자 간에 비대면 방식으로 진행되는 수업의 유형은 크게 세 가지로 나누어 볼 수 있습니다. 첫 번째 유형은 쌍방향 원격 수업인데, 인터넷상의 연결 플랫폼을 통해 구성원들이 동시에 온라인에 접속하여 화상 수업을 하는 것으로, 대면 수업에서 시행하던 토론, 질의응답 등 실시간 소통이 가능하며, 교사와 학습자가 교실에서 직접 만나는 것처럼 친밀감을 형성할 수 있고, 학습자 개개인의 요구 및 문제를 파악할 수도 있습니다. 비대면 수업의 두 번째 유형은 콘텐츠 활용 중심 수업입니다. 학습자들이 각자 원하는 시간에 지정된 동영상 강의 등을 듣고 추후 그 결과를 보여 줄 수 있는 활동을 진행하는 것인데, 강의는 담당 교사가 직접 제작한 것일 수도 있고 기존에 접근 가능한 여러 형태의 영상 자료를 활용할 수도 있습니다. 마지막 세 번째 유형은 과제 수행 중심 수업입니다. 과제 수행 중심 수업은 학생들이 과제를 수행하기 위해 할애하는 시간을 수업으로 인정해 주는 것으로서, 학습과 관련된 자료를 읽고 본인의 의견을 제시하는 글쓰기를 하거나 개인 또는 그룹 단위의 프로젝트를 수행하는 식의 수업 등이 가능합니다.

⊘ PLUS ONE

**한국어 수업 시 쌍방향 원격 수업과 콘텐츠 활용 중심 수업 중
어느 형태가 더 적합하다고 생각하는지 설명해 보세요.**

수업의 목적에 따라 다를 것 같습니다. 학습 내용을 전달하는 데 초점이 있는 수업의 경우에는 쌍방향 원격 수업보다는 녹화된 강의(콘텐츠 활용 중심 수업)를 제공하는 형태가 더 적합하다고 할 수 있습니다. 학습자들 스스로 이해하지 못한 부분을 반복 시청할 수도 있고, 또 실시간으로 진행되는 상황에서 발생할 수 있는 기기 관련 문제들로 인한 학습 결손도 예방할 수도 있기 때문입니다. 더불어 담당 교사가 직접 제작한 강의 외에도 도움이 되는 다양한 영상 자료를 활용할 수 있다는 장점도 있습니다. 그에 비해 쌍방향 원격 수업은 학습자들이 정해진 시간에 규칙적으로 학습할 수 있는 여건을 만들어 주고, 조금 더 실제 수업의 형태에 가까우며, 학생들과 피드백을 바로 주고받을 수 있다는 큰 장점이 있습니다. 따라서 학습 내용 전달만을 위한 수업보다는 더 다양한 목적의 수업을 진행할 때 보다 유용할 것입니다. 예를 들어, 학습자들 간의 친밀감 형성이 필요한 수업이나 질의응답 및 교사의 모니터링이 이루어져야 하는 수업, 또는 그룹별 토의나 토론 등이 주가 되는 수업에는 쌍방향 원격 수업이 더 적합한 형태라고 볼 수 있습니다.

Q 온라인 수업의 장단점에 대해 설명해 보세요.

A

　온라인 수업의 가장 큰 장점은 누구나 어떤 상황에서든지 선택적으로 수업을 들을 수 있는 개방적 구조의 학습이 가능하다는 것입니다. 또한 대면 수업에 비해 학습자들과의 일대일 소통이 확대되어, 학습자 개개인의 성취도나 요구 등을 보다 세심하게 파악하고 해결책을 제시할 수 있다는 점도 장점이 될 것입니다. 그뿐만 아니라 교실에서 수업에 성실하게 참여하지 않는 학습자들로 인해 방해를 받았던 학습자들의 경우에는 오히려 원격 수업에서 더 안정적으로 집중해서 수업에 참여할 수 있을 것이라 생각합니다.

　그러나 동일한 학습 내용이라고 해도 그것을 온라인상에서 구현하고 학습자들의 참여를 유도하기 위해서는 훈련된 교사들의 철저한 수업 준비가 필요합니다. 따라서 온라인 수업 준비 시 교사들의 부담은 커질 수밖에 없을 것입니다. 또한 온라인 수업이 원활하게 진행되려면 무엇보다 안정적인 플랫폼의 구축과 디지털 기기 등의 지원이 필요한데, 그렇지 못할 경우 수업 중 예상하지 못했던 문제들이 다수 발생할 수도 있습니다. 교사의 직접적인 지도 및 제어가 어렵기 때문에 특히 학업 성취도가 낮고 소극적인 학습자들의 경우, 학습 결손이나 공백이 발생할 우려가 커지게 된다는 점도 온라인 수업의 단점으로 볼 수 있습니다.

교실에서 이루어지는 대면 수업에 비해 원격 수업에서 더 고려해야 할 것은 무엇입니까?

원격 수업의 장점 중 하나가 다양한 멀티미디어 교육 자료를 활용할 수 있다는 점인 만큼, 그러한 특성에 부합하는 효과적인 교육 방식 또는 교육 모델을 고민해야 할 것입니다. 이를 위해 교사는 수업 중 학습자들이 제대로 듣고 있는지, 이해하고 있는지 등을 파악하면서 계속해서 부족한 점을 채워 주어야 하는데 원격 수업에서는 상대적으로 그러한 것을 파악하는 게 쉽지 않습니다. 따라서 대면 수업에 비해 교사가 준비한 자료나 전달 내용이 차지하는 비율을 줄이고, 교사와 학습자들 간 실시간 채팅이나 토론 등 다양한 상호 작용의 기회를 늘려 학습자 스스로 자신의 성취도 등을 점검하고 교사와 소통해 나갈 수 있도록 수업을 구성하는 것이 바람직합니다. 또한 직접적인 대면 상황이 아니기 때문에 수업 중 별 의식 없이 비윤리적 또는 비사회적인 발화나 행동 등을 하게 될 수도 있으므로, 수업 전 온라인 관련 윤리 교육도 철저하게 할 필요가 있습니다.

05 | 한국어 어문 규범

Q 표준어를 소리 나는 대로 적었을 경우 발생하는 문제점을 말해 보세요.

A

예시답변

　"한글 맞춤법은 표준어를 소리대로 적되, 어법에 맞도록 함을 원칙으로 한다."라는 한글 맞춤법 제1항에서 '표준어를 소리대로 적는다.'라는 것은 표준어의 발음 형태대로 적는다는 뜻입니다. 맞춤법이란 주로 음소(音素)문자에 의한 표기 방식을 이르는데, 한글은 음소문자이므로 자음과 모음의 결합 형식에 의하여 '나무, 불, 사람'과 같이 표준어를 소리대로 표기하는 것이 원칙이라고 할 수 있습니다. 그런데 소리대로 적을 수 없는 경우가 있는데, 예를 들어 각각 '[꼬츨], [꼬치], [꼰나무]'로 발음되는 '꽃을, 꽃이, 꽃나무'가 그렇습니다. 이런 예들을 발음하는 그대로 표기한다면 그 뜻을 파악하기 어렵고, 글을 읽는 데 능률도 크게 떨어질 거라고 생각합니다. 따라서 '어법에 맞도록 한다.'라는 원칙을 세운 것입니다.

　'꽃'이라는 동일 개념을 '꼬츨, 꼬치, 꼰나무'처럼 여러 표기로 적는 것보다 '꽃을, 꽃이, 꽃나무'와 같이 '꽃'이라는 하나의 표기로 적는 것이 독해의 효율을 훨씬 높일 수 있기 때문입니다.

> ### 띄어쓰기를 하지 않았을 경우 발생하는 문제점을 말해 보세요.

띄어쓰기도 표준어를 어법에 맞도록 적는 것과 마찬가지로 글을 읽는 데 효율을 높이기 위한 것입니다. 단어를 띄어 쓰면 문장의 의미 해석이 용이하고 중의성도 많이 해소될 수 있습니다. 예를 들어 "아버지가방에들어가신다."를 띄어 쓰지 않으면, "아버지가 방에 들어가신다."와 "아버지 가방에 들어가신다."의 해석 사이에 중의성이 생기게 되는 것입니다. 그런데 띄어쓰기에는 예외가 있어서, 조사는 단어로 분류되지만 앞의 말에 붙여 쓰도록 하고 있습니다. 조사는 앞말에 붙여 쓰는 것이 읽기에 훨씬 수월하기 때문입니다.

Q '오뚝이'와 '설거지'라고 표기하는 이유에 대해 설명해 보세요.

A

'오뚝-'처럼 '-하다'나 '-거리다'가 붙는 어근에 '-이'가 붙어서 명사가 된 것은 그 원형을 밝히어 적는 것을 원칙으로 합니다. 따라서 소리 나는 대로 '오뚜기'라고 적지 않고, '오뚝이'라고 표기합니다. 이렇게 그 어근을 밝혀 적는 단어로는, '배불뚝이, 살살이, 홀쭉이' 등이 있습니다. 또한 양성 모음이 음성 모음으로 바뀌어 굳어진 단어는 음성 모음 형태를 표준어로 삼는 원칙에 따라 '오뚝이'를 표준어로 삼고 있습니다.

그러나 '설거지'는 '설겆'과 '이'와 같은 형태로 더 이상 분석하기 어렵습니다. '설겆다'가 '설겆어라, 설겆으니, 설겆더니' 등과 같이 활용하는 일이 없기 때문입니다. 따라서 '설겆-'이란 어근은 현재 없어졌다고 할 수 있으며, 표준어 규정 제3장 제1절 제20항에서 이렇게 사어(死語)가 되어 쓰이지 않게 된 단어는 고어로 처리하고 현재 널리 사용되는 단어를 표준어로 쓰도록 규정하고 있으므로 '설거지'로 적는 것이 맞습니다. 또한 '설거지'를 하는 행위를 나타낼 때는 '설거지하다'로 쓰면 됩니다.

Q 외래어 남용 현상에 대해 어떻게 생각하는지 말해 보세요.

A

　외래어는 외국에서 들어온 말이 한국어처럼 쓰이는 단어를 가리킵니다. 외래어는 한국어 문맥 속에서 한국어식으로 발음되며, 때로는 그 본래의 뜻이 변하여 쓰이기도 한다는 점에서 엄연한 한국어 어휘의 일부라고 할 수 있습니다. 다른 나라와의 정치·사회·문화적 교류와 언어적 접촉으로 들어오는 외래어는 언중의 필요에 의해 사용되며, 두 가지로 구분할 수 있습니다. 하나는 고유어에서 표현할 수 없는 낱말을 외래어로 채우는 경우이고, 다른 하나는 고유어에서 표현할 수 있는 낱말임에도 불구하고 언중의 심리적 요인으로 인해 외래어를 사용하는 경우입니다. 외래어가 언중들의 필요에 의해서 의식적으로 수용되는 경우가 아닌 선진 문화권의 언어이고, 표현이 더 우아하고 고상하고 지적으로 보일지 모른다는 생각에 한국어로 충분히 표현할 수 있는 것까지도 외래어를 사용하는 양상에 대해서는 재고의 여지가 많다고 생각합니다. 또한 일부 사람들이 외래어를 외국어라고 생각하고 외국어의 본래 발음으로 사용하는 경우도 있는데, 예를 들어 'Radio'를 '라디오'가 아닌 '래이디오'와 같은 식으로 발음하는 것입니다. 일상적인 의사소통에 지장이 없는 범위에서 가능하면 순화된 말을 사용하는 하는 것이 좋겠지만, 외래어가 이미 우리 언어생활에 매우 깊숙이 자리하고 있기 때문에 외래어 표기법에 맞게 표기하고 사용하도록 해야 합니다.

Q 외래어 표기법에서 '챠, 쳐' 등의 표기를 쓰지 않는 이유를 설명해 보세요.

A

한국어에서는 조음 방법상 파찰음들이 모두 경구개음에 속합니다. 즉, 평음인 [ㅈ], 경음인 [ㅉ], 격음인 [ㅊ] 등은 경구개음입니다. 이러한 경구개음 뒤에 이중모음 'ㅑ, ㅕ, ㅛ, ㅠ'가 올 경우에는 단모음으로 중화되어 'ㅏ, ㅓ, ㅗ, ㅜ'로 발음되기 때문에, '차트, 저널리즘, 초콜릿, 주스' 등으로 적습니다. 경구개음 뒤에 오는 이중모음은 표기상으로는 구별할 수 있겠지만, 실제 언어생활에서 '져'와 '저'나 '쳐'와 '처' 등을 구별해서 발음하거나 알아듣는 일은 매우 어렵습니다. 즉, 현대국어의 언중은 각각 [저]와 [처] 하나만 발음하고 인식하기 때문에, 외래어 표기에도 '져'나 '쳐' 같은 글자를 쓰지 않는 것입니다. 이 점은 표준 발음법 제5항에서 [져, 쪄, 쳐]와 같이 'ㅈ, ㅉ, ㅊ' 다음에서 'ㅕ, ㅛ, ㅠ' 같은 이중모음을 발음하는 경우가 없다고 설명한 것을 통해 이해할 수 있습니다.

⊘ PLUS ONE

외래어 표기법의 대상에 대해 말해 보세요.

외래어 표기법의 대상은 오래전에 들어와 한국어로 정착한 어휘뿐만 아니라, 최근에 들어온 낯선 외국어들과 외국의 인명 및 지명도 포함됩니다. 한국어로 이미 정착한 외래어는 국어사전에 등재되는 것이 일반적이기 때문에, 사전에서 그 표기를 확인할 수 있을 것입니다. 하지만 비교적 최근에 들어와 언중 사이에서 그 쓰임이 계속 확산되고 있는 외국의 인명이나 지명 등은 그때그때 심의가 이루어지기 때문에, 외래어 표기법의 적용 여부를 필요할 때마다 확인할 필요가 있습니다.

Q '늘이다'와 '늘리다'의 차이를 설명해 보세요.

A

'늘이다'와 '늘리다'는 둘 다 '늘다'와 관련 있는 말이어서 의미가 혼동되는 경우가 많습니다. 표준 국어 대사전을 보면 먼저 '늘이다'는 '본디보다 더 길게 하다.'라는 뜻이 있는데 예를 들어 "고무줄을 늘이다."나 "엿가락을 늘이다." 등으로 쓰입니다. '늘이다'에는 이 외에도 "머리를 땋아 늘이다."와 같이 '아래로 길게 처지게 하다.'라는 의미와 "경계망을 늘이다."처럼 '넓게 벌여 놓다.'라는 뜻도 있습니다. 한편 '늘리다'는 '늘다'의 사동사로 사전에 '물체의 넓이, 부피 따위가 본디보다 커지게 하다.'라는 뜻으로 정의되어 있습니다. 예를 들어 "학생 수를 늘리다, 시험 시간을 늘리다." 등과 같이 쓸 수 있습니다. 일반적으로 길이가 있는 물체를 '본디보다 길게 하다.'라는 의미일 때는 '늘이다'를 쓰고, 수나 양의 경우에는 '늘리다'를 쓰고 있다고 할 수 있습니다. 사전에 나오는 예문들을 근거로 생각해 보면 본래 늘어날 수 있는 대상을 잡아당겨서 길게 늘어나는 것에는 '늘이다'를 쓰고, 수·세력·능력·시간 등이 많아지는 것에는 '늘리다'를 쓴다는 것을 알 수 있습니다.

Q '빌다'와 '빌리다'를 비교 설명해 보세요.

A

예시답변

'빌리다'는 "나는 친구에게 책을 빌렸다."에서와 같이 남의 돈이나 물건을 나중에 돌려주기로 하고 얼마 동안 가져다 쓰는 일을 뜻합니다. 내가 다른 사람에게 빌려 오기도 하고 남에게 빌려줄 수도 있습니다. 1988년 이전에는 빌려 오는 것은 '빌다'로, 빌려주는 것은 '빌리다'로 구분해서 쓰도록 하였습니다. 즉, "친구가 나에게 책을 빌렸다."는 '친구가 내 책을 빌려 갔다'는 뜻이고, 내가 빌렸을 때는 "친구에게 책을 빌었다." 또는 '빌어 왔다'라고 표현해야 했습니다. 그러나 차차 이 둘의 구분이 모호해지고 '빌려 가다, 빌려 오다, 빌려주다'로 구분해서 사용함에 따라 '빌다'와 '빌리다'의 구분을 없애고 모두 '빌리다'로 쓰도록 했는데, 아직도 이전에 사용했던 습관대로 "이 자리를 빌어 감사를 드립니다."라고 말하는 경우가 남아 있습니다. 이때의 '빌리다'는 일정한 형식이나 이론, 또는 남의 말이나 글 따위를 취하여 따른다는 뜻으로서, '이 자리를 빌려'라고 해야 맞습니다. '빌리다'에는 또한 남의 도움을 받거나 사람이나 물건 따위를 믿고 기댄다는 뜻도 있어서 "남의 손을 빌릴 생각은 하지 마라."와 같이 사용할 수 있습니다.

한편 '빌다'는 이제 크게 두 가지 뜻으로 사용하는데, 하나는 바라는 바를 이루게 해 달라고 신이나 사람·사물 따위에 간청, 즉 기원하거나 누군가에게 잘못을 용서해 달라고 호소한다는 뜻이고, 다른 하나는 남의 물건을 공짜로 달라고 호소해 얻는 것으로 구걸한다는 뜻입니다. 예를 들어 "내가 선생님을 찾아가서 용서를 빌겠다."나 "그는 사람들에게 밥을 빌러 다녔다."와 같이 사용할 수 있는 것입니다.

Q '웃어른'과 '윗어른', '웃옷'과 '윗옷' 중 옳은 표현을 말하고 비교 설명해 보세요.

A

'웃-'은 '위'의 뜻을 더하는 접두사로서, '아래와 위'의 대립이 성립할 수 없는 경우에만 씁니다. 즉, '어른'은 의미상 '아랫어른'이 성립할 수 없기 때문에 '윗어른'이라고 하면 안 되고, '웃어른'이라고 써야 맞는 것입니다. '아랫돈'이라는 말이 없기 때문에 본래 정해진 값에 덧붙이는 돈을 '웃돈'이라고 하는 것도 역시 그러한 예에 속합니다. 반면 '윗-'은 '아랫-'과 대립되는 경우에 사용하는데, '윗배와 아랫배', '윗니와 아랫니', '손윗사람과 손아랫사람' 등이 그러한 예가 될 수 있을 것입니다.

그런데 이와 같은 기준을 엄밀히 적용해 보면 '웃-'과 '윗-'이 모두 가능한 경우도 있습니다. 예를 들면 '윗옷'과 '웃옷'이 그러한데, '윗옷'은 몸통의 윗부분을 가리는 옷, 다시 말하면 바지 따위가 아닌 티셔츠나 한복의 저고리 등을 가리키고, '웃옷'은 겉에 입는 옷, 곧 두루마기나 점퍼, 코트 등을 가리키는 것입니다. 따라서 '윗옷'과 '웃옷'은 문장의 의미에 맞게 선택해서 사용하면 됩니다.

📢 **여기서 잠깐!**

'웃-'과 '윗-'은 명사 '위'에 사이시옷이 결합한 것으로 해석해 '윗니, 윗도리, 윗목, 윗변, 윗입술, 윗자리' 등과 같이 '윗-'으로 통일했습니다. 하지만 된소리나 거센소리 앞에서는 '위-'로 하며(위쪽, 위층, 위턱), '아래, 위'의 대립이 없는 낱말은 '웃-'으로 발음되는 형태를 표준어로 삼게 된 것입니다.

Q '되'와 '돼'에 대해 설명해 보세요.

A

Q '되라'와 '돼라'의 차이를 설명하고 예를 들어 보세요.

A

'돼'는 '되어'의 준말인데, 이때 '되어'로 풀어쓸 수 있는 것만 '돼'의 형태로 줄여 적을 수 있습니다. 예를 들어 '돼요'는 '되어요'로 풀어 쓸 수 있기 때문에 줄여 적을 수 있는 것입니다. 하지만 '되지'는 '되어지'로 풀어쓸 수 없기 때문에 '돼지'와 같이 적을 수 없고, '되지'라고 적어야 합니다. 한편 '돼요' 는 '되다'의 어간 '되-' 뒤에 종결어미 '-어'가 붙은 '되어'의 준말 '돼' 뒤에 보조사 '-요'가 붙은 형태 이고, '되지'는 '되다'의 어간 '되-' 뒤에 종결어미 '-지'가 붙은 형태로 분석될 수 있습니다.

이러한 관점에서 볼 때 '돼라'는 동사 '되다'의 어간 '되-'에, 끝 음절의 모음이 'ㅏ, ㅗ'가 아닌 동사 어간 뒤에 붙어 명령을 나타내는 어미 '-어라'가 결합한 '되어라'가 줄어든 말이라고 할 수 있 습니다. 그에 비해 '되라'는 문어체로서 글을 통해 불특정 다수에게 말할 때 쓰는 표현인데, 즉 어간 에 불특정 청자에게 말하거나 인쇄 매체를 통한 간접적인 발화 상황에서 명령의 뜻을 나타내는 종결 어미 '-라'가 붙은 것입니다. 이것은 구어체인 '마라'와 문어체인 '말라'의 차이를 구분하는 것과 같 은 이치라고 생각합니다.

⊘ PLUS ONE

준말의 표기에 대해 말해 보세요.

- 단어의 끝 모음이 줄어지고 자음만 남은 것은 그 앞의 음절에 받침으로 적습니다.
  예 기러기야 → 기럭아, 어제그저께 → 엊그저께, 온가지 → 온갖
- 체언과 조사가 어울려 줄어지는 경우에는 준 대로 적습니다.
  예 그것은 → 그건, 무엇을 → 무얼/뭘
- 모음 'ㅏ, ㅓ'로 끝난 어간에 '-아/어, -았/었-'이 어울릴 적에는 준 대로 적습니다.
  예 가았다 → 갔다, 펴었다 → 폈다
- 모음 'ㅗ, ㅜ'로 끝난 어간에 '-아/어, -았/었-'이 어울려 'ㅘ/ㅝ, 왔/웠'으로 될 때에는 준 대로 적습니다.
  예 배우어 → 배워, 보았다 → 봤다
- 'ㅣ' 뒤에 '-어'가 와서 'ㅕ'로 줄어들 경우에는 준 대로 적습니다.
  예 마시었다 → 마셨다, 견디었다 → 견뎠다
- 'ㅏ, ㅓ, ㅗ, ㅜ, ㅡ'로 끝난 어간에 '-이-'가 와서 각각 'ㅐ, ㅔ, ㅚ, ㅟ, ㅢ'로 줄어들 경우에는 준 대로 적습니다.
  예 보이다 → 뵈다, 누이다 → 뉘다
- 'ㅏ, ㅗ, ㅜ, ㅡ' 뒤에 '-이어'가 어울려 줄어들 경우에는 준 대로 적습니다.
  예 보이어 → 뵈어/보여, 쓰이어 → 씌어/쓰여
- '-지' 뒤에 '않-'이 어울려 '-잖-'이 될 적과 '-하지' 뒤에 '않-'이 어울려 '찮-'이 될 때에는 준 대로 적습니다.
  예 그렇지 않은 → 그렇잖은, 변변하지 않다 → 변변찮다
- 어간의 끝음절 '하'의 'ㅏ'가 줄고 'ㅎ'이 다음 음절의 첫소리와 어울려 거센소리로 될 때에는 거센소리로 적습니다.
  예 간편하게 → 간편케, 흔하다 → 흔타

Q '아니오'와 '아니요'의 차이를 설명해 보세요.

A

'아니오'는 형용사 '아니다'의 어간 '아니-'에 하오체의 어말어미 '-오'가 붙은 형태로서, "이것은 책이 아니오."나 "그것은 당신 잘못이 아니오."와 같이 서술어로만 쓰입니다. 한편 '요'는 독립된 문장이나 문장이 될 수 있는 독립어(감탄사) 뒤에 와서 '청자 높임'의 의미를 나타내는데, '아니요'는 감탄사 '아니'에 높임을 나타내는 조사 '요'가 붙은 형태입니다. 따라서 서술어가 아니라, "철수 집에 있니?"라는 질문에 "아니요, 서점에 갔어요."라고 대답할 때와 같이 윗사람이 묻는 말에 부정하여 대답할 때 씁니다. 또한 '요'는 동사뿐만 아니라 '천만에요, 이번에요.' 등 명사나 부사 뒤에도 올 수 있다는 점에서 전통적으로 특수 조사로 취급됐습니다. 이러한 점에서 '요'는 문장의 종결을 나타낼 뿐 서법 표현과는 관련이 없다고 할 수 있습니다.

⊘ PLUS ONE

'아니에요'와 '아니예요' 중 옳은 표현이 무엇인지 말해 보세요.

'-에요'는 형용사인 '아니다'나 서술격조사인 '이다' 뒤에 연결되어 쓰이는 해요체의 종결어미입니다. '-에요'는 앞에 명사가 올 경우 앞말의 받침 유무에 따라 형태가 달라지는데, 앞말에 받침이 있을 때는 '-이에요', 받침이 없을 때는 '-예요'로 쓰이는 것입니다. 단, 이때 앞말이 '이'로 끝나는 경우에는 '-예요'가 아닌 '-에요'로 쓰고 있습니다. '아니다'의 경우에는 어간 '아니' 뒤에 '-에요'를 붙여서 '아니에요'라고 쓰는 것이 맞는데, 이것은 '아니다' 자체가 명사가 아닌 형용사라서 '-이'가 붙지 않기 때문입니다.

Q 의존 명사 '지'의 띄어쓰기를 설명해 보세요.

A

Q "키가 형만 하다."와 '십 년 만에'에서 '만'의 띄어쓰기 차이를 설명해 보세요.

A

한글 맞춤법 제42항의 규정에 따라 의존 명사 '지'는 띄어 쓰고, 어미 '-는지'는 붙여 써야 합니다. 의존 명사 '지'는 어떤 일이 있었던 때로부터 지금까지의 동안을 나타내는 말인데, 예를 들어 "밥을 먹은 지 사흘이 지났습니다."와 같은 '지'의 쓰임이 여기에 속합니다. '-는지'는 막연한 의문이 있는 채로 그것을 후행하는 절의 사실이나 판단과 관련시키는 데 쓰는 연결어미인데, "무엇이 틀렸는지 알아봅시다."와 같은 쓰임을 예로 들 수 있습니다.

'만'의 띄어쓰기 역시 한글 맞춤법 제41항과 42항의 규정에 따르면 조사 '만'은 앞말에 붙여 쓰고, 의존명사 '만'은 띄어 써야 합니다. 의존 명사 '만'은 흔히 '만에, 만이다' 형태로 쓰여 얼마간 계속되었음을 나타내는 말인데, "흥부는 사흘 만에 밥을 먹었다."와 같은 예를 들 수 있습니다. 보조사 '만'은 앞말이 나타내는 대상이나 내용 정도에 달함, 또는 한정, 강조 등을 나타내는 보조사로서, "집채만 한 파도가 몰려온다."나 "웃기만 할 뿐 아무 말이 없다."와 같은 문장에서 그러한 쓰임을 확인할 수 있습니다.

⊘ PLUS ONE

의존 명사 '간(間)'과 접미사 '-간(間)'의 띄어쓰기를 비교해 보세요.

의존 명사 '간'은 '서울과 부산 간 야간열차'처럼 한 대상에서 다른 대상까지의 사이를 나타내기도 하고, '부모와 자식 간'처럼 일부 명사 뒤에 쓰여 '관계'의 뜻을 나타내기도 합니다. 또한 '-고 -고 간에', '-거나 -거나 간에' 등의 구성으로 쓰여 앞에 나열된 말 가운데 어느 쪽인지를 가리지 않는다는 뜻을 나타내는 말로도 쓰이는데, '공부를 하든지 운동을 하든지 간에 열심히만 해라.'와 같은 예가 여기에 속합니다. 이러한 의존 명사로서의 '간'은 앞말과 띄어 써야 하지만, 접미사 '-간'은 앞말에 붙여 쓰는 것을 원칙으로 합니다. 접미사 '-간'은 '이틀간'처럼 기간을 나타내는 일부 명사 뒤에 붙어 '동안'의 뜻을 더해주는 기능을 수행합니다.

Q 성과 이름의 띄어쓰기를 설명해 보세요.

A

Q '제2차 세계대전'에서 수 표현의 띄어쓰기를 설명해 보세요.

A

한글 맞춤법의 규정에 따르면 성과 이름, 성과 호 등은 붙여 쓰는 것을 원칙으로 하고, 성과 호칭어, 관직명 등은 띄어 쓰는 것을 원칙으로 합니다. 따라서 성과 이름인 '홍'과 '길동'은 붙여 써야 하고, 성과 호칭 또는 관직명인 '홍'과 '교수'는 띄어 써야 합니다. 하지만 이름을 영문으로 표기할 때에는 그 규정이 좀 달라지는데, 국어의 로마자 표기법 제3장 표기상의 유의점 제4항에서는 "인명은 성과 이름의 순서로 띄어 쓴다. 이름은 붙여 쓰는 것을 원칙으로 하되 음절 사이에 붙임표(-)를 쓰는 것을 허용한다."라고 규정하고 있습니다. 따라서 '송나리'라는 이름을 영어로 표기할 때는 성인 'Song'과 이름인 'Nari' 혹은 'Na-ri'로 써야 하는 것입니다.

한편 숫자는 만 단위로 띄어 쓰는데, 단위성 의존 명사는 숫자가 앞에 오거나 순서를 나타내는 말과 같이 쓸 때에는 붙여 쓸 수 있습니다. 예를 들어 '1,234,567,800'이라는 숫자를 모두 한글로 표기할 때에는 '십이억'과 '삼천사백오십육만' 그리고 '칠천팔백'을 각각 띄어 써야 하고, 숫자 뒤에 오는 단위성 의존 명사 '년'이나 '호, 분' 등은 '2011년, 301호, 5분'과 같이 앞의 숫자에 붙여 쓸 수 있습니다.

또한 '제2차 세계대전'에서 '제(弟)-'는 '그 숫자에 해당하는 차례'의 뜻을 더하는 접두사이므로 뒤의 말과 붙여 쓰고, '차(次)'는 '번, 차례'를 뜻하는 의존 명사이므로 앞의 말과 띄어 쓰는 것이 원칙이나 수 관형사 뒤에 의존 명사가 붙어서 차례를 나타내는 경우나, 의존 명사가 아라비아 숫자 뒤에 붙는 경우는 한글 맞춤법 제43항에 따라 앞의 말에 붙여 쓸 수 있으므로 '제2차'와 '제2 차' 모두 가능합니다.

✅ PLUS ONE

"온 식구가 한자리에 모였네."에서 '온 식구'를 띄어 쓰는 이유를 말해 보세요.

관형사는 체언 앞에 놓이며 활용하지 않는 단어들로, 뒤에 오는 체언의 의미를 더 자세히 밝히고, 체언을 꾸미는 구실을 합니다. 관형사는 하나의 독립된 단어로서, '문장의 각 단어는 띄어 씀을 원칙으로 한다.'는 기본 규정에 따라 뒤에 오는 말과 띄어 써야 합니다. 따라서 체언에 해당하는 '가정, 학교, 신발, 식구' 등의 앞에 관형사 '각, 새, 온' 등이 올 때, '각 가정, 각 학교, 새 신발, 온 식구' 등과 같이 띄어 쓰는 것이 맞습니다.

Q 한글 맞춤법상 '깨끗이'와 '깨끗히' 중 어느 것이 옳은 표기입니까?

A

예시답변

한글 맞춤법 제51항의 규정에 따르면 부사의 끝음절이 분명히 '이'로만 나는 것은 '-이'로 적고, '히'로만 나거나 '이'나 '히'로 소리 나는 것은 '-히'로 적어야 합니다. 따라서 '깨끗히'가 아니라, '깨끗이'라고 적어야 맞습니다. 이처럼 '-이'로 적는 경우는 여섯 가지로 나누어서 생각해 볼 수 있는데, 먼저 '간간이·겹겹이·번번이·일일이·틈틈이·다달이'와 같이 첩어 또는 준첩어인 명사 뒤에서, 또 '깨끗이·느긋이·버젓이·지긋이·번듯이' 등 'ㅅ' 받침 뒤에서, 또한 '가벼이·새로이·기꺼이' 등과 같이 'ㅂ' 불규칙 용언의 어간 뒤에서 '-이'가 쓰입니다. 그리고 '같이·깊이·많이·헛되이'처럼 '-하다'가 붙지 않는 용언 어간 뒤와 '곰곰이·더욱이·일찍이·오뚝이' 등 부사 뒤에도 '-이'가 붙습니다.

'-히'로 적는 경우는 세 가지 정도가 있는데, 먼저 '급히·딱히·나른히'와 같이 '-하다'가 붙는 어근 뒤에서 그렇습니다. 단, 이때 'ㅅ' 받침의 어근은 제외됩니다. 또 '-하다'가 붙는 어근에 '-히'가 결합하여 된 부사가 줄어진 형태에도 '익히'처럼 '-히'가 붙습니다.

마지막 경우는 어원적으로는 '-하다'가 붙지 않는 어근에 부사화 접미사가 결합한 형태인데, 이 경우에는 그 어근 형태소의 본뜻이 유지되고 있지 않은 단어에 한해 '오죽이나'라는 뜻을 가진 '작히'처럼 익어진 발음 '히'로 적어야 합니다.

Q ‘장마비’와 ‘장맛비’ 중 어떤 것이 옳습니까? 이유도 함께 설명해 보세요.

A

사잇소리 현상은 우리말과 우리말, 우리말과 한자어 혹은 한자어와 우리말로 된 합성어에서 앞말이 모음으로 끝나는 경우에 발생하는데, 한글 맞춤법 제30항의 규정에 의하면 순우리말이 포함된 합성어 중에서 세 가지 경우에 한하여 ‘ㅅ’을 표기하도록 합니다. 그 첫 번째는 뒷말의 첫소리가 된소리로 나는 경우인데, 바로 ‘장맛비’가 이러한 경우에 해당합니다. 첫 번째에 해당하는 예로는 ‘장맛비’ 외에도 ‘귓밥, 나룻배, 바닷가’ 등을 더 들 수 있습니다. ‘ㅅ’을 표기할 수 있는 두 번째 경우는 뒷말의 첫소리 ‘ㄴ, ㅁ’ 앞에서 ‘ㄴ’ 소리가 덧나는 것인데, ‘아랫니, 잇몸, 훗날’과 같은 예가 여기에 속합니다. 세 번째는 뒷말의 첫소리 모음 앞에서 ‘ㄴㄴ’ 소리가 덧나는 경우인데, ‘뒷일, 예삿일, 훗일’ 등의 예가 여기에 속합니다.

이렇듯 사잇소리 현상은 두 단어 중에서 적어도 한 단어 이상이 순우리말일 때 나타나지만, 한글 맞춤법 규정에서는 두 음절로 된 한자어 중에서 ‘곳간, 셋방, 숫자, 찻간, 툇간, 횟수’ 여섯 개에 한해서만 예외적으로 사이시옷 표기를 인정하고 있습니다. 또한 사이시옷은 두 단어의 합으로는 설명이 잘 되지 않는 발음상의 변화를 표기하기 위해 적는 것이지만, 사이시옷의 출현 환경을 이처럼 발음에 입각해 이해하는 것은 다분히 결과에 주목한 해석이라고 할 수도 있습니다. 사이시옷은 ‘귀의 밥’이나 ‘나무의 잎’과 같이 기원적으로 속격 구성이 가능한 환경에서 속격 표지 자리에 나타나던 것으로 볼 수 있기 때문입니다. 하지만 한글 맞춤법 제정 과정에서 접근의 편의를 위해 규정 설명에서도 주로 발음과 관련하여 설명하고 있는 것으로 생각할 수 있습니다.

Q 색을 나타내는 형용사에 '새-'를 붙여 '새빨갛다, 새파랗다'라고 합니다. '노랗다'의 앞에 '새-'가 아닌 '샛-'이 붙는 이유를 설명해 보세요.

A

'새-'는 어두음이 된소리나 거센소리 또는 'ㅎ'이고 첫음절의 모음이 'ㅏ, ㅗ'인, 색채를 나타내는 일부 형용사 앞에 붙어 '매우 짙고 선명하게'의 뜻을 더하는 접두사로 쓰입니다. 그리고 '샛-'은 어두음이 유성음이고 첫음절의 모음이 'ㅏ, ㅗ'인 색채를 나타내는 일부 형용사 앞에 붙어 '매우 짙고 선명하게'의 뜻을 더하는 접두사입니다. 즉, '새-'와 '샛-'은 같은 의미를 지닌 접두사로서 뒤에 오는 말이 어떤 음운으로 시작하는지에 따라 '새-'를 쓰기도 하고 '샛-'을 쓰기도 하는 것입니다. 한글 맞춤법 제27항에서도 "둘 이상의 단어가 어울리거나 접두사가 붙어서 이루어진 말은 각각 그 원형을 밝히어 적는다."라고 하여 이와 관련한 규정을 찾아볼 수 있습니다.

⊘ PLUS ONE

한국어의 색채어에 붙는 접두사를 설명해 보세요.

'새빨갛다, 샛노랗다, 시뻘겋다, 싯누렇다', 이들 단어 앞에 붙은 '새-, 샛-, 시-, 싯-'은 모두 '색채의 농도가 매우 짙다.'라는 뜻을 더하는 접두사입니다. 이 접두사들은 의미와 기능은 모두 같지만 형태는 조금씩 다른데, 한글 맞춤법에서는 이들을 자유롭게 바꿔 쓸 수 없도록 규정하고 있습니다. 따라서 각각의 색채어에 따라 적합한 접두사를 선택해서 사용해야 하는데, 어떤 접두사를 붙이는가는 뒤에 오는 단어의 음운적 환경에 따라 결정됩니다.

우선 '새-'와 '시-'를 비교해 보면, '새-'는 뒤에 오는 음절의 모음이 양성모음일 때, '시-'는 음성모음일 때 사용합니다. 그래서 '새빨갛다, 새까맣다, 시뻘겋다, 시꺼멓다'와 같이 쓰는 것입니다. 둘의 공통점은 모두 뒤에 오는 말이 된소리거나 거센소리일 때 쓴다는 점입니다.

이에 비해 사이시옷이 붙은 형태인 '샛-'과 '싯-'은 뒤에 오는 음절이 유성 자음 'ㄴ'이나 'ㅁ'으로 시작할 때 사용하는데, '샛노랗다, 샛말갛다, 싯누렇다, 싯멀겋다'가 그러한 예에 속합니다.

부록

우리가 해야 할 일은 끊임없이 호기심을 갖고
새로운 생각을 시험해 보고 새로운 인상을 받는 것이다.

- 월터 페이터 -

01 | 실제 면접 기출문제

■ 출제 빈도가 높은 문제에는 ☆ 표시를 하였습니다.
■ 2024년 19회 면접 기출 질문은 실제 수험생들의 후기를 바탕으로 재구성한 것입니다.
■ 같은 의미를 묻는 문제여도 조사나 어휘를 다르게 사용하여 물어볼 수 있는 점 참고 바랍니다.

01 한국어학

• 한국어의 특징을 아는 대로 말해 보세요.
• 한국어의 발음, 문법의 특징을 설명해 보세요.
• "영수는 정말 맛있는 사과를 좋아한다."라는 문장을 통해 한국어의 특징을 설명해 보세요.
• 한국어와 조선어의 차이점은 무엇입니까? 음운적, 통사적, 어휘적 차이점을 예시와 함께 설명해
  보세요.

문법론

> • 본용언과 보조용언에 대해 예를 들어 설명해 보세요.
> • '있으시다'와 '계시다'의 차이를 예문을 들어 설명해 보세요. ☆

• 높임법의 종류를 말해 보세요.
• 장소를 나타내는 조사 '에/에서'를 설명해 보세요. ☆
• "도서관에서 책이 있다."가 비문인 이유를 설명해 보세요.
• '있다'의 품사는 무엇입니까?
• 접사와 어미의 차이를 설명해 보세요.
• 접두사와 접미사의 차이와 예를 두 가지씩 말해 보세요.
• 한국어의 어미에는 여러 종류가 있는데, 그중에서 선어말어미의 종류와 예시를 설명해 보세요.
• 학생이 '예뻐요'와 '나빠요'를 질문하였을 때 문법적으로 설득력 있게 설명해 보세요. ☆
  – '예뻐요'는 왜 '-어요'로 끝나고, '나빠요'는 왜 '-아요'로 끝납니까?
• 조사와 어미의 차이를 설명해 보세요. ☆
• 보조사 '은'과 '는' 중에 어떤 것을 대표형으로 봐야 합니까?
• "철수는 수학만 못한다."에서 '수학만'에 대해 설명해 보세요.

- "서울로 가요."에서 '가요'에 사용된 종결어미 활용을 설명해 보세요.
- '-자마자'의 용법과 제한에 대해 설명해 보세요.
- 한국어 시제에 대해 설명해 보세요. ☆
- 형태소의 이형태 중 상보적 분포에 대해 설명하고 예를 들어 말해 보세요.
- 실질형태소와 형식형태소가 무엇인지 예문을 통해 설명해 보세요. ☆
  - 실질형태소와 형식형태소의 종류에는 무엇이 있습니까?
- 이형태란 무엇입니까? 자음과 모음으로 구분되는 이형태 외에 다른 것은 없습니까?
- 국어의 형태소 종류와 특징에 대해 말해 보세요. ☆
- 굴절과 파생의 개념을 설명해 보세요.

유사문법 변별

- '앉아 있다'와 '앉고 있다'의 차이점을 설명해 보세요.
- '-든지'와 '-던지'를 구분해서 설명해 보세요. ☆
- "손을 씻고 식사를 하세요."와 "나는 야채를 씻고 언니는 과일을 씻어요."에 나타난 어미 '-고'를 비교해 설명해 보세요.

- "이 사과는 하나에 1,000원입니다."와 "봄에는 꽃이 핍니다." 두 문장의 '에'를 문법적으로 비교해 보고, 다음에 해당하는 예문을 직접 만들어 보세요. ☆
- "너까지 나한테 그러는구나."와 "너조차 나한테 그러는구나."에서 '까지'와 '조차'의 차이를 말해 보세요. ☆
- "어머니께서 철수에게 옷을 입히셨다."와 "어머니께서 철수에게 옷을 입게 하였다."의 문법적・의미적 차이점은 무엇입니까?
- "철수는 학생이다."와 "철수는 공부를 못하지만 축구는 잘한다."에서 두 '는'의 차이를 설명해 보세요. ☆
- "철수는 반장이다."와 "철수가 반장이다."라는 문장을 문법적으로 비교하여 설명해 보세요. ☆
- '가다가'와 '갔다가'의 차이점을 예문을 들어 수업하듯이 설명해 보세요. ☆
- '-는 김에'와 '-는 길에'의 차이점을 설명해 보세요.
- '-하면'과 '-한다면'의 차이는 무엇입니까?
- '-(으)ㄹ 걸'과 '-거든'에 대해 설명해 보세요.
- '-고 싶다'와 '-고 싶어 하다'의 차이를 설명해 보세요.
- '-잖아요'와 '-거든요'의 차이에 대해서 설명해 보세요.
- '이다'와 '있다'의 차이점과 설명 방법에 대해 말해 보세요.
- '어느'와 '무슨'의 차이점을 설명해 보세요. '무슨 요일'은 왜 가능한 표현입니까?

- '-겠다'와 '-(으)ㄹ 것 같다'의 차이를 설명하고, 두 문법을 외국인 학습자에게 어떻게 가르칠지 말해 보세요.
- "사다 주세요."와 "사다가 주세요."의 차이를 설명해 보세요.
- "비가 와."와 "비가 오는 거야."의 차이점을 설명해 보세요.

음운론

> - '아기'와 '애기'의 'ㅣ' 모음 역행동화에 대해 설명해 보세요.
> - '잎이, 잎만, 잎도'의 발음 현상을 설명해 보세요.

- 한글 맞춤법 총칙 제1항에 따르면 한글 맞춤법은 표준어를 소리 나는 대로 적되, 어법에 맞도록 함을 원칙으로 합니다. 이에 대해 설명해 보세요.
- "못 읽는다."를 발음하고, 발음에 적용된 음운 현상을 모두 설명해 보세요.
- 한국어 음절 구조에 대해 설명해 보세요.
- '굳이'가 [구지]로 발음되는 이유는 무엇입니까? '홑이불'의 발음에서 나타나는 음운 현상이 이와 같은 현상입니까? ☆
- '꽃잎, 꽃이, 꽃 안'의 발음 차이와 그 차이가 발생하는 이유는 무엇입니까? ☆
- 자음 체계에 대해 설명해 보세요. ☆
- '국'의 초성과 종성의 차이점에 대하여 말해 보세요.
- 겹받침의 발음 특성을 말해 보세요.

의미론 · 화용론

> - "철수가 집에서 밥을 먹지 않았다."를 중의적 표현으로 설명해 보세요.

- 학생에게 '맑다'와 '깨끗하다'를 어떻게 설명할 것인지 말해 보세요.
- "조용히 좀 해주시면 좋겠어요."라는 문장에서 '좀'과 '-(으)면'은 어떤 뜻으로 쓰였습니까?
- 상위어(상의어)와 하위어(하의어)의 개념을 설명하고 예를 말해 보세요. ☆
- '-ㅂ(으)시다'의 화용론적 쓰임과 통사론적 제약에 대해 말해 보세요.
- 지시대명사 '이, 그, 저'를 화자와 청자의 거리에 따라 설명해 보세요. ☆
- "어머니께 성적표를 보이다."와 "저 멀리 산이 보이다."에서 두 '보이다'의 차이점은 무엇입니까?
- "짐을 둘 데가 있습니까?, 이것을 쌀을 찧는 데 쓰는 도구입니다, 담배를 끊는 데는 운동이 최고예요." 예문에서 '데'는 무엇입니까? 그리고 각각의 예문에서 어떤 의미로 쓰였는지 말해 보세요.

한국어사

- 7종성에 대해 말해 보세요.
- 세종대왕이 글자를 만들기 전에 우리는 어떤 언어를 사용했습니까?
- 'ㄴ'은 어떤 발음 방법을 본뜬 것입니까?
- 'ㄴ'에서 가획해 나온 자음은 무엇이 있습니까?

어휘(어문 규범)

- '바라요'와 '바래요' 중 표준어는 무엇입니까? 외국인에게 어떻게 가르칠 것입니까?
- '쓰다'와 '적다'의 차이점은 무엇입니까?
- '차라리'의 뜻은 무엇입니까?
- '짜증나다'와 '화나다'를 어떻게 사용하고 있습니까?
- "자장면이 불었어요."에서 '불었어요'의 기본형과 활용형에 대해 설명해 보세요.
- "우물을 깊게 파다."와 "우물을 깊이 파다."의 차이점은 무엇입니까? 사전에 '깊이'는 있는데 '깊게' 가 없는 이유는 무엇입니까? ✿
- '원인'과 '이유'의 차이를 설명해 보세요.
- 한자어 '고진감래'와 '새옹지마'의 뜻은 무엇입니까?
- 관형어를 넣어서 문장을 하나 만들어 보세요.
- '미시오'와 '미세요'의 차이점을 설명해 보세요.

02 일반언어학 및 응용언어학

대조언어학

- 한국어의 문법적 특징을 대조언어학적 관점으로 설명해 보세요.
- 다른 외국어와 비교했을 때, 한국어 품사의 특징은 무엇인지 설명해 보세요. 그리고 한국어 품사 의 특징을 바탕으로 한국어를 어떻게 가르쳐야 한다고 생각하는지 말해 보세요.
- 한국어 대명사가 다른 언어권과 다른 점은 무엇입니까?
- 영어와 비교해서 한국어의 특징은 무엇입니까?
- 유형론적 관점에서 중국어와 한국어의 차이는 무엇입니까?
- 한국어에서 색채어의 특징을 외국어와 비교하여 어떻게 가르치겠습니까?

사회언어학

- 서울 사투리에 대해 말해 보세요.
- 서울말과 표준어는 동일합니까?
- '표준어'란 무엇입니까?

03   외국어로서의 한국어 교육론

발음 교육

- 외국인들에게 발음 교육을 어떻게 해야 합니까?
- '우'와 '오' 발음을 왜 구분하기 어려워하는지 설명해 보시고, 지도는 어떻게 할 것인지 말해 보세요.
- 외국인 학습자에게 모음 'ㅡ'를 어떻게 설명할 것입니까?
- 외국인들이 어려워하는 자음은 무엇인지 설명해 보고 어떻게 가르칠 것인지 말해 보세요.
- '게'와 '개'의 발음차이를 어떻게 가르칠 것입니까?
- 외국인들이 한국어 받침 발음을 잘 못하는데 그 이유는 무엇입니까?
- 겹받침을 외국인들에게 어떻게 설명할 것인지 말해 보세요.
- 외국인들에게 자음동화에 대해 설명할 때 직접 수업하듯이 말해 보세요.
- 일본인 학습자들이 자주 범하는 발음 오류는 무엇입니까? ✿
- 영어권 화자가 한국어 발화 시 무성음과 유성음을 구분하지 못한다면 어떻게 교육할 것입니까? ✿

어휘 교육

- 속담을 어떻게 가르칠 것입니까?
- 우리나라 학생들에게 한자어를 가르치는 것과 외국인에게 한자어를 가르치는 것의 차이는 무엇입니까?
- 파생어 교육을 어떻게 할 것입니까?
- '당신'이라는 말은 언제 사용합니까?
- "제수씨, 물 좀 떠 주세요."에서 가르칠 수 있는 어휘, 문법을 제시해 보세요.
- 최소대립쌍을 이용한 어휘 교육 시 사용할 수 있는 예시가 있습니까? 어떻게 수업할 것인지 예를 들어 설명해 보세요.
- 상위어(상의어)와 하위어(하의어) 중 무엇을 먼저 가르칠 것입니까?
- 이해 어휘와 표현 어휘의 차이와 그렇게 구분한 이유를 설명해 보세요.

문법 교육

• '-고'와 '-다가'를 문법 교육 시 어떤 순서로 어떻게 지도할 것입니까?

• 합쇼체와 해요체 중 어느 것을 먼저 가르칠 것입니까?

• 한국어의 관형형(예쁜 아이)을 어떻게 교육해야 합니까? ☆

• 한국어로 수를 셀 때 '하나, 둘……'로도 세고 '일, 이……'로도 세는 것을 어떻게 설명하겠습니까? ☆

• '-아/어서'와 '-는 바람에' 중 어떤 것을 먼저 가르치는 게 좋다고 생각하는지 그 이유와 함께 말해 보세요. ☆

• 동시 진행에서 자음으로 끝날 때는 '-으면서', 모음으로 끝날 때는 '-면서'라고 했습니다. 어떻게 활용해서 수업하겠습니까?

오류 수정

• 교실 상황에서 말하기와 쓰기의 오류를 어떻게 가르칠 것인지 말해 보세요.

• "할아버지께서 지금 많이 기쁘세요."가 왜 비문인지 설명해 보세요.

• "책들이 도서관에서 있다."의 오류를 설명해 보세요.

• 외국인 학생이 "우리 집 강아지는 사람답다."라는 문장을 썼을 때, 이 문장이 어떤지 말해 보세요. 이 문장이 비문이면 어디가 틀렸는지 말해 보세요.

• 학생이 "창문이 열어 있다."라고 말할 경우 어떻게 수정하겠습니까?

• "선생님, 우리 쉽시다.", "아버지 밥 먹읍시다."라고 말하는 학생이 있다면 어떻게 지도하겠습니까?

• "저기에 앉고 있어요."의 오류 수정을 어떻게 해 주겠습니까? ☆

• "하늘을 날으면 좋아요."의 오류 수정 방안에 대해 말해 보세요.

• 학습자가 "서울으로 간다."라고 하면 어떻게 오류 수정을 해 줄 것입니까? ☆

• '모'를 쓸 때 'ㅁ' 밑에 'ㅗ'를 쓰지 않고 오른쪽에 쓰는 학생은 어떻게 지도할 것입니까?

• "앞에 보이시는 건물이 한성대학교입니다."의 오류를 수정해 보세요.

• 말하기 수업에서 오류를 범하는 학생에게 오류를 수정할 수 있는 방법을 예시를 통해 설명해 보세요.

• 수업 중 학습자의 오류를 어떻게 지도할 것입니까? ☆

• 중간언어와 화석화에 대해 구체적인 예를 들어 말해 보세요. ☆

문화 교육

- 외국인 학습자에게 한국 문학을 소개한다면 어떤 작품을 추천할 것이고, 그 이유는 무엇인지 말해 보세요.

- 학습자 문화에 대해 교사가 가져야 할 태도를 구체적인 예를 들어 말해 보세요. ☆
- 다문화 가정 아동들에게 문화를 어떻게 가르치겠습니까? 더 신경 써야 할 점은 무엇입니까? ☆
- 외국인에게 사투리를 가르쳐야 합니까?
- 한국 문화 중에 꼭 지켜야 하는 문화로 외국인에게 소개하고 싶은 것이 있습니까?
- 한국어를 배우는 외국인 학습자에게 소개해 주고 싶은 한국 문화는 무엇입니까?
- 외국인들이 한국어를 배울 때 어려운 점은 무엇이라고 생각합니까?
- 유네스코 등재 유산의 종류와 최근 등재된 것 중 하나를 설명해 보세요.
- 문화 상대주의와 문화 동화주의에 대해 설명해 보세요. ☆
- 상호문화주의적 관점에서 문화 교육 시 어떻게 수업할 것입니까?
- 수업하고 싶은 한국 문화 세 가지를 말해 보세요.
- 학습자가 한국 음식을 소개해 달라고 하였을 때, 어떤 음식을 소개해 줄 것입니까?

문화 충돌
- 교실 내 문화 갈등이 생겼을 때 어떻게 하겠습니까? ☆
- 정치적 갈등을 주제로 한 질문에 어떻게 대처하겠습니까?
- 일본인 학생이 독도를 일본 땅이라고 하면 어떻게 할 것입니까?
- 여러 나라 학생이 함께 있는 가운데 한 학생이 자국의 문화가 우수하고 자국의 역사만이 옳다고 주장할 경우 어떻게 할 것입니까? ☆
- 분쟁 지역 국가의 학습자들끼리 서로 자신의 생각이 옳다고 주장하는 것이 도를 지나쳐 거의 통제 불가능한 경지까지 이르렀을 때 어떻게 할 것입니까?
- 외국인들이 불편해 하는 한국 문화는 무엇이라고 생각합니까?
- 한국 문화의 단점만 짚는 학생이 있다면 어떻게 지도할 것인지 말해 보세요.
- 한국의 문화를 받아들이지 않고 자기 문화만 고수하는 학생을 어떻게 지도하겠습니까?

교재론

- 주어진 교재가 충분하지(만족스럽지) 않다면 어떻게 할 것입니까?
- 교재 연구를 하다 보면 수업 중에 쓸 보조 자료가 필요할 수 있는데 어떻게 하겠습니까?
- 한국어 교사가 된다고 할 때, 혹시 자기만의 교육 자료 및 도구 등이 있습니까?
- 특수 목적 한국어 교재의 특성은 무엇입니까? ☆
- 외국인 근로자들을 위한 교재에 어떤 내용이 있어야 한다고 생각합니까? ☆
- "칠판은 또 하나의 교재다."라는 말을 들어 봤습니까? 교재만 사용하지 않고 칠판을 이용하는 것이 어떤 의미가 있다고 생각합니까?
- 교재를 선택할 때 어떤 기준으로 선택해서 가르치겠습니까?
- 수업 중 유튜브나 팟캐스트를 활용하는 것에 대해 어떻게 생각하는지 말해 보세요.

교수법

- 장의존적 학습자와 장독립적 학습자에게 각각 어떤 교수 전략으로 접근해야 하는지 말해 보세요.
- 듣기 수업에서 스키마를 어떻게 활용할 것인지 말해 보세요.
- 어휘 학습 전략을 아는 대로 말해 보세요.
- 기계적 연습과 유의미적 연습의 차이를 설명해 보세요.
- 학문 목적 학습자에게 주의해서 가르쳐야 할 기능은 무엇인지 말해 보세요.
- 학습자 중심의 교수 방법에서 주의해야 할 점은 무엇인지 말해 보세요.
- 학습 시간이 부족한 학생들을 위해 어떤 교수법으로 교수하면 좋을지 말해 보세요.
- 수업의 5단계를 설명해 보세요.
- 한국어 교수법의 변천사를 설명해 보세요.
- 국내 한국어 교육기관에 대해서 아는 대로 말해 보세요.
- 일상생활 표현과 문법적인 표현 중에서 무엇을 먼저 가르쳐야 합니까?
- 일대일로 가르칠 때 가장 효율적인 교수법은 무엇입니까?
- 한국어 교육에서는 짝 활동을 하는 경우가 많은데 유의할 점은 무엇입니까?
- 교수자가 학습자의 모국어를 사용하는 것에 대해 어떻게 생각합니까? ☆
- 중국인 학습자가 학문 목적으로 한국어를 배울 때 교육 과정을 말해 보세요. ☆
- 학습자 변인에 대해 말해 보세요. ☆
- 상향식, 하향식, 상호 작용식 교수법을 설명하고, 고급 학습자에게 어떤 교수법이 더 효과적일지 말해 보세요.
- 정의적 여과 장치에 대해 설명해 보세요.
- 스웨인(Merrill Swain)의 출력가설(Output Hypothesis)에 대해 설명해 보세요. ☆
- 훈련과 교육의 차이를 설명해 보세요.

- 문법 번역식 교수법과 의사소통 중심 교수법의 장단점은 무엇입니까? ⭐
- 전신 반응 교수법에 대해 말해 보세요.
- 의사소통 중심 교수법에 대해 말해 보세요.
- '날씨'라는 주제로 나선형 교수요목을 실제 학습과정에 적용하여 설명해 보세요.
- 수업 시간의 '활동(Usage, Activity)'에서 교사의 역할은 무엇입니까? ⭐
- 말하기 수업 활동의 예를 들어 보세요.
- 과정 중심 문법 교육이란 무엇입니까?
- 과정 중심 쓰기 교수법으로 '플라스틱 물병 재활용'에 대한 쓰기 수업을 구성할 때, 쓰기 전 활동으로 무엇을 할 수 있을지 구체적인 예를 들어 설명해 보세요.
- 과정 중심 쓰기에서 쓰기 후 단계에 할 수 있는 활동을 예로 들어 설명해 보세요.
- 쓰기 수업 시 쓰기 전 단계에 할 수 있는 활동을 예로 들어 설명해 보세요.
- 쓰기 교육론을 과정 중심 교수요목으로 설명해 보세요.
- 내용 중심 교수법에 대해 말해 보세요. ⭐
- 학습자의 모국어가 한국어 학습에 미치는 긍정적, 부정적 영향은 무엇이 있는지 설명해 보세요.
- 학습자 간의 상호 작용을 증진하기 위한 방법으로는 무엇이 있는지 말해 보세요.
- 학문 목적 학습자의 말하기 교육 시 주의할 점은 무엇입니까?
- 통제적 글쓰기와 유도된 글쓰기의 뜻과 활용의 예를 설명해 보세요.

04 교직관

- 자신의 교육 철학에 대해 말해 보세요.
- 수업 중 자꾸 끼어드는 학생이 있다면 어떻게 할 것인지 말해 보세요.
- 짝 활동을 소극적으로 하는 학생이 있으면 어떻게 대처할 것인지 말해 보세요.
- 수업에서 잘 따라가지 못하는 학생이 있다면 어떻게 할 것인지 말해 보세요.

- 발표나 토론 수업을 꺼리는 학생을 지도할 방법에 대해 말해 보세요.
- 다문화 학생을 지도하는 교사의 자세에 대해 말해 보세요.
- 일하느라 수업을 듣거나 공부할 시간이 없는 학생은 어떻게 지도할 것인지 말해 보세요.
- 숙제를 해오지 않거나 수업에 흥미를 갖지 못하는 학생을 어떻게 지도할 것인지 말해 보세요.
- 수업 중 교사의 질문에 대답하지 않는 학생이 있을 경우에는 어떻게 대처할 것인지 말해 보세요.
- 한국어 교육을 할 때 학생의 모국어에 대한 지식이 필요하다고 생각합니까? 그 이유는 무엇입니까?

- 학습 수준이 낮은 학생을 어떻게 지도할 것입니까?
- 나를 유독 싫어하는 학생이 있다면 어떻게 지도하겠습니까?
- 한국어 교사가 학생들의 생활지도까지 해야 한다고 생각합니까?
- 학습자가 사적인 관계를 맺고 싶어 한다면 어떻게 할 것입니까?
- 학생이 아르바이트 때문에 수업에 자꾸 빠진다면 어떻게 할 것입니까?
- 지각을 하고, 교과서를 안 가져오는 학생이 있다면 어떻게 하시겠습니까?
- 수업 태도는 좋으나 시험을 망친 학생이 있다면 어떻게 대처할 것입니까?
- 듣기, 말하기, 읽기, 쓰기 중 유독 한 가지 기능만 잘하거나 못 하는 경우에는 어떻게 지도할 것입니까?
- 열심히 준비한 수업자료와 교재로 강의했으나 학습자가 호응이 없고, 잘 이해하지 못하는 것 같을 때 어떻게 할 것입니까?
- 수업 중 준비해 가지 않은 내용 또는 잘 모르는 내용에 대한 질문이 있을 경우 어떻게 대처하겠습니까? ⭐
- 10~15명 정도의 많은 인원은 어떻게 가르쳐야 합니까?
- 휴가 기간에 학생이 응급상황이라며 전화하면 어떻게 할 것입니까?
- 발화 오류를 수정해 주었는데 학습자가 기분 나빠한다면 어떻게 할 것입니까?
- 학습자가 중간언어를 사용할 경우 어떻게 하겠습니까?
- 반을 바꿔 달라는 학생을 어떻게 대할 것입니까?
- 학생 중에 한 학생하고는 누구도 짝을 하지 않으려고 한다면 어떻게 하겠습니까?
- 씻기 싫어하는 학생을 다른 학생들이 따돌릴 때 어떻게 할 것입니까?
- 학생이 다른 선생님을 험담하고 다니는 것을 알게 되었을 때 어떻게 대처하겠습니까?
- 구체적으로 문법을 알고 싶어 하는 학생이 있다면 어떻게 할 것입니까? ⭐
- 읽기 교육을 하는데 학습자가 작게 읽습니다. 이런 학습자는 어떻게 교육해야 합니까?
- 수업 중 계속 한 학생만 대답을 한다면 어떻게 대처하겠습니까?
- 과제를 계속 안 하는 학생은 어떻게 지도할 것인지 말해 보세요. ⭐
- 10대 학습자와 일반 성인 학습자를 가르치는 것의 차이는 무엇이라고 생각합니까?
- 통제되지 않는 학생을 교실 밖으로 내보내는 것에 대해 어떻게 생각합니까?
- 학생의 높은 결석률 등의 이유로 진도를 다 나가지 못하게 되면 처음에 설정한 학습 목표에 도달하지 못하게 되는데, 이러한 경우 어떠한 대안이 있습니까?
- 교사로서 원하는 학생상이 있습니까?
- 질문이 과도하게 많은 학생을 어떻게 대하겠습니까?
- 수업시간 확보가 되지 않는 외국인 근로자 학급을 맡게 된다면 어떻게 하겠습니까?
- 아동 학습자의 경우 어떻게 지도할 것입니까?
- 중도입국 청소년을 대상으로 교육할 때, 학습자의 한국어가 미숙하다면 어떻게 교육하겠습니까?

- 한국의 가요나 드라마를 보고 오는 외국인들에게 어떤 자세로 한국어를 가르칠 것입니까?
- 전에 나와 갈등이 있었던 학생이 내 수업에 또 들어온다면 어떻게 할 것입니까?
- 그룹 수업을 할 때 한 학생이 잘 참여하고 있지 않다면 어떻게 할 것입니까?
- 한국어 학습을 중도 포기하려는 학생이 있다면 어떻게 하겠습니까?
- 수업이 있는데 몸이 너무 안 좋을 경우 어떻게 할 것입니까?
- 교사 본인이 수업에 빠질 수밖에 없다면 어떻게 하겠습니까?
- 한국어 학습자들에게 읽어 보라고 권하고 싶은 책은 무엇입니까?
- 신입 교사에게 기관의 역할과 경력 교사의 역할로는 어떤 것이 있는지 말해 보세요.
- 기관의 교육 철학과 내 교육 철학이 다르면 어떻게 하겠습니까?
- 취업한 곳에서 선택한 교수법이 자신의 생각과 다를 때 어떻게 대처할 것입니까?
- 외국인 근로자를 가르칠 때의 특징이 있다면 무엇입니까? ⭐
- 초·중·고 다문화 학생을 교육할 때의 교육방안과 중요하게 고려할 점은 무엇인지 말해 보세요.
- 해외동포 학습자를 가르칠 때 가장 중점을 둬야 하는 것은 무엇입니까?

05   개인 경험, 성격 및 기타

19회 면접 기출

- 한국어 교육에서의 봉사활동은 무엇인지 설명해 보세요.
- 한국어 교육 강사가 갖춰야 할 능력은 무엇이고, 그 능력을 갖추기 위해 어떤 노력을 하고 있는지 말해 보세요.
- 한국어 교사로 일하며 역량을 키우기 위해 어떤 노력을 할 것인지 말해 보세요.

- 어떤 한국어 교사가 되고 싶습니까?
- 한국어 교사의 실태와 처우에 대해서 어떻게 생각합니까?
- 한국어교원으로서의 나의 장점과 단점을 말해 보세요.
- 본인 성격의 장점과 한국어 지도법의 장점은 무엇입니까?
- 한국어 교사가 수행해야 할 다양한 역할을 말해 보세요.
- 외국에서 한국어를 가르치게 된다면 어디에서 가르치고 싶습니까?
- (경제적인 이유를 제외하고) 한국어교원에 도전한 이유는 무엇입니까?
- 바로 2급을 딸 수도 있었을 텐데 3급을 따는 시험에 응시한 이유는 무엇입니까?
- 자격증 취득 후 어디에 취업할 수 있습니까? 처우가 좋지 않다고 하는데 자격증을 따려는 이유는 무엇입니까?

- 신입 교사에게 하고 싶은 조언이나 충고가 있습니까?
- 외국 생활 경험이 한국어 교사에게 장점이 된다고 생각합니까?
- 교과 전문성은 당연하고 한국어 교사로서 어떤 점을 노력하겠습니까?
- 기억에 남는 최고의 선생님과 최악의 선생님을 말해 보세요.
- 한국어 교사가 전문성을 가져야 한다고 생각합니까?
- 교육자로서 가장 중요한 덕목은 무엇이라고 생각합니까? 특히 한국어 교육자에게 필요한 덕목은 무엇인지 말해 보세요.
- 한국어 선생님이 되기 위해 읽은 책은 무엇입니까?
- 한국어 교사의 외국어 능력이 수업에 미칠 영향은 무엇입니까?
- 해외로 파견을 가게 된다면 어떻게 할 것인지 말해 보세요.
- 이 일을 하게 되면 외국 생활을 많이 할 수 있는데 괜찮습니까?
- 오지에 한국어 교사로 파견된다면 갈 의향이 있습니까?
- 수업 시간에 활용해 보고 싶은 주제는 무엇입니까?
- 원치 않는 국가에 파견/배정될 경우 어떻게 하시겠습니까?
- 앞으로 한국어를 가르치기 위해 어떤 계획을 세우고 있습니까? ⭐

교육 경험
- 이중언어 교육의 어려운 점을 극복하기 위해 어떤 노력을 할 수 있습니까?
- TOPIK 수업이 일반 한국어 수업과 차별화되는 것은 무엇입니까? ⭐
- TOPIK Ⅱ 쓰기 문제에 대해 설명해 보세요.
- 수업 시 가장 신경 쓰는 부분은 무엇입니까?
- 한국어 수업 중 어려운 점은 무엇이며 어떻게 대처할 것입니까?
- 한국어 교사로서 자신의 부족한 점을 어떻게 채워나갈 것입니까?

기타
- 유창하게 구사하는 언어가 있습니까?
- 재미있는 수업을 위한 아이디어가 있습니까?
- 역사적 인물 중에서 자신이 본받고 싶고 존경하는 교육자는 누구입니까?
- 양성과정 중에 가장 기억에 남는 것은 무엇입니까?
- 양성과정을 들으면서 가장 어려웠던 과목과 그 이유는 무엇입니까? ⭐
- 서점에서 외국인을 만났을 때, 한국어 교재를 추천해 달라고 하면 어떤 교재를 추천해 주시겠습니까?
- 국내와 국외 한국어 교육의 차이점을 말해 보세요.

02 혼동하기 쉬운 어휘

헷갈리는 말

틀린 말	바른 말	틀린 말	바른 말
거칠은	거친	(~하길) 바래	(~하길) 바라
개거품	게거품	바램	바람
개시판, 계시판	게시판	배개	베개
골아떨어지다	곯아떨어지다	뵈요	봬요, 뵈어요
곰곰히	곰곰이	붓기	부기
구렛나루	구레나룻	불그락푸르락	붉으락푸르락
궁시렁거리다	구시렁거리다	사겼다	사귀었다
궂이, 구지	굳이	생각건데, 생각컨데	생각건대
굼뱅이	굼벵이	설겆이	설거지
귀뜸, 귓띔	귀띔	설레임	설렘
금새	금세	숫병아리	수평아리
깊숙히	깊숙이	쑥맥	숙맥
깨끗히	깨끗이	숨박꼭질	숨바꼭질
내노라하다	내로라하다	실증	싫증
눈꼽	눈곱	쓸때없다/쓸대없다	쓸데없다
댓가	대가	씁슬하다	씁쓸하다
덤테기	덤터기	아둥바둥	아등바둥
덩쿨	넝쿨/덩굴	안밖	안팎
뒤치닥거리	뒤치다꺼리	어리버리	어리바리
등교길	등굣길	어줍잖다	어쭙잖다
딱다구리	딱따구리	어따, 엇다, 엊다 (=어디에다)	얻다 (=어디에다)
(문제의 답을) 맞추다	(문제의 답을) 맞히다	얼만큼(=얼마만큼)	얼마큼(=얼마만큼)
몇일	며칠	역활	역할
무릎쓰다	무릅쓰다		

틀린 말	바른 말	틀린 말	바른 말
오똑하다	오뚝하다	촛점	초점
오랫만	오랜만(=오래간만)	치루다	치르다
웬지	왠지	통채	통째
요컨데	요컨대	통털어	통틀어
우뢰	우레	트름	트림
왠	웬	틈틈히	틈틈이
왠만큼	웬만큼	향균	항균
왠만하다	웬만하다	햇님	해님
왠일	웬일	해꼬지	해코지
잎파리	이파리	햇갈리다	헷갈리다
일부로	일부러	행가래	헹가래
일일히	일일이	휘둥그래지다	휘둥그레지다
존대말	존댓말	휴계실	휴게실
집개	집게	희안하다	희한하다
짜집기, 짜짓기	짜깁기	~다싶이	~다시피
짭잘하다	짭짤하다	~임으로	~이므로

틀리기 쉬운 표현

'너머/넘어'의 표기

이 문제에 대한 근거로 삼을 수 있는 규정으로는 한글 맞춤법 제19항 [붙임] "어간에 '-이'나 '-음' 이외의 모음으로 시작된 접미사가 붙어서 다른 품사로 바뀐 것은 그 어간의 원형을 밝히어 적지 아니한다."이다.

'넘어'는 '넘다'라는 동사에 '-아/어'형 어미가 연결된 것으로 품사는 동사이고, '너머'는 명사로서 공간적인 위치를 나타낸다. "물이 넘어 수도꼭지를 잠갔다."라고 할 때에는 '넘어'를 쓰고, "산 너머 저쪽에는 누가 살까?"라고 할 때에는 '너머'를 쓴다.

'넙죽/넓죽'의 표기

한글 맞춤법 제21항을 보면 "어원이 분명하지 않거나 본뜻에서 멀어진 경우는 어간의 원형을 밝히지 않고 '소리대로' 적는다."고 되어 있다. 이 조항에 따르면 '넓다'와 직접적으로 관련이 있으면 '넓죽'으로 적고 관련이 없으면 '넙죽'으로 적어야 한다.

"말없이 술만 넙죽 마셨다."라고 할 때 '넓다'와 관련이 있다고 보기 어려우므로 '넙죽'으로 쓰는 것이다. 흔히 '광어(廣魚)'라고 부르는 '넙치'를 '넓치'로 적지 않는 것도 어원적으로 '넓다'와 관계가 있는 말이지만 그러한 관계가 분명하게 드러나지 않기 때문이다.

'더우기/더욱이'의 표기

예전에는 '더우기'로 적던 것을 한글 맞춤법 제25항 "부사에 '-이'가 붙어서 역시 부사가 되는 경우에 그 어근이나 부사의 원형을 밝히어 적는다"에 따라 '더욱이'로 적는다.

그 근거는 발음 습관에 따라, 혹은 감정적 의미를 더하기 위하여 독립적인 부사 형태에 '-이'로 적는 것은 ① (첩어 또는 준첩어인) 명사 뒤에나, ② 'ㅅ' 받침 뒤에, ③ 'ㅂ' 불규칙 용언의 어간 뒤에, ④ '-하다'가 붙지 않는 용언 어간 뒤에, ⑤ 부사 뒤에 붙는 경우로 정하였는데 '더욱이'의 경우는 ⑤에 해당한다. 같은 예로 '곰곰이, 생긋이, 오뚝이, 히죽이' 등이 있다.

'-던지/-든지'의 표기

'-던지'와 '-든지'는 한글 맞춤법 제56항의 규정을 참조하여 구별하여 적어야 한다. '-던지'는 지난 일을 나타내는 '-더-'에 어미 '-ㄴ지'가 결합된 형태로 지난 일을 회상하여 막연하게 의심을 나타낼 때, 지난 일이 다른 어떤 사실을 일으키는 원인이 됨을 나타낼 때 쓰는 연결어미이다. 반면 '-든지'는 물건이나 일의 내용을 가리지 아니하다는 뜻을 나타내는 조사 또는 어미이다. 각각의 예로 "얼마나 울었던지 눈이 퉁퉁 부었다.", "가든지 오든지 마음대로 해라." 등을 들 수 있다.

'되라/돼라'의 표기

'되다'에 명령형 종결어미가 붙을 경우에는 '돼라'로 쓰는 것이 맞다. '되라'는 어간 '되-'에 어미 '-라'가 직접 결합한 형태이므로 잘못이다. '되-'에 '-어라'를 결합시켜 '되어라'라고 하는 것이 옳다. 부사형 어미 '-아'나 '-어'가 선행하는 '-어서, -어야' 같은 연결어미 혹은 과거 표시의 선어말어미 '-었-'과 결합한 '되어, 되어서, 되어야, 되었다'를 '돼, 돼서, 돼야, 됐다'로 적는 것도 모두 이 규정에 근거한 것이다.

'며칠/몇일'의 표기

한글 맞춤법 제27항 [붙임 2]는 "어원이 분명하지 아니한 것은 원형을 밝히어 적지 아니한다."라고 규정하고 '며칠'을 그 용례로 들고 있다. 그런데 '몇 개, 몇 사람' 등에서의 '몇'과 '날'을 나타내는 '일(日)'이 결합된 '몇 + 일'로 분석하여 그 표기가 '몇일'이 되어야 하는 것으로 혼동하기 쉽다. '며칠/몇일'의 경우 '몇 + 일'로 분석될 수 있는 합성어라면 [면닐] → [면닐]이 되어야 하나(우리말의 합성어에서 후행하는 형태소의 두음이 '이'일 경우 선행하는 말의 받침이 대표음으로 바뀌면서 사이에 'ㄴ'이 덧나는 것), [면닐]이 아니라 [며칠]로 발음되므로 '며칠'이 옳다.

'바치다/받치다/받히다'의 표기

'바치다'는 '윗사람에게 물건을 드리다, 무엇을 위하여 모든 것을 아낌없이 내놓거나 쓰다.'의 의미로 "임금님께 예물을 바치다."와 같은 예에 쓰인다. '받치다'는 '받다'에 강조를 나타내는 접미사 '-치-'가 결합한 형태이고, '받히다'는 '받다'에 피동접미사 '-히-'가 결합해서 생성된 피동사이다. 예로 "우산을 받치다.", "기둥에 머리를 받히다."와 같이 쓸 수 있다.

'뱉아/뱉어'의 표기

한글 맞춤법 제16항에 "어간의 끝음절 모음이 'ㅏ, ㅗ'일 때에는 어미를 '-아'로 적고, 그밖의 모음일 때에는 '-어'로 적는다."라고 하였으므로 '뱉어'로 적어야 한다. '얇아'도 [얄버]처럼 발음하는 경향이 있으나 표준 형태로 인정되지 않으므로 규정에 따라 '얇아'로 적는다.

'생각건대/생각컨대'의 표기

우리말에서는 상당수의 동사나 형용사가 '-하다'의 형태를 취한다. 이러한 용언들이 준말로 쓰일 때는 어간의 끝음절 '하'의 'ㅏ'가 줄고 'ㅎ'이 다음 음절의 첫소리와 결합하여 거센소리가 된다(간편하게 → 간편케, 학습하도록 → 학습토록). 그런데 '생각건대'는 어간의 끝음절인 '하'가 아주 준 형태를 인정해 어간 '하'가 줄어진 형태로 쓴다. 이와 같은 예로 '생각지(생각하지), 깨끗지 않다(깨끗하지 않다), 익숙지 않다(익숙하지 않다)' 등이 있다.

'순조로와/순조로워'의 표기

'순조로워'가 맞다. 과거에는 모음조화의 규칙성에 따라 'ㅏ, ㅗ'에 붙은 'ㅂ' 받침 뒤에 어미 '-아(았)'가 결합할 때는 모두 '와(왔)'로 적었으나, 현행 한글 맞춤법에서는 현실적인 발음 형태를 취하여 단음절 어간 뒤에서만 '고와, 도왔다'처럼 '와'로 적고 그 밖의 경우는 모두 '워'로 적는다.

'쏘였다/쐬었다'의 표기

한글 맞춤법 제38항 "'ㅏ, ㅗ, ㅜ, ㅡ' 뒤에 '-이어'가 어울려 줄어질 적에는 준 대로 적는다."라는 규정에 따라 '쏘이어'의 준말로 '쐬어, 쏘여' 두 가지 모두를 인정하고 있다. 이는 피동접미사인 '-이-'가 앞 음절에 올라붙으면서 줄기도 하고(쐬어), 뒤(어미) 음절에 내리 이어지면서 줄기도 하는 것(쏘여)을 모두 반영한 것이다. 따라서 '벌에 쏘이었다/쐬었다/쏘였다'와 같이 사용할 수 있다. 다만, '쐬다'에 '-어, -었다'가 붙은 것이므로 한글 맞춤법 제16항에 따라 '쐬어, 쐬었다'로 적어야 한다.

'안/않'의 표기

'안'은 용언 앞에 붙어 부정 또는 반대의 뜻을 나타내는 부사 '아니'의 준말이고, '않다'는 동사나 형용사 아래에 붙어 부정의 뜻을 더하는 보조용언 '아니하다'의 준말이다. 따라서 '안 먹는다', '안 어울린다'에서와 같이 서술어를 꾸미는 역할을 할 때에는 '안'을 쓰고, "철수가 먹지 않았다.", "영희는 예쁘지 않다."와 같이 동사나 형용사에 덧붙어 함께 서술어를 구성할 때에는 '않다'를 써야 한다.

'어떡해/어떻게'의 표기

'어떻게'는 '어떠하다'가 줄어든 '어떻다'에 어미 '-게'가 결합하여 부사적으로 쓰이는 말이며 '어떡해'는 '어떻게 해'라는 구(句)가 줄어든 말이다. 둘은 그 의미가 다를 뿐만 아니라 전자는 단어이고, 후자는 구이기 때문에 문장에서의 쓰임도 아주 다르다. '어떻게'는 부사형 활용이므로 다양한 용언을 수식한다(어떻게 된 거냐?, 일을 어떻게 처리하지?). 반면에 '어떡해'는 그 자체가 완결된 구이므로 서술어로는 쓰일 수 있어도 다른 용언을 수식하지는 못한다(지금 나 어떡해. * 이 일을 어떡해 처리하지?). 둘 모두 의문의 의미를 가지고 있어 착각하기 쉬우니 표기할 때 주의해야 한다.

'엊그제/엇그제'의 표기

형태소들이 결합할 때 그 원래 모습을 밝혀 적는 것을 원칙으로 하는 한글 맞춤법에 입각하여 준말을 표기할 때도 되도록 원말의 형태를 추측할 수 있게 하여야 한다. '엊그제'는 '어제그제'에서 '어제'의 'ㅔ'가 줄어든 것이다. 한글 맞춤법 제32항 "단어의 끝모음이 줄어지고 자음만 남은 것은 그 앞의 음절에 받침으로 적는다."라는 규정에 따라 'ㅈ'을 앞 음절 '어'의 받침으로 적은 것이다. '어제저녁, 가지가지, 어떻게 해, 어찌 하였든'을 각각 '엊저녁, 갖가지, 어떡해, 어쨌든'으로 적는 것도 바로 이 같은 원칙에 의한 것이다.

'-이어요/-이여요', '-이에요/-이예요'의 표기

'-이' 어미를 적는 규정은 앞의 명사가 모음으로 끝난 것인가, 자음으로 끝난 것인가에 따라 다르다. 앞의 명사가 자음으로 끝난 경우에는 '-이어요'와 '-이에요'로 적는다. '-이어요'와 '-이에요'에서 '-이'의 'ㅣ' 모음이 뒤따라오는 '어'와 '에'에 각각 영향을 준 것인데, 이러한 현상은 'ㅣ' 모음 순행동화라고 한다. 그런데 한글 맞춤법에서는 'ㅣ' 모음 순행동화 현상은 표기에 반영하지 않는다. 한편 앞의 명사가 모음으로 끝날 때에는 '-예요'로 적어야 한다. '저'를 예로 들면 '저예요'가 옳은 표기로 '저이에요'에서 '-이-'와 '-에-'가 합쳐져서 '예'가 된 것이다.

'-지/-치'의 표기

흔히 '무심치'와 '서슴지'를 두고 헷갈리는 경우이다. 한글 맞춤법 제40항에는 "어간의 끝음절 '하'의 'ㅏ'가 줄고 'ㅎ'이 다음 음절의 첫소리와 어울려 거센소리로 될 적에는 거센소리로 적는다."라는 규정이 있다. 이에 따르면 '무심치, 당치, 허송치'는 '무심하다, 당하다, 허송하다'의 어간 '무심하, 당하, 허송하'에서 'ㅏ'가 줄고 어미 '-지'와 어울려 '치'가 된 것이다. 그러나 '서슴지'는 '서슴-'이 어간으로서 본래 '하'를 갖고 있지 않았던 것이다. 따라서 '서슴지'라고 쓴다.

'하므로/함으로(써)'의 표기

'하므로'는 동사 어간 '하-'에 까닭을 나타내는 연결어미 '-므로'가 붙은 형태이며, '함으로'는 '하다'의 명사형 '함'에 조사 '-으로(써)'가 붙은 형태이다. 또한 '하므로'는 '하기 때문에'라는 뜻을 나타내고, '함으로'는 '하는 것으로(써)'라는 뜻을 나타낸다(한글 맞춤법 제57항 참조). "그는 부지런하므로 잘 산다.", "그는 열심히 일함으로(써) 삶의 보람을 느낀다."를 예로 들 수 있다.

'회집/횟집'의 표기

'횟집'이 맞다. 사이시옷에 대해서는 한글 맞춤법 제30항에 규정되어 있다. '횟집'은 사이시옷 규정 중 순우리말과 한자어로 된 합성어로서 앞말이 모음으로 끝난 경우에 해당된다. 즉, '회(膾)'가 한자어이고 '집'이 순우리말이며 뒤에 오는 'ㅈ'이 된소리로 나서 사이시옷을 쓴다.

'내'는 의존 명사로 보면 띄어 써야 하고, 접미사로 보면 붙여 써야 한다. 여기서 의존 명사와 접미사의 구별이 문제가 되는데, 의존 명사와 접미사의 차이점의 하나는 의존 명사는 그 앞에 단어가 올 수도 있고 구(句)가 올 수도 있지만, 접미사는 대체로 그 앞에 구가 올 수 없고 단어가 와야 한다는 점이다. 그런데 '내'는 '법에서 정해진 기한 내에'에서 보는 것처럼 '법에서 정해진 기한'이라는 명사구가 올 수 있다. 따라서 '내'는 의존 명사로 보아서 띄어 쓰는 것이 옳다.

'-ㄹ만하다'의 띄어쓰기

보조용언은 띄어 쓰는 것을 원칙으로 하고 경우에 따라 붙여 쓰는 것도 허용한다(한글 맞춤법 제47항 참조). 예를 들어 '알 만하다'는 원칙적으로 띄어 쓰지만 '알만하다'와 같이 붙여 쓸 수도 있다. 그러나 '알만은 하다'와 같이 중간에 조사가 들어가면 띄어 쓰므로 '알만은하다'처럼 잘못 붙여 쓰는 일이 없어야 한다.

'가여운/가엾은' 중에서 표준어

'가엽다'와 '가엾다' 모두 표준어이므로, '가엾은, 가여운' 모두 사용할 수 있다. 표준어 규정 제3장 제5절 제26항은 "한 가지 의미를 나타내는 형태 몇 가지가 널리 쓰이며 표준어 규정에 맞으면, 그 모두를 표준어로 삼는다."라고 규정하고 있다. '가엾은'과 '가여운'은 이 규정에 해당하는 예이다. 이들 말의 활용 형태는 '가여워, 가여우니, 가엽고', '가엾어, 가엾으니, 가엾고'이다. 이와 같은 유형의 복수 표준어로 '서럽다/섧다', '여쭙다/여쭈다' 등을 들 수 있다.

'깨뜨리다/깨트리다' 중에서 표준어

'깨뜨리다, 깨트리다'는 모두 표준어로 인정한다. '-뜨리다'와 '-트리다'는 흔히 서로 뒤섞여 쓰이는 형태들이다. 표준어 규정 제3장 제5절 제26항은 이와 같이 한 가지 의미를 나타내는 형태 몇 가지가 널리 쓰이며 표준어 규정에 맞으면 그 모두를 표준어로 삼도록 규정하고 있다. 이 규정에 따라 '-뜨리다'와 '-트리다'는 모두 표준어이다. 다른 예로 '넘어뜨리다/넘어트리다', '쓰러뜨리다/쓰러트리다', '무너뜨리다/무너트리다' 등도 모두 복수 표준어이다.

'낟알/낱알' 중에서 표준어

'낟알'과 '낱알'은 각각 다른 말이다. '낟알'은 아직 껍질을 벗기지 않은 곡식의 알을 뜻하고, '낱알'(발음은 '낟알'과 같음)은 하나하나 따로따로의 알을 가리킨다. '낱알'은 "목걸이가 떨어져 구슬들이 낱알로 흩어졌다."와 같이 사용할 수 있다. '낱'은 셀 수 있게 된 하나하나의 물건을 가리키는 명사로서 다양한 낱말과 결합하여 새로운 단어를 만든다. '낱개, 낱담배, 낱동, 낱장, 낱켤레' 등을 그 예로 들 수 있다.

'알맞은/알맞는' 중에서 표준어

'알맞은'이 맞다. 이는 '알맞다'가 형용사라는 것을 알면 쉽게 파악할 수 있다. 형용사와 동사는 관형사형 어미를 취할 때 차이를 보인다. 즉, 형용사에 결합하는 현재 관형사형 어미는 '-은(ㄴ)'이고, 동사와 결합하는 관형사형 어미는 '-는'이다. 예를 들어 형용사인 '작다, 올바르다'는 '작은 집, 올바른 자세' 등과 같이 활용하고, 동사인 '먹다, 잠자다'는 '먹는 물, 잠자는 공주'와 같이 활용한다. 따라서 형용사인 '알맞다'는 '알맞은 운동'과 같이 활용하고, 동사인 '맞다'는 '입에 맞는 음식'과 같이 활용해서 써야 한다.

'여쭈어/여쭈워' 중에서 표준어

이는 해당 동사의 기본형이 무엇인가에 따라 결정될 문제이다. 표준어 규정 제3장 제5절 제26항은 한 가지 의미를 나타내는 형태 몇 가지가 널리 쓰이며, 표준어 규정에 맞으면 그 모두를 표준어를 삼도록 규정하고 있다. 같은 규정에 따라 '여쭙다/여쭈다'가 모두 표준어이다. 따라서 '여쭙다'를 활용하면 '여쭈워'가 되고, '여쭈다'를 활용하면 '여쭈어'가 된다.

'왠지/웬지' 중에서 표준어

'왠지'는 의문사 '왜'와 어미 '-(이)ㄴ지'로 분석되는 것으로 '누군지, 무엇인지, 어디서'와 같은 구성이다. 예를 들어 가슴이 두근거리는 이유를 모르고 있는 것을 나타내어 의문사 '왜'가 필요한 자리에는 '웬지'가 아닌 '왠지'가 들어가야 한다. 이와는 달리 '왠'이 아닌 '웬'으로 써야 하는 경우가 있다. "ㅇ 떡이지?"와 같은 문장에서는 '왠'을 쓸 수 없다. 여기에서는 이유를 묻는다기보다는 '어떻게 생긴 떡인지'를 묻고 있는 것이므로 그러한 뜻을 가진 관형사 '웬'을 써야 한다.

'(으)려고/-(으)ㄹ려고' 중에서 표준어

'-려고'가 표준어이다. '-려고'는 장차 하고자 하는 뜻을 나타내는 연결어미로 어미 '-려'와 관련된다. 표준어 규정 제2장 제4절 제17항에는 '-(으)ㄹ려고'를 비표준어로 규정하고 있다. 많은 사람이 "집에 갈려고 한다."와 같이 말하므로 소리 나는 것을 존중하여 '-ㄹ려고'라고 써야 한다고 주장할 수도 있으나 이는 잘못된 것이다.

'웃어른/윗어른' 중에서 표준어

표준어 규정 제2장 제2절 제12항은 '웃-'과 '윗-'은 '위/아래'의 대립이 있는 명사 '위'에 맞추어 '윗-'으로 통일하도록 규정하고 있다. 따라서 '윗니, 윗도리' 등이 표준어이고, '웃니, 웃도리' 등은 표준어가 아니다. 같은 항에서 '위/아래'의 대립이 없는 단어는 '웃-'으로 발음되는 형태를 표준어로 삼으므로 '웃어른'이 표준어가 된다.

'짜깁기/짜집기' 중에서 표준어

'짜깁기'가 옳은 표현이다. '짜깁기'는 결합된 단어의 뜻 그대로 구멍이 뚫린 부분을 실로 짜서 깁는 것을 말한다. 이 표현이 글을 쓰는 데로 확대되어 사용되면서 '짜집기'로 잘못 사용되고 있다.

'냇가'의 표준 발음

표준 발음법 제30항에서는 'ㄱ, ㄷ, ㅂ, ㅅ, ㅈ'으로 시작하는 단어 앞에 사이시옷이 올 때에는 이들 자음만을 된소리로 발음하는 것을 원칙으로 하되, 사이시옷을 [ㄷ]으로 발음하는 것도 허용하고 있다. 이에 따라 '냇가'는 [내ː까]로 발음함이 원칙이며, [낻ː까]로 발음하는 것도 허용되는 것이다. 이와 마찬가지로 '빨랫돌, 깃발, 햇살, 뱃전'은 각각 [빨래똘], [기빨], [해쌀], [배쩐]으로 발음함이 원칙이며, [빨랟똘], [긷빨], [핻쌀], [밷쩐]으로 발음함도 가능하다.

'맛있다/멋있다'의 표준 발음

표준 발음법 제15항에서는 받침 뒤에 모음 'ㅏ, ㅓ, ㅗ, ㅜ, ㅟ'로 시작되는 실질형태소가 연결되는 경우에는 그 받침이 대표음으로 바뀌어서 뒤 음절 첫소리로 옮겨 발음되는 것을 원칙으로 하고 있다. 가령 '밭 아래'는 [바다래]로, '젖어미'는 [저더미]로, '꽃 위'는 [꼬뒤]로 발음한다. 다만, '맛있다'와 '멋있다'는 [마딛따], [머딛따]로 발음함이 원칙이나 [마싣따], [머싣따]로도 발음할 수 있도록 허용하고 있다.

'맑다/넓다'의 표준 발음

표준 발음법 제11항에서 겹받침 'ㄺ, ㄻ, ㄿ'은 어말 또는 자음 앞에서 각각 [ㄱ, ㅁ, ㅂ]으로 발음하도록 규정하고 있다. 예를 들어 '닭'은 [닥]으로, '젊다'는 [점:따]로, '읊다'는 [읍따]로 발음하여야 하므로, '맑다'도 [막따]로 발음하는 것이 원칙이다. 다만, 용언의 어간 말음 'ㄺ'은 활용할 때 'ㄱ' 앞에서 [ㄹ]로 발음해야 한다. 즉, '맑게'는 [말께]로, '맑고'는 [물꼬]로, '얽거나'는 [얼꺼나]로 발음하는 것이 원칙이다.

그리고 겹받침 'ㄳ, ㄵ, ㄼ, ㄽ, ㄾ, ㅄ'은 어말 또는 자음 앞에서 각각 [ㄱ, ㄴ, ㄹ, ㅂ]으로 발음하도록 되어 있다. 그리하여 '넋'은 [넉]으로, '앉다'는 [안따]로, '여덟'은 [여덜]로, '외곬'은 [외골]로, '핥다'는 [할따]로, '값'은 [갑]으로 발음한다. 그러므로 '넓다'의 발음은 [널따]가 된다.

'의'의 표준 발음

'의'는 이중모음으로서 발음 역시 이중모음으로 하는 것이 원칙이다. 그런데 표준 발음법 제5항에서는 단어의 첫 음절 이외의 '의'는 [이]로, 조사 '의'는 [에]로 발음함도 허용하고 있다. 예를 들어 '서울의 명소'나 '민주주의의 의의'는 각각 표기대로 발음함이 원칙이나 [서울에 명소]나 [민주주이에 의이]로 발음할 수도 있는 것이다.

'돋구다/돋우다'의 차이

한글 맞춤법 제22항에는 '-구-', '-우-'가 붙은 말들 가운데 '돋구다, 돋우다'를 모두 예시하면서 이에 대한 용법의 차이를 말하고 있다. '안경의 도수 따위를 높게 하다.'라는 뜻으로는 '돋구다'를 사용하지만 '높아지게 하다' 혹은 '끌어올리다'라는 뜻으로는 '돋우다'를 사용하는 것이 통례라고 되어 있다. 그래서 "안경의 도수를 돋구다."라는 표현 이외에 "등잔불의 심지를 돋우다.", "용기를 돋우다.", "목청을 돋우다." 등은 모두 '돋우다'를 써야 하는 예들이다.

'홀몸/홑몸'의 차이

사전을 보면 '홀몸'은 '배우자나 형제가 없는 사람'으로 풀이되어 있고, '홑몸'은 '딸린 사람이 없는 몸, 임신하지 않은 몸'으로 풀이되어 있다. 이를 보면 '임신하고 있다'는 뜻으로 "홑몸이 아니다."가 옳은 표현임을 알 수 있다.

03 | 표준국어대사전 주요 수정 내용

■ 2016~2024년 표준국어대사전 주요 수정 내용으로, 수정 내용 전문은 국립국어원 누리집을 참고하시기 바랍니다.

2016년

1. 발음 수정

- 김밥[김:−], 김밥만[김:밤−] → [김:빱], 김밥만[김:빰−]

2. 현재 표준어와는 뜻이나 어감이 달라 별도 표준어로 인정한 경우

추가 표준어	현재 표준어	뜻 차이
걸판지다	거방지다	**걸판지다** 1) 매우 푸지다. 　예 술상이 걸판지다. 2) 동작이나 모양이 크고 어수선하다. 　예 싸움판은 자못 걸판져서 구경거리였다. **거방지다** 1) 몸집이 크다. 2) 하는 짓이 점잖고 무게가 있다.
겉울음	건울음	**겉울음** 1) 드러내 놓고 우는 울음. 　예 꼭꼭 참고만 있다 보면 간혹 속울음이 겉울음으로 터질 때가 있다. 2) 마음에도 없이 겉으로만 우는 울음. 　예 눈물도 안 나면서 슬픈 척 겉울음 울지 마. **건울음**: 강울음. **강울음**: 눈물 없이 우는 울음, 또는 억지로 우는 울음.
까탈스럽다	까다롭다	**까탈스럽다** 1) 조건, 규정 따위가 복잡하고 엄격하여 적응하거나 적용하기에 어려운 데가 있다. 　예 까탈스러운 공정을 거치다. 2) 성미나 취향 따위가 원만하지 않고 별스러워 맞춰 주기에 어려운 데가 있다. 　예 성격이 까탈스럽다. ※ 같은 계열의 '가탈스럽다'도 표준어로 인정함 **까다롭다** 1) 조건 따위가 복잡하거나 엄격해 다루기에 순탄하지 않다. 2) 성미나 취향 따위가 원만하지 않고 별스럽게 까탈이 많다.

		실뭉치: 실을 한데 뭉치거나 감은 덩이. 예 실뭉치를 풀다.
실뭉치	실몽당이	실몽당이: 실을 풀기 좋게 공 모양으로 감은 뭉치.

3. 품사가 추가된 경우

• 기존 부사로만 인정되었던 '멀리01'에 명사로서의 지위도 추가되었다.

2017년

1. 「외래어 표기법」 일부 개정으로 기존의 "'해, 섬, 강, 산' 등이 외래어에 붙을 때는 띄어 쓰고, 우리 말에 붙을 때는 붙여 쓴다."라는 조항 삭제 → 앞에 어떤 말이 오든 일관되게 앞말에 붙여 씀

2. 품사가 변경된 경우

• '잘생기다, 잘나다, 못나다, 낡다01, 못생기다'의 품사를 형용사에서 동사로 수정하였다. '빠지 다02, 생기다, 터지다'는 보조 형용사에서 보조 동사로 품사가 수정되었다.

3. 품사가 추가된 경우

• '만약, 만일01'은 명사로만 인정되었으나 부사로서의 지위도 추가되었다.
• '식상하다01'는 동사로만 인정되었으나, 형용사로서의 지위도 추가되었다.

4. 발음 수정

• 효과[효:-] → 효과[효:과/효:꽈], 의기양양[의:---] → 의기양양[의:--양/의:--냥] 등

2018년

2017년 국어심의회 결정에 따라, 그동안 비표준어로 다루어 왔던 '꺼림직이, 꺼림직하다, 께름직하 다, 추켜세우다, 추켜올리다, 치켜올리다'의 전체 또는 일부를 표준어로 변경함

1. 현재 표준어와 유사한 뜻으로 표준어로 추가로 인정한 것(6개)

추가 표준어	현재 표준어
꺼림직이	꺼림칙이
꺼림직하다	꺼림칙하다
께름직하다	께름칙하다
추켜세우다	치켜세우다
추켜올리다	추어올리다
치켜올리다	

2. 품사가 추가된 경우

- '성숙하다'는 동사로만 인정되었으나 형용사로서의 지위도 추가되었다.
- '깔끔02'는 '깔끔하다'의 어근으로만 기술되었으나 명사로서의 지위가 추가되었다.

2022년

1. 품사가 추가된 경우

- '곱슬'은 '곱슬하다'의 어근으로만 기술되었으나 명사로서의 지위가 추가되었다.

2. 발음 수정

- 바윗굴(바위굴)[바위꿀/바윋꿀] → [바위굴], 교례회[교ː례회/교ː례훼] → [교례회/교례훼]

2023년

1. 2023년에 '반려견', '배꼽인사', '순한글', '아웃렛', '얼음땡', '건물주', '고시원', '전기차', '치카치카', '케이팝' 등 1,000개의 표준어가 새로 추가되었음

2. 영문자 'R/r'의 한글 표기로 '아르'와 '알' 표기 방식 복수 인정

원어	기존	변경
R	아르	아르/알
VR	브이아르	브이아르/브이알
ARS	에이아르에스	에이아르에스/에이알에스
ASMR	에이에스엠아르	에이에스엠아르/에이에스엠알
PR	피아르	피아르/피알
OMR	오엠아르	오엠아르/오엠알

2024년

1. 일반어, 전문어 여부에 관계없이 입안, 콧속, 가슴안 등 '입안'류 명사는 모두 붙여 쓰도록 함

2. 2024년에 '감염성', '늦밤', '모바일', '사업용', '수신료', '신고서', '중장년', '여름볕', '초고령사회' 등 748개의 표준어가 새로 추가되었음

3. '문화재'가 '국가유산' 체제로 전환됨에 따라 관련된 사전 정보를 수정함

참고문헌

단행본

국립국어원(2005), 『외국인을 위한 한국어 문법 1·2』, 커뮤니케이션북스

김성규 외(2005), 『소리와 발음』, 한국방송통신대학교출판부

김훈 외(2011), 『한국어교육능력검정시험 30일 안에 다잡기』, 시대고시기획

남기심 외(1999), 『외국인을 위한 한국어 교육의 방법과 실제』, 한국방송통신대학교출판부

박영순(2001), 『외국어로서의 한국어교육론』, 월인

박태호(2000), 『장르 중심 작문 교수·학습론: 심리학·수사학·언어학의 만남』, 박이정

배주채(2003), 『한국어의 발음』, 삼경문화사

서울대학교 국어교육연구소(1996), 『고등학교 문법 교과서』, 교육부

서울대학교 국어교육연구소(2010), 『고등학교 문법』, 교육과학기술부

서울대학교 한국어문학연구소 외(2012), 『한국어 교육의 이론과 실제1』, 아카넷

서울대학교 한국어문학연구소 외(2012), 『한국어 교육의 이론과 실제2』, 아카넷

시사상식연구소(2014), 『똑소리 나는 일반상식』, 시대고시기획

양순임(2014), 『한국어 발음 교육의 내용과 방법』, 태학사

유두선(2001), 『원리에 따라가는 어법과 어휘』, 박문각

최길시(1998), 『외국인을 위한 한국어 교육의 실제』, 태학사

최미숙 외(2016), 『국어 교육의 이해』, 사회평론아카데미

한국어교육개발연구원(2008), 『아름다운 한국어 교사 지침서』, 아름다운 한국어학교

한재영 외(2008), 『한국어 문법교육』, 태학사

한재영 외(2010), 『한국어 교수법』, 태학사

논문 및 학술지

고인경(2008), "학교 문법과 한국어 교육 문법의 표준화 방안 연구", 인하대학교 석사학위논문

국립국어원·한글학회(2010), "외국어로서의 한국어 교육"(2010 국외 한국어 전문가 초청 연수 교재), 한글학회

국립국어원·한글학회(2010), "외국어로서의 한국어 교육"(제14회 국외 한국어교원 연수 교재), 한글학회

국립국어원(2010), "국제 통용 한국어 교육 표준 모형 개발", 국립국어원

권혜영(2004), "3, 4학년 영어 교육에서 TPR 활용 실태와 효율성 연구", 대구교육대학교 석사학위논문

김길동(2008), "중국어권 학습자를 위한 한국어 발음 교육 연구", 단국대학교 박사학위논문

김미경(2008), "한국어 발음 교재 개발과 지도 방안", 영남대학교 석사학위논문

김은라(2008), "멀티미디어를 활용한 한국어 발음 교육 연구", 원광대학교 석사학위논문

김은주(2010), "한국어 부사격 조사 '에', '에서', '로'의 교육 방안", 동덕여자대학교 석사학위논문

김정화(2008), "관형격조사 '의'의 교육 방안 연구", 경희대학교 석사학위논문

김지연(2010), "중국인 학습자의 자연발화 발음 오류 분석 연구", 충남대학교 석사학위논문

박소영(2008), "중국인 학습자의 한국어 조사 사용 오류 분석과 교수 방안", 성신여자대학교 석사학위논문

박지선(2009), "초등학교 다문화 가정 자녀를 위한 한국어 교육 과정 연구", 한국외국어대학교 석사학위논문

박지순・김유미(2022), "한국어 교육에서의 고전 문학 활용 양상 분석: 교재에 제재화된 고전 산문을 중심으로", 언어와 문화 vol.18, no.1, pp.103-138

박해연(2004), "중국어권 학습자를 위한 한국어 발음 교육 연구: 초분절 음소 발음을 중심으로", 서울대학교 석사학위논문

성채민(2009), "외국인을 위한 한국어 의지 표현 교육 방안 연구", 한양대학교 석사학위논문

손선일(2002), "日本語「〜てしまぅ」의 아스펙트的意味에 관한 硏究", 경상대학교 석사학위논문

엄시우(2018), "컴퓨터를 활용한 한국어 말하기 평가 도구 개발을 위한 기초 연구: ACTFL OPIc(액트플오픽)의 시험 방식 양상에 대한 수험자 인식 분석을 중심으로", 고려대학교 석사학위논문

이언숙(2008), "여성 결혼 이민자를 대상으로 한 문화 교육 요구분석", 이화여자대학교 석사학위논문

이정자(2002), "한국어 '-고/어 있다', '-었-'과 일본어 '-ている'의 표현의 대조연구", 한국외국어대학교 석사학위논문

이진경(2006), "한국어 학습자의 관형사형 어미 사용 연구", 연세대학교 석사학위논문

이향(2002), "중국어권 학습자를 위한 발음 교재 개발 방안", 이화여자대학교 석사학위논문

장유린(2011), "한국어 조사 '으로, 으로서, 으로써'의 대조 분석", 동국대학교 석사학위논문

장전하(2010), "중국어권 한국어 학습자의 어미 오류 분석 연구", 충남대학교 석사학위논문

주미진・김양희(2011). "컴퓨터 매개 영어 말하기 시험이 수험자 발화에 미치는 영향 조사: 정확성, 유창성, 복잡성을 중심으로",「영어학」11-3, 한국영어학회

최은주(2022), "대학생의 자기주도학습준비도, 창의적 성취의도, 초인지 학습전략과 학습리더역량 간의 관계 분석", 숭실대학교 박사학위논문

최향란(2010), "중국어권 학습자의 한국어 발음 오류 교정 방안", 조선대학교 석사학위논문

MEMO

MEMO

인생이란 결코 공평하지 않다.
이 사실에 익숙해져라.

- 빌 게이츠 -

2025 시대에듀 한국어교육능력검정시험 2차 면접시험 일주일 안에 다잡기

개정15판1쇄 발행	2025년 02월 10일 (인쇄 2024년 12월 30일)
초 판 발 행	2010년 10월 05일 (인쇄 2010년 09월 30일)
발 행 인	박영일
책 임 편 집	이해욱
편 저	정은화
편 집 진 행	구설희 · 김지수
표지디자인	김지수
편집디자인	김휘주 · 최미림
발 행 처	(주)시대고시기획
출 판 등 록	제10-1521호
주 소	서울시 마포구 큰우물로 75 [도화동 538 성지 B/D] 9F
전 화	1600-3600
팩 스	02-701-8823
홈 페 이 지	www.sdedu.co.kr
I S B N	979-11-383-8453-7 (13710)
정 가	22,000원

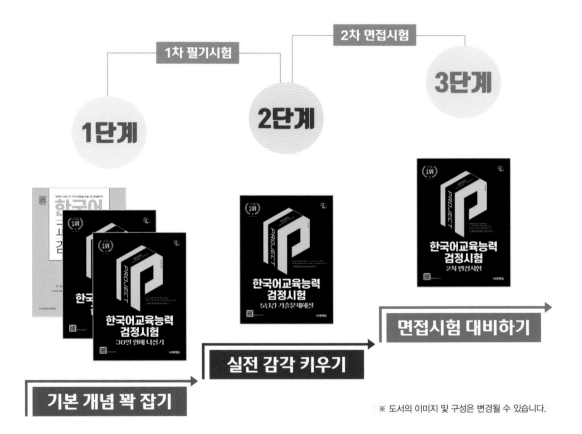